高等学校通识课程系列教材

U0853735

国学基础

曹胜高　著

中国人民大学出版社
·北京·

目　　录

引言 …… 1

第一章　《大学》与自我发展 …… 3

一、成就事业的三纲 …… 3

二、如何不断进步？ …… 5

三、修身为本 …… 7

第二章　《中庸》与心性修为 …… 9

一、中庸是动态平衡 …… 9

二、如何修炼自我？ …… 11

三、如何完善自我？ …… 12

四、如何成就自我？ …… 13

第三章　《论语》与君子人格 …… 15

一、为什么尊孔子为圣人？ …… 15

二、君子的格局 …… 17

三、向孔子学习什么？ …… 18

四、怎样养成君子人格？ …… 21

第四章　《孟子》与人生境界 …… 24

一、人性本善 …… 24

二、由民本到仁政 …… 27

三、由仁到义 …… 29

四、得天下英才而育之 …… 30

第五章 《周易》与取舍之道 …… 33

一、含蓄万物、兼容并包的胸怀 …… 34

二、对立统一、阴阳平衡的视角 …… 35

三、变而化之、化而用之的思路 …… 37

四、自强不息、进德修业的精神 …… 38

五、厚德载物、宽容大气的格局 …… 39

六、协理三才、天人合一的视野 …… 40

七、惧以始终、不懈不怠的毅力 …… 41

八、敬慎无咎、善于补过的勇气 …… 42

九、顺道而行、循义而为的节操 …… 43

十、洁静精微、清明条达的心境 …… 43

第六章 《尚书》与国家治理 …… 45

一、仁政之源 …… 45

二、尚贤为治 …… 47

三、治心为上 …… 49

第七章 《诗经》与尔雅之风 …… 52

一、《诗》以言志 …… 52

二、观《风》知政 …… 55

三、《雅》以言政 …… 57

四、《颂》以追远 …… 58

五、诗学渊源 …… 59

第八章 《春秋》与历史秩序 …… 61

一、《诗》亡然后《春秋》作 …… 61

二、微言大义 …… 63

三、《春秋》三传 …… 65

第九章 三礼与礼治之道 …… 67

一、礼义 …… 67

二、礼仪 …… 69

三、礼制 …… 71

四、礼度 …… 72

第十章　《孝经》与修身齐家 …… 75

一、孝的本义 …… 75

二、为何讲孝 …… 77

三、什么是孝 …… 79

四、如何行孝 …… 81

第十一章　《老子》与人生进退 …… 84

一、老子与史家智慧 …… 84

二、道、德之义 …… 86

三、退守是大智慧 …… 89

四、如何顺应自然 …… 90

第十二章　《庄子》与精神涵养 …… 94

一、亲近自然，涵养人生 …… 94

二、唤醒天性，避免异化 …… 96

三、齐同万物，看淡得失 …… 97

四、心境逍遥，精神自由 …… 99

五、坐忘心斋，摆脱烦恼 …… 100

六、安时处顺，超凡脱俗 …… 102

第十三章　《墨子》与兼爱尚贤 …… 104

一、墨家的形成与消亡 …… 104

二、墨子的哲学思想 …… 107

三、墨子的社会思想 …… 111

四、墨子的管理思想 …… 112

五、墨子的经济思想 …… 115

第十四章　《孙子》与兵家权谋 …… 117

一、孙子其人其事 …… 117

二、战略制胜 …… 120

三、战术制胜 …… 122

第十五章　《荀子》与学术兼容 …… 125

一、荀子与儒家的走向 …… 126

二、制天命而用之 …… 128

三、本性之恶 …… 129
四、正名以求实 …… 131
五、礼法合治 …… 132
第十六章 《管子》与经营之道 …… 134
一、管仲其人 …… 134
二、管仲如何治理齐国 …… 136
三、管仲的治国学说 …… 139
四、管仲的管理之道 …… 140
第十七章 《韩非子》与法治之道 …… 142
一、治道的选择 …… 142
二、法家的由来 …… 145
三、慎到与申不害 …… 149
四、韩非子的思想 …… 150
第十八章 屈原辞赋与士人传统 …… 154
一、屈原其人 …… 154
二、屈原的作品 …… 158
三、屈原的精神 …… 160
第十九章 《心经》与养心之道 …… 162
一、《心经》解题 …… 162
二、五蕴皆空，心要自在 …… 164
三、色即是空，心无挂碍 …… 167
四、无明无碍，究竟涅槃 …… 170
第二十章 《曾国藩家书》与立业之道 …… 173
一、修身之道 …… 173
二、立德之则 …… 176
三、治学之术 …… 178
四、齐家之法 …… 179

参考文献 …… 182
后　　记 …… 185

引言

国学是研究中华民族传统的学术精神及其载体的学问，是具有永恒意义和普遍价值的思想体系、文化观念和学术方法的总结。

国学是中华优秀传统文化的学理性总结，既是中国的学脉、文脉，也是中华文化的气脉、命脉。了解国学，研究国学，传播国学，不是要因循守旧，而是要推陈出新，去芜存精，吸收前人的智慧，以拓展我们的心胸，提升我们的修为，养成温文尔雅、气场宽厚的君子之风，以成就自己的事业和人生。

本书选取了国学中最基本的经典，或对其基本内容进行概括，或对其中蕴含的人生哲理进行系统分析。我们试图围绕国学的本质，对国学中蕴含的治国之道、管理之道、文化之道和修身之道进行深入浅出的解析。全书打破儒、释、道的界限，融会贯通，取法乎上，意在使读者了解国学根源，明悉大道；把握国学精髓，经世致用；透析人性的本质，提升修为；深化思考的层次，洞晓世事；提升抉择的立意，拓展格局；内外兼修，服务于现实发展与未来成长。

在图书馆、书店，我们常常看到很多人坐在那里看书，大家看的不仅是实用的技术书籍，还有讲如何平复压力、抚慰精神的文化典籍。这种现象不由得使人感慨：文化并没有消失，功利并没有占据所有人的心灵。虽然读书不能直接带来财富，但却能够在无形之中提升人的气质，充实人的心灵，陶冶人的情操，完善人的品格。步入社会后，我们会发现一个人的知识虽然重要，但成就一番事业，还要具备较高的道德素质，而这恰是人文学科所要培养的。

因此，我们学习国学的目的，不在于背会多少知识，而在于真真切切地从历史的经验中汲取养分，来滋养自己，提高自己的修为，从而获得精神上的愉悦，提高生活的质量。如果我们能够时刻保持乐观，微笑应对各种挑战，真诚面对自己，不断前进，不断完善，我们会生活得更幸福！

第一章 《大学》与自我发展

儒家学说的宗旨是什么？儒家如何设计人的发展？最直接回答这个问题的，是《大学》。《大学》原是《礼记》的一篇，唐朝韩愈、李翱开始重视《大学》的作用，北宋的程颢、程颐为《大学》编次章句。南宋朱熹把《大学》和《中庸》从《礼记》里抽出来，将之与《论语》《孟子》合称“四书”，与“五经”并列。要学儒家经典，不读《大学》，就会感到茫然不知所措，不知道儒家学说的指向是什么，也不容易理解《论语》《孟子》《礼记》里贯穿的线索是什么。我们学习国学的义理，应该从《大学》读起，理解人如何从小我走向大我。

一、成就事业的三纲

中国古代的教育有小学和大学之分。古人 5 岁束发入小学，在小学阶段，学的是“洒扫、应对、进退之节，礼乐、射御、书数之文”①，就像我们现在学习写字、唱歌、画画，背诵一些基本经典，掌握一些基本知识。15 岁入大学，开始学习伦理、政治和哲学等。大学为完成基础教育的孩子们提供进入社会所必需的教育，传授为人、为学之道，帮助学生理解怎么来实现自己的理想、抱负，或者说怎么把自己的所

---

① 朱熹. 四书章句集注. 北京：中华书局，1983：1.

学用于社会。在古人看来，大学不仅要完成知识的积累，更要修养自我，锤炼品格。因此，《大学》开篇就说：“大学之道，在明明德，在亲民，在止于至善。”

明明德，就是要扩大光明、正直、坦荡的德行。“德”是儒家、道家普遍提到的一个概念，但含义是不同的。在道家看来，德是道的体现，道是天地运行的基本规律、基本状态，德是天地规律在万事万物中的展开。道家关注的是天地的运行，儒家关注的是人与人的关系，侧重强调人际交往中体现出来的行为、伦理、思想等，这便是我们现在常说的品德、德行。“在明明德”，就是强调在人与人的交往之中，要体现出光明正大、始终如一的操守、品行。

亲民，即“新民”。从商朝开始，就重视人的不断进步，与时俱进。商汤曾经有一个铜盘，在上面作铭文：“苟日新，日日新，又日新。”① 用来提醒自己与时俱进、日新月异地改变自己，提升自己。这里所说的“新民”，既是说士人要每天不断成长，改掉自己身上的缺失与不足；也是说要引导老百姓每天不断地长进，实现大家一起进步。先提高自身修养，然后再去影响周围的亲戚、朋友、同学、同事，每个人都做到今天比昨天更好，人际关系就会越来越融洽，社会环境也能越来越和谐。儒家学说不仅注重发展自己，对自己负责；还提倡引导周围人一起发展，体现出强烈的社会责任感。

止于至善，就是达到最高的善。衡量事情的结果有三个标准：一是真，这是科学技术的标准，结果可以反复验算求证。二是美，这是艺术的标准，因人而异，没有统一固定的标准。三是善，这是衡量社会行为的标准，是在特定环境、特定阶段、特定区域得到大家认同。止于至善，就是最大程度地获得大家的认同，这是对个人而言；对社会整体而言，就是要基于群体共识而形成价值共识，这种价值共识既是儒家的理想追求，也是儒家学说建构的起点。止于至善，就是要最大可能地获得群体的认同，既包括价值的认同，也包括行为的认同。

明明德、亲民、止于至善被视为儒家培养人、塑造人的三大纲领。怎么样来实现呢?《大学》列出了实现这些理想的心态：“知止而后有定，定而后能静，静而后能安，安而后能虑，虑而后能得。”

知止而后有定。“止”就是目标、理想和追求。一个人有了明确而崇高的理想、目标和追求，就能志向坚定。理想是能够实现的梦想，不能实现或者不去实现的梦想就是空想。有了理想，还要能够志向坚定，不受外部干扰，脚踏实地地进步。有时候邻里的纠纷、同学的矛盾、小人的算计，常会干扰我们的心志，甚至干扰我们的发

① 礼记·大学：1594. 本书“十三经”引文来自：十三经注疏. 北京：北京大学出版社，1999.

展。要坚守自己的大目标、大追求，就要放下许多琐碎而卑微的想法，始终如一地向着自己的目标迈进，这既是事业的前进过程，也是心性的完善过程。很多人失败、徘徊不前，不是因为不勤奋不聪明，而是因为不知道自己的目标；或者志向不够坚定，遇到干扰，就困惑、消沉，甚至放弃。这就需要我们明白：常立志不如立长志，常用功不如用长功。

定而后能静。如果志向坚定了，就能安心做事，遇到外部纷扰就能镇定不躁。我们每天都有很多选择，有很多的机会，总有各种各样的事情来干扰自己。刚拿起书，有人叫吃饭；刚动笔，同学的电话就来了；每个月都有几天假期，刚过完一个，就计划下一个假期去哪里玩。心境一乱，就很难清静下来读书。本来今年想做一件事情，但是诱惑若有、困难一来，马上改变了自己的志向，心中总是装满无数的杂事。到了毕业时，有的同学就抱怨：本来想好好读书，总有很多事，一晃四年过去了。其实，这不是外部干扰造成的，而是因为自己静不下来。陶渊明说："心远地自偏。"① 只要自己定下心来，就能做很多事，做很大的事。我们小时候常被人问："长大后要做什么？"当时便列出非常多的理想，如科学家、哲学家、医生等，很多人没有实现自己的理想，原因是什么？部分是因为他没有把这个理想贯穿到自己的一生之中，不是用一生的努力去追求自己的理想，常常志向不定。

静而后能安。心情镇静不躁就能够心安理得。读书是非常清苦的，古人把大学比喻成"有发头陀寺，无官御史台"②。做好一件事，常常是非常艰辛的，但应付一件事，却非常容易。有些人最后没有坚持下来，主要是因为不能心安理得。

安而后能虑。心安理得才能思虑周详。我们学习儒家经典，要以德修身，进而德化家人，德化亲朋，德化邻里。通过自己的修养、品德的锤炼，用自己的德行影响亲朋好友，这便是明明德、新民。如果这样做、这样想，遇到别人的抱怨，也就会心态平和。遇到不公、不平的事情，也就能够妥善处理。

虑而后能得。深思熟虑地计划，就能把事做得更好。这样来看，一个人如果志向高远又能坚持不懈，宁静致远而富于定力，安于理想又能殚精竭虑，一定能够成就一番事业。

二、如何不断进步？

如果说明明德、亲民、止于至善是成功的三纲，那么格物、致知、诚意、正心、修

① 袁行霈. 陶渊明集笺注. 北京：中华书局，2003：247.
② 罗大经. 鹤林玉露. 北京：中华书局，1983：271.

身、齐家、治国、平天下这八目则是进步的阶梯、发展的步骤。一个人要想在社会中成就一番大事业，成为对社会有用的人，实现自己的理想，就要经过这八个阶段的修炼。

格物，就是探究人情物理，即思考如何去处理物与物、人与物的关系。人情，就是人际关系。在儒家学说里，人与人共有五种基本的关系：一是君臣关系，二是父子关系，三是夫妇关系，四是兄弟关系，五是朋友关系。把这五种关系处理好，就能得到最广泛的支持。物理，即万事万物所蕴含之理。《荀子·修身》中讲"君子役物，小人役于物"，就是说人要利用物来实现自己的理想，而不能变成物的奴隶。范仲淹在《岳阳楼记》中说"古仁人之心"不同于一般"迁客骚人"，就在于他们能够做到"不以物喜，不以己悲"，也就是不会因为获得而沾沾自喜，不会因为失去而痛苦伤悲。

致知，"知"是什么呢？简单地说就是知识，深入理解就是指见识。古代的"知"通"智"，有聪明之意。"聪"是耳字旁，右边一个"总"字，就是不停地使用耳朵、眼睛、口和心而变得聪明。致知，便是通过认识不同的事物，使得所学的内容变成自己的知识，从而形成自己的独到见解。

儒家非常重视以格物致知为代表的学习，认为不掌握知识，没有生活经验，怎么去治天下呢？孔子不断提倡"学而时习之"①，《荀子》开篇就讲《劝学》。知识没有止境，学习也没有止境，要伴随终生。只有掌握了基础的知识之后，有了自己的见解，才能锤炼心性，培养品性，塑造个性，诚意正心。

诚意，主要是说诚实地对待自己的所思所想。讲诚意，首先是不要骗自己，即毋自欺。诚意就是无论何时何地不要心存侥幸、心存幻想，给自己找借口，给自己找退路。

正心，就是保持中正平和之心。人是有七情六欲的，怎么让其不影响自己的理想、志向和行为？很多人之所以成不了大事，就是因为心性太随意，让一时的情绪主宰了行为。儒家、道家和佛教因为对"心"的认识不同，对七情六欲的处理方法也不同，这就形成了它们学说上的分歧点。儒家承认人是有七情六欲的，认为命自天降，性自命出，情自性出。儒家学说便思考怎么把七情六欲引到至善的道路上，正心就是用光明正大的品德来涵养内心，通过不断地学习修养，把心性中诸多欲念、杂念控制住，把光明、正面、积极的品质发扬光大。道家讲静心，就是不要让心动，有心而不用心，有情而不用情，回避后天的雕琢。道家也肯定人的情欲，认为要顺其自然，不要让尘俗之事烦扰天性。佛教讲养心，认为人之所以痛苦，是因为追求错误的、无用的东西，要用慈、悲、喜、舍来养心，缓解烦恼，忘却尘俗。

---

① 论语·学而：1.

儒家是承认世俗的，认为人的七情六欲是没法抹除的，尘俗中人不能没有喜怒哀乐。正心意味着不必回避尘俗，但一定要正。儒家所说的“非礼勿视，非礼勿听，非礼勿言，非礼勿动”①，就是承认这些“非”的存在，强调只要自己心正就行了。这反映了儒家学说直面现实进行建构。如果发自内心地想格物致知，就要用正心来要求自己，很多人能达到格物致知，但到了诚意可能有人就达不到了，至于正心则更难。

修身，是要让自己的言谈举止符合社会规范，以使人们都能够将格物、致知、诚意、正心的成果落实到个人行为之中。修身既是个体发展的一个结束，也是个体发展的一个极致；既是内圣的终点，也是外王的起点。

齐家，是形成良好的家风，把家族治理好。一个人要做成事业，要先把自己的家治理好，如果自己的行为、自己的修养不能感染家人，不能让家人感觉到自己是值得信赖的人，又何谈治国平天下呢？在人伦之中、在家庭环境中、在最简单的社会关系中都无法处理好关系，还怎么和周围互不相识的陌生人交往？所以说我们必须把最基本的社会关系处理好。

儒家学说最初面对的是贵族子弟，他们在诸侯国中被赋予各种职责，辅佐国君把国家治理好。因此，治国，就是先把分内的事做好。儒家认为一屋不扫，必定不能扫天下。要想把一个地区治理好，就要先把自己家事处理好；要把家事处理好，就要先把自己的品德修行好。在古代中国，士人是国家的根本，欲立国，必先立德；欲立他人，先立自身。欲修其身者，先正其心，要把自己的品行修养好，就要把自己的心修养好。欲正其心者，先诚其意。要诚实地对待自己，不要活在自己的想象之中。要学会反省，真实地跟自己对话，经常自我反省，真心诚意地处理好自己的言谈举止、品格性情。

修为的最高境界是平天下。古人要想从政的话，要先做家臣，然后做士，再做大夫，再做卿和公。要想实现自己的理想，就要先从一个很低的职务做起，做好后步步上升，只有先把一个诸侯国治理好，才有可能把天下治理好。渐次发展，实现人生的价值。

三、修身为本

儒家之所以把《大学》列为其学说的入门著作，是因为它不仅标明了儒家的追求是明明德、亲民、止于至善，而且列出了八目，指明了发展的具体步骤。这些步骤的核

---

① 论语・颜渊：157.

心，就是说要成大事，必先修身："自天子以至于庶人，壹是皆以修身为本。"不管是天子还是普通的老百姓，要想实现伟大的理想，必须将修身作为根本。因此，修身是一个人全面发展的基础。具体来说，可以从以下三方面努力：

第一，要慎独。人真正的德行体现在独处的时候。一个人最高的道德境界如何，就要看其独处时，心里的道德境界如何；在自我本性最容易流露的时候，能否用道德来压制内心的贪欲、压制内心的卑劣。慎独被视为修养自我的基础。

第二，对朋友要忠恕。忠不仅体现在和上级的关系中，还体现在朋友之间，也包含在各种社会关系之中。真正的忠是真正为他人好，既然帮他就要真心地帮，千方百计地帮，发自内心去帮，这就叫作忠。忠恕因此成为孔子学说一以贯之的道德要求。

所谓恕，就是宽恕。忠是去帮别人的时候要忠于职事，恕就是别人做了错事的时候要学会宽恕。中国文化提倡严于律己，宽以待人。有些事情不要太计较，过去的就过去了，真正的快乐就是朋友和睦相处，家庭其乐融融，同事相互尊重。

第三，做人要至诚尽性。不管是从人的发展来讲，还是从人的本性来讲都要真诚，只有真诚才能把人性之善完全体现出来、表现出来。真诚待人，人与人之间的矛盾就会大大减少，自己做事业的阻力也会因此而减少。

第二章 《中庸》与心性修为

司马迁说《中庸》的作者是子思①。孔子的孙子叫孔伋，也就是子思。子思曾跟着曾子学习。曾子跟着孔子学习时，孔子年龄已经较大了，思想比较成熟，学说更趋完善，对社会、人生和政治的思考也更加深刻。子思通过跟曾子学习，对孔子的思想加以发展。以子思及其后的孟子为代表，形成了“思孟学派”。

“思孟学派”注重强调人的心性和德行。在《论语》中，有很多内容涉及日常行为之道，即怎么待人接物，如何对周围的事情做出合理的判断和评价。到了孟子时，讨论的问题更加深入，比如思考人的本性是什么？人的心性是什么？20 世纪 90 年代，郭店出土的竹简保存了许多已经失传的儒家经典，其中很多是“思孟学派”的观点。有了这些资料，我们便能够更加系统地明白“思孟学派”的学说体系。《中庸》是“思孟学派”的代表作之一，主要讲人如何修养自己，如何培养自己，如何通过合适的言谈举止把自己的感情表达出来，即人如何自我教育、自我约束、自我监督和自我完善。

一、中庸是动态平衡

很多人认为中庸就是平庸，就是折中，就是调和。这是对中庸的一个误解。作为一

① 司马迁．史记·孔子世家．北京：中华书局，2014：2356.

种哲学思想、政治思想和日常行为的准则，中庸绝不等同于我们现在所说的调和。孔子讨厌的“乡愿”，就是没有原则和是非的老好人。

“中”字在中国古代的典籍里，有三个意思：一是中间、中等、两者之间。孔子也说，“中人以上可以语上也，中人以下不可以语上也”①，这里的“中”是“中等”之义。二是指内心和内在，是人的感情和内在精神。比如“秀外慧中”的“中”是指人的内在之美、内在精神。三是作动词讲，如说“言必有中”②，这个“中”具有中听、中用等意。中庸绝对不能简单理解为中间和调和，而是具有更深的意义，那就是做事不偏不倚，恰到好处。那么这个“庸”字怎么解释呢？“庸”可以当“用”讲，《中庸》讲述的是人如何使自己的行为、情感、思想、理念符合合理的规范、符合社会的要求。

中国古代在讨论哲学问题的时候，有两个出发点：一是中国哲学、中国思想很早就从宗教里边脱离出来。原始时期人都崇信上天，颛顼时期开始有意识地把人和天之间的关系割断了，这便是“绝地天通”。中国人很早就摆脱了对早期宗教的信仰，更多地把目光放在了人文社会上，关注人的发展和人类社会的发展、人的道德和伦理的建构。因此，先秦诸子所说的天，既指宗教意义上的天、自然运行之天，也指道德意义上的天。道家认为天是一种义理，天是有规律的，人应该按照天地运行的规律来生活。儒家认为天是一种道德的规范，就是说天是最公平的，人和天是一体的，天看到人间有不平之事的时候就降下灾难，看到人间有非常好的举止或者好的行为的时候，就降下祥瑞，后世由此形成天人感应之说。二是谈天人关系的时候，更多将注意力放在对人的阐释上。人的性命是怎么形成的？性情是怎么回事？道和德的关系如何？人和自然的关系怎样？如何认识外物？这些都是先秦诸子讨论的热点。

儒家认为人的本性是天造就的，因而《中庸》的第一句话就是“天命之谓性”，天的道德感与人间德行是相对应的，人的本性是合天命的。郭店楚简记载：“性自命出，命自天降。”③“性自命出”，就是说人之性是从命里边来的，命跟着天，性又跟着命，天有道德感，人的命、人的性也是与天一样体现为道德。人在社会之中要完成道德的实践，这种实践就是要追求善。既然人性是善的，天又要求人性向善，人就应该按照善来做人做事，这就是“率性之谓道”。《中庸》开头的三句话说明了全篇的主旨：人有先天道德感，要按照道德要求修炼人性，用教育践履完善人性。

---

① 论语·雍也：78.

② 论语·先进：147.

③ 李零. 郭店楚简校读记. 北京：中国人民大学出版社，2007：136.

二、如何修炼自我?

人怎么通过自我教育、自我约束、自我监督、自我完善，完成理想人格的塑造？儒家有一个理想，即把自己培养成最完美的人。最完美的人格，则具有最大的善良、最大的仁爱、最大的真诚，最大可能地履行道和德的要求，达到内圣的状态。内圣要求内心非常的圣明，这不是由外力强加的，可以看成一种完全自觉。而且，《中庸》还要求把这种内在的德行向外施展，以引导更多人实现道德自觉。那么如何来实现呢？

一是教人要向善。既然人性是善的，我们要对人进行培养，那就必须按照人的本性来进行教育，这是一个基点。《中庸》有这样一段话："唯天下至诚，为能尽其性。能尽其性，则能尽人之性。能尽人之性，则能尽物之性。能尽物之性，则可以赞天地之化育。"这里便是强调人若能至诚至明，便能理解人性之善，以善心看待万物，不仅能理解宇宙、自然之理，也能将之应用于人对世界的改造之中，实现人对自然的合理理解。

现实生活中，人有喜怒哀乐，怎么把喜怒哀乐之情与社会的要求结合起来？这一点既涉及理智，也涉及道德。儒家在思考时始终有两个基点：一个是要把人往哪里引导？就是让人向善。另一个是如何实现？就是要注重人与物的结合，内外兼修。法家是由外不由内，先按照社会的要求制定出规定让大家遵守，如果不遵守就要进行处罚和制裁。儒家讲由内到外，注重人的自觉，把内心的锤炼和修养放在第一位，由此提出了"致中和"。

什么是中和呢？人与人交往，都有一定的秩序、有一定的规则，这些规则符合人之常情，内外合一，人情事理兼顾。儒家认为这些规则和秩序是从内心向外延展出来的，不是由外向内强加的。人的喜怒哀乐之情，没有表现出来，叫作"中"。法家关注的是做没做，但儒家则关注于该不该这么想，要求人的喜、怒、哀、乐都符合道德的规范。合乎道德规范的行为，合乎内心向善的自觉，便达到中和的要求。

二是强调行为要符合社会规范，要将外在的社会要求和内在的心性修为统一起来。祭祀的时候，一定要发自内心地敬重天地先祖，与别人交往的时候，一定要发自内心地尊重对方，实现内在情感和社会角色相统一。儒家既肯定人有丰富的情感，又认为人的情感必须表达出来，更认为这种表达要得体、合乎社会规范，这才符合中庸之道。《中庸》的很多内容，就是告诉我们如何行事妥当，如何处理好自然的、人伦的、社会的关系。

三是讲怎么做事。人在日常生活中一定要把自己的德行表现出来，即"尊德行"，也就是按照社会共识和价值共识来思考问题、约束行为。《大学》所说的“明明德”，在《中庸》里叫“尊德行”。注重人之为人、人之能群、人之能分的道德要求，按照社会规则做人做事，这样的社会才容易秩序井然、长治久安。

怎么实现“尊德行”呢？要明诚，由明到诚。什么是明呢？就是明白自己的心性，明白人伦，明白人与人之间的关系，明白社会运行之大道。“明”是要通达，能够看得明白，想得通透，世事洞明才能人情练达。孔子说的“四十而不惑，五十而知天命”①，就是人生通明的境界。很多老年人，经历了世道变化、人事沧桑、聚散离合，比年轻人更能体会人世的变化。他们在看周围一些事情的时候，就不会像年轻人那样有非常激烈的反应，这就是“明”的境界。把天地万物、人事关系和自己的日常生活之道想通、想明之后，人就会达到一种自觉的境界，待人处世之道就逐渐恒定下来了，这就是所谓的“诚”。

三、如何完善自我?

如何完善自己的修养呢?《中庸》提出了五个法则：

一是博学。从学问上讲，就是多读一些经典、多懂一些知识、多明白一些道理，这样的话，无论做行政也好，做生意也好，修德也好，做学问也好，都有一个好的积淀。博学是很重要的，在信息化的现代社会中，人更要不断地学习，才能与时俱进，与时偕行。

二是审问。在博学的基础上，我们还要审问。“审”是“精审”，就是遇到问题以后要翻来覆去地想，要善于发现问题。在学习中，形成差别的重要原因便是有的人不善于发现问题。学了知识，却不会提出问题，对世界缺乏好奇心，知识就被冷冻起来。对于不会、不懂的，我们不仅要提出问题，还要仔细地思考问题，这就叫审问。

三是慎思。发现问题以后，还要仔细地讨论它、研究它。孔子说“学而不思则罔，思而不学则殆”②，便是要将学和思相结合，学的过程中一定要伴着思考。发现问题以后就要集中精力去思考解决问题之道。

四是明辨。一个问题的解决，可能有多种方法和路径，如何选取最佳方案？要明辨。一定要认真思考问题的关键何在，如何着手去解决更方便、更有效，并加以判断、

---

① 论语·为政：15.

② 同①20.

加以推断，找出其中最适合的解决方案。我们在读书的时候如此，未来工作时便能选择最优方案来解决问题。

五是笃行。发现了问题，就要解决问题，想清楚了就要去做，把所学的、所问的、所思的、所辨的，在现实生活中应用，坚持去做、持久去做，实现知行合一。

四、如何成就自我?

《中庸》提出以“中和”的原则来处理人与人之间的关系。受制于时代，儒家将社会关系概括为五种基本关系，并对应该怎么来处理这些关系，提出了一些原则。

一是君臣关系，主张君臣以义，即相互负责。现在我们可以把君臣关系理解为上下级关系。作为一个管理者，一定要对下属宽容、仁爱，要关怀别人。作为一个员工，要对上级交代的任务负责，要对自己的职务负责。下级在与上级相处时，要让上级信任自己，上级也要对下级的发展负责。

二是父子关系。要求父子以亲，具体来说，便是父慈子孝。首先是父亲要慈爱，不仅行为上要给孩子做表率，而且要真正地关心孩子。孔子说，“己所不欲，勿施于人”①。我们想把孩子培养成具有高贵品格的人，一定要自己先做这样的人，家庭教育以身教为本。每一个人首先要把自己培养成完善的人，通过修身而齐家，在齐家的过程中就包含着对孩子的示范和教导。其次，作为年轻人，对老年人要做到孝敬，懂得感恩，这就是子孝。父慈和子孝有制约关系，既不是父亲对孩子一味地溺爱，也不是孩子对父亲一味地迁就，父与子也有相互的责任和义务。

三是夫妇关系。夫妻双方要相互负责、各尽其责。年轻时追求的是一种感情，婚姻更多的是一种责任：到了一定的时间要回家，要不家里面有人等；家里面出了事情要担负起相应的责任。夫妻双方要善于理解对方的感受，两个人相敬如宾，相濡以沫。

四是兄弟关系。儒家认为应该做到“兄良弟悌”。兄弟之间要相互关心，尤其是兄长既要给弟弟做示范，又要关心弟弟，而弟弟对兄长要更多地给予体谅。年长的要多去关心、帮助年幼者。年幼的要多听话，因为没有生活经验。他的生活经验完全来自长辈的传授，不能让年幼的吃亏了才长记性，年幼的对于长辈和老师的严格教导一定要听。

五是朋友关系。朋友之间，要讲究信义。东汉郑玄说：“同师曰朋，同志曰友。”古

---

① 论语·颜渊：158.

代所谓的朋友是指志同道合的人。对待一起成就事业、一起发展事业的朋友，一定要讲究信用，注重道义。

《中庸》将处理好五种关系的原则称为“五达道”。在此基础上，《中庸》认为有三个非常重要的德行，即“三达德”。一是智。基本判断是在社会中安身立命的基础。二是仁。只有智慧而没有仁爱之心就容易流于狡诈，只有仁爱之心而没有智慧就容易流于迂腐。三是勇。这不仅是外在的勇，还包括勇于解剖自己、改变自己。这三者是一个健全的人所应具备的品德，也是调节人际关系、保持君子之风的基本德行，孔子所谓仁者不忧，智者不惑，勇者不惧，便是强调“三达德”的重要性。

总之，《中庸》所讲的是如何使自己的心性合于社会的需求和基本的伦理要求，用适宜的、有法度的、合乎一定标准的法则来处理人与人之间的关系，处理社会关系，把人的智慧、仁爱和勇敢这三种德行完全体现出来，把自己的成长和周围人的成长结合起来。只有这样，我们才能不断发展，才能走向至善的境界，才能完成个人道德的建构，才能实现从平庸到高明的蜕变。

第三章 《论语》与君子人格

《论语》记录了孔子及其弟子的言行。如果说中华文明有五千年历史，那么孔子是总结了前两千五百年的历史经验和文化传统，又为后两千五百年的发展指明了道路。他的君子小人之说，意在拓展人生格局；他的仁者爱人之言，意在培养谦谦君子；他的均富养民之说，意在建立理想国度；他的礼乐教化之法，意在塑造风范国民。我们可以围绕大我与小我来讨论如何锤炼自我、涵养气度、拓展心胸、提高修为，形成君子人格。

一、为什么尊孔子为圣人？

孔子在古代被尊称为圣人，现在已成为中国文化的一个标志性符号，他所创立的儒家学说，是中华文化的骨架。

中华民族有五千年文明史，孔子生活在公元前 551—前 479 年，到现在已经两千五百多年。在孔子之前，中华文明已经走过了两千五百年的历史。前两千五百年没有流传下来太多的典籍，但却有很多传说在口耳相传。从现在来看，孔子正处在前两千五百年与后两千五百年的交界点，前两千五百年思想、风俗、文化、知识流传下来，经过孔子的系统整理，得以理论化、系统化和经典化。当时孔子教学用的主要典籍，后来被称为“五经”，实际是中华文明前两千五百年的历史规律、文化经验的总结。其中，《尚书》

是虞、夏、商、周朝廷文件资料的汇编，经过孔子的整理和传授，内容更加精练。《周易》也是历代累积而成的书籍，晚年的孔子不仅深入研究，而且有很多谈《周易》的记录。司马迁说《易传》就是孔子所作，实现了《周易》由占卜向哲理的转型。他还教授《诗经》，讲习《仪礼》，修订《春秋》，对这些经典进行传承和整理。由此可见，孔子之所以成为中国文化的一个符号，就在于他整理了此前中国文化所形成的经典性著作，并总结了前两千五百年的经验、思想和传统，使得中华文明脱离传说时代的繁杂冗芜，开始条理化、系统化和学理化。

在孔子的努力下，不仅"五经"得以基本成形，而且他的言论、学说又通过曾子、子夏、子思、孟子等传播开来，形成了日趋深化的儒家学说，进一步把孔子开创的思想体系、学术观念发扬光大，最终形成了代表中华文明基本精神的儒家学说。

孔子生活在中国文化形成时期，他完成了中国文化的第一次系统梳理，使得中国历史的洪流成为人文理性之河。时代造就了孔子，孔子也开辟了一个时代，因为他和他的弟子承前启后，提出了许多有价值的思想、观点和方法，成为中国思想史的核心命题。

第一，孔子第一次用道德而不是财产的标准区分君子和小人。在他看来，君子就是讲道德的人，小人就是不重道德的人。这一观点对当时的社会冲击极大。春秋时，贵族和庶民完全是靠财产和地位来划分的。孔子在当时能提出这样的观点，是非常难能可贵的，这也标志了中国文化进入了文明时代。春秋士阶级的形成，打破了贵族的专制，士人的独立意识开始觉醒，使中国文化得以开明起来。

第二，孔子打破了"学在官府"的传统，面向所有好学者授课。在这之前，贵族控制着学校，读书的人、识字的人都是贵族。孔子不问身份，只要想学习的，孔子都能做到有教无类，不会因为贫穷剥夺人受教育的权利。

第三，孔子给中华民族提出了努力的方向，初步概括了中华民族的共同理想。儒家要建立的小康社会，丰衣足食、注重仁爱、秩序井然。通过天下为家的小康的实现，进而达到天下为公的境界，那就是要实现人类大同。小康理想和大同理想成为中华民族几千年仁人志士前赴后继追求的目标。从这个角度来说，孔子及其弟子总结了前两千五百年中国人的梦想，更为精确地概括了中华民族的共同理想。

第四，孔子摒弃了鬼神观念，开创了以人文理性进行精神生活的方式。中国古代，在夏商周之前，人是被压制在天帝、鬼神之下的，墨子注重讲天志，认为天决定着、左右着、监督着人的所作所为，没有肯定人的自我价值。老子又过分讲天道自然，强调人要顺应天道，在很大程度上忽略了人的主动性。孔子摒弃鬼神观念，不谈虚妄的东西，集中精力讨论现实的事、眼前的事。这就使儒家学说很早就摆脱了神学的控制，注重人本身的完善和发展，立足于人去看世界，从而使得中国文化进入人文理性的时代。

二、君子的格局

君子和小人的区别，传统的解释有两种：

一是说君子是地位比较高的人，小人是地位比较低的人。古代社会多用财产和地位区分上层人和下层人。不用财产和地位来评价人，这是孔子的一个大贡献。

二是说君子是德行好的人，小人是德行不好的人。《论语》中的君子、小人多数是从道德角度着眼的。没有德行的贵族如季孙、阳虎等，照样被孔子鄙夷；安贫乐道的颜回、坚持操守的柳下惠，却为孔子赞不绝口。从这以后，中国人衡量一个人，常常先看德行怎么样，然后才看能力。我们常说“德才兼备”，“德”放在第一位，“才”放在第二位。

其实，还可以做第三种解释：结合《周易》《礼记》《孟子》《荀子》等来看，《论语》中的“君子”，是具有大我格局，胸怀天下，有担当、有责任感的人；小人的生活目的就是满足个人的需求、个人的名利。君子和小人的区别，在于格局的大小、气象的有无、眼界的高低、胸怀的宽狭。

为什么这么说呢？孔子教导他的学生子夏说：“女为君子儒，无为小人儒。”① 这里说的小人，不是道德败坏或者地位低下的人，君子也不仅是道德高尚或者地位高的人。君子儒什么样？是把天下装在心中，不是只盯着私利。孔子要求弟子要做那些胸怀天下的儒生，不要做那些目光短浅，只计较细节的儒生。因为孔子希望学生都能够成为齐家、治国、平天下的人，要有大的格局。因此，小人儒，就是格局狭小的儒生，只在乎自己的利益。

用格局来看君子和小人，就很容易准确理解君子和小人的区别。儒家要培养的是注重修养、和亲睦邻，能够治国平天下的人才。孔子常常要求弟子要有大胸襟，他虽将子贡比喻为“瑚琏”②，但又强调“君子不器”③，就是君子的襟怀气度不要有局限。格局大的、能担当社会责任的君子，能够德化四方，泽被百姓，引导民众，如风行水上。而格局小的人，由于目光局限，只关注自己的得失恩怨，就需要君子之风来引导。由于君

① 论语·雍也：76.
② 论语·公冶长：55.
③ 论语·为政：19.

子以天下为己任，以家国为事业，所以跟他谈责任、道义，他能够明白；而小人，处处关心自己的利益、好处，所以只有跟他谈做了这个事会得到什么好处，他才明白。因此，君子坦荡荡，小人长戚戚。君子胸襟博大，气象开阔，格局宽广，对人对己坦诚；而格局小的人，总是藏着自己，优点看不清，缺点也看不清。所以，君子和小人的差别，就在于格局的大小。

格局大的人做事，是看自己做的这个事对大家有什么益处。相反，格局小的人思考问题，首先想到的是做这件事情自己能得到什么，因为斤斤计较，既交不到真朋友，也成就不了大事业。君子和小人的区别，实际是思路的区别、责任的有无。

三、向孔子学习什么?

我们阅读《论语》，向孔子学习什么呢?

第一，从思想上讲，要修己、利他、乐他。一要修己。这就是不断提高自己的修养。修养的目的是形成君子人格，实现自己的价值。二要利他。有时候我们与人交往，不是帮助别人挣多少钱，而是从德行和心灵上帮助别人。比如别人遇到困难的时候给他鼓励，别人遭受痛苦的时候给他抚慰，给他方法上的指导。三是乐他。最大可能地在与他人相处中拓展心胸，与每一个合作者快乐地相处。心里面整天充满阳光，就有会心的微笑，人就活得自在、阳光、灿烂。要是心中总有微笑，就会发现周围的人对我们很和善。大家都喜欢周围的人快快乐乐、充满阳光。我们以自己的快乐让别人快乐，不知不觉会发现自己的朋友也越来越积极。

第二，从立身上讲，君子要务本。君子务本，怎么做呢？一要孝悌。孝是对长辈，悌是对兄弟。孔子讲孝，有句话非常经典："父母唯其疾之忧。"① 意思是说一个人成年以后，让父母最放心不下的只有自己的身体时，就是孝。在古人的观念里，死生有命，富贵在天，人的疾病和寿命是无法控制的，父母只担心孩子身体，不用担心孩子在外面会做坏事，说明父母对孩子的德行非常放心。让父母放心，少操心，就是成年人最大的孝。二要自信。对君子来讲，自信是立身立业之基，要做有利于天下的事情，就不要轻易放弃自己。虽然要不停地反省，但更要自信、乐观，要相信自己能走到最后，相信自己能做到最好。尤其在苦难的时候，要告诉自己再坚持一下，相信"德不孤，必有

---

① 论语·为政：16.

邻”[①]。三要自重。人要自重，不能轻浮，不要被利益诱惑。

第三，从气度上讲，要仁爱天下。孔子认为君子要给人做榜样，成长为具有理想人格的人，给天下人以示范。儒家希望自己所培养的人将来都能成为国家栋梁，这就要求士大夫做到真心实意对老百姓好，关心民间疾苦；做到用民有度，不滥用民力。中国历史上很多王朝的灭亡，都是因为亡国之君不知道爱惜老百姓，税赋极重，失去民心。因此，儒家强调大爱无疆，仁者无敌，认为真正的爱是没有限量的，真正仁厚的人是没有敌人的，要以最博大宽广的仁爱之心对人对事。

那么，什么是“仁”？在《论语》中，“仁”是一个非常抽象的概念，孔子从来没概括说“仁”是什么，“仁”只是一个理想状态，是人之为人的根本。我们不要把“仁”当成“爱”，因为爱只是“仁”的组成部分。

“仁”与“义”的关系呢？君子心胸宽广，对天下的人担负责任，就会为天下人奉献自己的力量，这就是“义”。“义”是对自己的承诺负责，对道义负责，是历史使命担当，也是自觉的责任担当。

孔子认为，拥有仁的人，就有宽广的胸怀、坚强的担当，能够“泛爱众而亲仁”[②]，爱护百姓，尊重民力。如何“爱众而亲仁”呢？要做到“己欲立而立人，己欲达而达人”[③]，要想自己成就事业，一定要让别人成就事业；要想自己成功，得先让别人成功。在成就他人的事业中成就自己。孔子讲的“己所不欲，勿施于人”[④]，是一种修养；而“己欲立而立人”，则是一种境界。做事业，只有把自己的成长与朋友的成长结合起来，把自己的发展与天下的发展结合起来，才能够真正取得大成就。

第四，从心态上讲，要态度积极。樊迟问孔子什么是仁，孔子说：“仁者先难而后获，可谓仁矣。”[⑤] 说仁者做事，一定要经历困难才能够有所收获。世界上绝对没有轻而易举成功的事业，君子做任何事情都是通过自己的付出获得的，绝不会投机取巧或者掠夺别人。仲弓问“仁”的时候，孔子又讲：“在邦无怨，在家无怨。”[⑥] 做人做事不要找借口，这也是积极的态度。事情做错了，首先要想自己是不是尽力了，是不是尽心了，是不是全力以赴了。我们不仅不要找借口，而且不要总是埋怨别人，要相信别人做得好，要去体谅别人，要想到他可能由于某种原因没有做好。严于律己，宽以待人，是

---

① 论语·里仁：53.
② 论语·学而：7.
③ 论语·雍也：83.
④ 论语·颜渊：158.
⑤ 同③79.
⑥ 同④.

君子之道；小人则反过来，总是看别人的不好，总觉得自己好。

具体应该怎么做呢？孔子说“居处恭，执事敬，与人忠”①，就是一个人平时要有尊敬之心。孔子“祭神如神在”②，每次祭神的时候，好像神降临一样，心存恭敬。“执事敬”，就是做任何事情的时候要抱着敬重的态度。“与人忠”，就是当别人诚心诚意求教的时候，一定要尽自己的全力认认真真地帮他思考。别人有难的时候，自己不仅不去帮，反而落井下石、浑水摸鱼，这是小人，为君子所不齿。如果心里常有恭敬之心，就能把事情做好。要时时有这样的想法：这件事太重要了，我一定要做好；这个人太重要了，我一定要认真对待。有了认真的态度，就有了恭敬之心，长此以往，我们就能态度庄重，做事稳重。

态度积极，做事就能主动，也能体会到工作的快乐。在失败时，我们更应该保持一个稳定的心境。孔子讲：“发愤忘食，乐以忘忧，不知老之将至云尔。”③ 努力提高自己的德行、学问，快乐就会使人忘掉忧愁，不知不觉忘了自己已经老了。那些不合乎道德标准的大富大贵，就像浮云一样，不值得羡慕。孔子最推崇的学生颜回，吃一碗饭，喝一瓢水，一个人住在非常穷困的巷子里头，别人都觉得颜回已经走投无路了，但是颜回很快乐，原因是他守住了自己的德行。古人讲：“道德之中自有乐地。”坚守道德，就会非常快乐，提高修养，乐观其成，自然会体会到幸福。

第五，从做人上讲，要操守严明。子贡向孔子请教说，有一个人，全乡的人都说他好，他是不是好人？孔子说不是，真正的好人是好人说他好，坏人说他不好，这才是好人。小人敬畏我们，君子亲近我们，我们才是君子。君子和小人都亲近的不是君子，孔子说这是“乡愿”，用现在的话来讲就是老好人，这不是孔子所肯定的，他认为这是“德之贼”④。孔子还教育弟子：富贵是人所向往的，但是如果高贵不是通过正当手段获得的，就不能强求。贫贱都是大家所厌恶的，如果贫贱是合乎道的，我们就安于贫贱。什么样的人是君子呢？就是一直用“仁”的标准来要求自己，吃饭的时候、走路的时候，甚至颠沛流离的时候都把“仁”作为自己的行为标准。

第六，从修养上讲，要清正刚毅。孔子说，“志于道，据于德，依于仁，游于艺”⑤。“志于道，据于德”，就是说君子的志向在于弘道，要不停地学习大道，要把德作为行事的依据，做事情的时候一定要遵守道德。“依于仁”就是把仁作为道德渊源，

① 论语·子路：178.
② 论语·八佾：35.
③ 论语·述而：92.
④ 论语·阳货：238.
⑤ 同③85.

做什么事情都要合于仁的道德自觉。“游于艺”，就是没事的时候学习技艺，提高自己的人文修养。孔子认为刚毅木讷，近乎仁；能言善辩，八面玲珑，离“仁”非常远。“仁”是很厚重的，人品厚重就是深沉，聪明在心里，不在脸上。人要刚毅木讷。刚即刚强、坚贞，像松柏一样，有骨气。毅是坚韧，不管怎么样都能坚持往前走。木呢？表面好像是呆，实际是可以把自己的内心和外物合起来，看上去好像一动不动，实际上能和自然万物合道，深沉、稳重。讷，就是少说话，话多有失，言必中肯，话要省净。大事业不是靠说出来的，而是靠做出来的。

第七，从发展上讲，要学会学习。学习不仅是学知识，更重要的是修德。孔子说：“修己以敬，修己以安人，修己以安百姓。”① 不断修养自己，形成恭敬之心、安人之法和平天下的策略。“好仁不好学，其蔽也愚”②，只讲仁厚而不学习，最后我们就会变得非常愚钝。“好信不好学，其蔽也贼。”③ 只讲信用，但是不修德，信用就无法保证。

“好直不好学，其蔽也绞。”④ 孔子讲的好学内容丰富：一要求学，要不停地学习，敏而好学，不耻下问。二要善学，就是善于学习。三要乐学，就是非常快乐地学习，“知之者不如好之者，好之者不如乐之者”⑤，一定要培养一个有益的兴趣。四要用学，能学以致用。我们学习，不是把自己变成知识的一部分，而是把知识变成自己的一部分。真正的学问、真正的道理是天下通用的，要能举一反三，教一知十。如果不能把书本的知识和现实结合起来，考得再好也是书呆子，这就要求我们一边学习一边思考。孔子说：“学而不思则罔，思而不学则殆。”⑥ 只学习不思考就会困惑，只思考不学习就会懈怠。

学习要谦虚。谦虚是什么？“择其善者而从之”⑦，多听别人讲，别人讲了十句，九句错了没关系，只要一句有用我们记住了，就能促进我们进步。“闻过则喜”，当听别人说自己过失的时候，一定要非常坦然地接受。

四、怎样养成君子人格？

那么，怎么才能告别小我，走向大我，成就君子之风呢？《论语》里写了很多，我

---

① 论语·宪问：204.

②③④ 论语·阳货：236.

⑤ 论语·雍也：78.

⑥ 论语·为政：20.

⑦ 论语·述而：92.

们择要而言：

第一，“君子周而不比，小人比而不周”①。君子周全、厚道，对待天下人一样的周到，因为他没有跟谁的关系特别私密。君子之交淡如水，小人之交甘若醴。这是因为“君子怀德，小人怀土”②。君子思考的是道德：怎么锤炼自己的德行，怎么用自己的德行影响别人，关注的是自己是否合乎道义。而小人整天想着自己的一亩三分地，只盯着自己的地盘。子贡曾问孔子：我是什么样的人？孔子说：你是瑚琏之器。瑚琏是非常精美、非常高贵的礼器。因为子贡不仅善于经商，更善于言谈、外交。但孔子又讲“君子不器”，说君子要能够弘道守道，而不是像件器物一样自我局限。如果我们胸怀天下，把天下人装在心中，就没有地方可以限量。只有胸怀天下，含蓄宇宙，才能吞吐八荒，成就大业。

第二，“君子成人之美，不成人之恶。小人反是”③。成人之美是君子，损人利己是小人。但最可怕的是，有的人做事既损人又不利己，心理阴暗而狭窄，就是见不得别人好。这样做人，朋友越来越少；这样做事，成就越来越少。《左传·隐公元年》中说，“多行不义，必自毙”。一个人常做不负责的事，最终会自找倒霉。公私兼顾是常人，损公肥私是小人。我们要做君子，能成人之美，就顺水推舟；一定不要落井下石，那样损人又不利己。

有人可能会说：我们做君子，碰到小人怎么办？孔子认为要“以直报怨，以德报德”④，要用德行对待有德行的人；对小人讲德，不能说明我们高尚，只能证明我们迂腐。以直报怨，就是对待别人的抱怨，要相信人间自有公道，不要挂在心上，坚持走正道，不要因为一两个小人就改变了自己的人生追求，也不要把精力花在不必要的人和事上，用正直而刚毅的坚持，让那些所谓的埋怨、不解烟消云散。

那么，在尘俗中，面对别人的算计，应该怎么想？要认为这是别人在给机会锻炼自己。人的成长是没有尽头的，成长不是指事业有多大，而是德行不断提高，德行不断提高，自己的心胸和气度也会扩张。孔子讲“三十而立”，30 岁的时候就能够成家立业，担负责任；“四十而不惑”，40 岁时就不会像小孩似的那么好奇，而是世事洞明，人情练达，不再对人生充满疑惑；“五十而知天命”，50 岁就不会有不切实际的幻想；“六十而耳顺”，60 岁时听到任何事情的时候就不会惊讶了，别人一说，就知道什么意思了。

---

① 论语·为政：19.
② 论语·里仁：50.
③ 论语·颜渊：165.
④ 论语·宪问：198.

因此，面对别人的抱怨和算计，一是要泰然处之；二是要防患于未然，沉着应对。

第三，“君子泰而不骄，小人骄而不泰”①。君子有成就，平和得像泰山一样稳重，小人则相反。遇到困难怎么办？不要忙乱，要深沉稳重。深沉稳重是第一等资质，磊落豪爽是第二等资质，聪明不过是第三等资质。我们观察人，首先要看这个人能不能担当大任，有没有大的胸怀。“人无远虑，必有近忧”②，没有远的志向的时候，常常被眼前的利益所吸引，这样的人，一生在不断解决小问题。如果有大志向的话，眼前的一些小事情就不会干扰我们，更不会阻挡我们。

所以，君子的心胸非常大：“君子固穷，小人穷斯滥矣。”③ 当我们变成一个有理想的人，内心就会形成一个道德的约束，知道哪些原则不可以放弃，哪些事情不可以去做，有了做人做事的底线。该做的事情，就是没有利益也要做；不该做的事情，诱惑再多，也不能做。“固穷”就是在不得志时坚持自己的初心。而小人走投无路的时候，什么事情都敢做，什么人都敢出卖，没有原则，没有道德底线。

第四，“君子求诸己，小人求诸人”④。君子遇到难题的时候，首先想自己怎么解决，怎么不断提高自己的修养去解决这个难题，会不断地调动自己的积极性去克服困难。如果没有做成，会反思自己是不是用心了、尽力了，哪些方面需要提高。要是每件事都竭尽全力去做，兢兢业业去做，我们就会得到很多机会。孔子去祭祀、去参加活动，一定穿上得体的衣服，表示对这个事情的敬重。我们养成快乐而认真的心态，更乐观，更积极，这样不知不觉就会发现，很多事情慢慢就能想明白了，做事也越来越顺了，自己的未来也就开阔了。

---

① 论语·子路：180.
② 论语·卫灵公：212.
③ 同②207.
④ 同②214.

第四章 《孟子》与人生境界

孟子在40岁左右开始周游列国。他最先想去面见齐威王，但齐威王手下的人却诽谤了孟子，孟子觉得自己没有受到重用，就离开了。他听说宋王偃以仁义治国，而当他到宋王偃统治的地方之后，还没有来得及做什么事情，母亲就去世了，他回家奔丧，守孝三年。之后，他又找过鲁平王、梁惠王、齐宣王、滕文公等人，希望能得到重用，却都没能得到重用。大概在公元前312年，孟子经宋国回到老家，开始著书立说，与弟子万章、公孙丑等一起撰成了《孟子》。自东汉赵岐作《孟子章句》，对《孟子》进行解释，《孟子》的流传越来越广。到了宋朝时，朱熹把《孟子》的地位提升，将《论语》《孟子》《大学》《中庸》合在一起称“四书”。

一、人性本善

《三字经》的第一句就是“人之初，性本善，性相近，习相远”。说人性本是善良的，这是对孟子性善论的概括。与孟子同时期还有很多人在讨论“性”的问题，归纳起来，主要有生性论、天性论、本性论、人性论四种说法。

第一种是告子的生性论，认为性即生性。告子的著作都失传了，通过《孟子》中对他言论的记录，我们可以看出他的主要观点。在他看来，“性”就是“生”，生即是生命，生性就是人的肉体。那么，人的肉体是善良的还是邪恶的？告子说，人的生性是不分善恶的，它就像水一样，我们把它倒到什么地方，它就流成什么样子。这很好理解，就像小孩刚生下来，哪有善恶啊；只作为肉体来说人是不分善恶的。

第二种看法是庄子的天性论，认为“性”指的是天性。庄子讨论的是生活在天道、地道、人道中的人的特点。他认为人生在自然中，人道应该完全合于天道，作为一个个体的人应该完全合于天。天性是人未被后天改造、熏染过的赤子之心。庄子认为，人后天的东西污染了人的天性，人要顺应自然，努力保持赤子之心。

第三种看法是荀子的本性论。荀子认为人的本性是恶的，“饥而欲食，寒而欲暖，劳而欲息，好利而恶害，是人之所生而有也”①。人生来就带着自然属性，在善良的背面，就是自私、贪婪，这是由人的自然属性所生发出来的。儒家学说总是想办法实现对本性的改造，其方式便是“因人之情而为之节文”，通过礼来实现对本性的约束。

礼就是我们规定出来的规范，兼顾人情而为之。父母去世自然非常悲伤，丧礼既要表现悲伤，也要防止过度悲伤，这就规定穿什么样的衣服，守什么样的丧期，实现感性与理性的平衡，实现人情和礼仪的兼顾。春秋时期礼崩乐坏，社会秩序紊乱。孔子希望通过礼的建立，形成社会各个成员之间的完美秩序，形成完善的社会管理和社会运作体系。礼能约束人与人之间的关系，是人与人交往时产生的行为和道德体验。孔子说，要想真正意义上恢复礼就要克己，就是克制内心的一些欲望。本性有善的一面，也有恶的一面。我们要维持一个社会整体有序运行，就要把自己本性中恶的一面，或者是自私的理念、弊端、毛病压制下去，然后遵守社会规范与伦理规范。荀子则主张用社会属性来约束人的自然属性，通过不停地学习，把恶的这一面变成善良的一面，最后又回到人性的善。所以，孟子讲的性善，是人性之善；荀子讲的性恶，是人的本性之恶。两者着眼点不同，得出来的结论都是一样的：要通过修养、学习，控制本性之恶，不断扩充人性之善。

第四种看法是孟子的人性论，即强调人的社会属性，在他看来，人类之所以从自然界卓然自立，在于其在发展的过程中，形成了区别于自然属性的社会属性，即区别于动物本性的人性，使得人有了道德自觉和行为自律，有了独立的人伦意识。

在夏商周时期，人是被压制在神和天道之下的，像墨子就过分讲天志，人自我价值的觉醒比较弱；老子又过分讲天道，天道的运行规律是难以说清楚的，他非常消极地说“人法地，地法天”，人要随着天的运行而运行，无为而治。孔子首先摒弃了鬼神说，虽

① 荀子·荣辱：63. 本书《荀子》引文来自：王先谦. 荀子集解. 北京：中华书局，1988.

然他晚年也曾言天命，但是他“罕言利与命”①。我们读《论语》时可以发现，《论语》中解释的都是人日常生活中的问题，这使中国的学说或儒家学说很早就摆脱了神学的控制，与宗教神学划清了界限。在天人的运行之中他不讲天道而讲人道，又摆脱了道家的消极性。

孟子也是相信天命的，说“天将降大任于是人也”②。这也是讲上天的，是说人全部的道德来自上天。孟子比孔子又进了一步，孟子认为德行不仅来自上天，也来自人本身。孔子讲的仁，更多的是一种理念，是想象出来的一种精神，是先天形成的一种道德。孟子进一步论述了仁是来自人的恻隐之心，他说每一个人都有恻隐之心。什么叫恻隐之心呢？就是一个普通的人，看到小孩在井边玩耍，心里就咯噔一下：多危险呀。看到他人在危难中，人的心中都会有一种紧张，人都会多一点关怀。

恻隐之心从哪儿来？来自仁。每个人都有恻隐之心，这种恻隐之心如果仔细描述的话，是指性善，就是指人性是善良的。人表现出各种各样的行为，一些行为不符合仁，这是因为我们受了后天的污染，我们生下来的时候都是善良的。孟子认为人要想真正地发展，必须把后天的污染抛掉，发挥善心，让性善的恻隐之心发挥出来。此外，他认为羞恶之心、辞让之心和是非之心，分别是义、礼、智的来源和归宿。

从另一个角度讲，人具备善良的条件，人之所以为人，就是因为我们有恻隐之心，这是先天带来的，我们不可能抛弃它。孟子是从内讲到外，他认为人全部的道德都是在我们的心里，人性就是人的内在自觉，它不是一种外在的要求。每个人都有向善的要求，每个人都有向善的可能，我们只要把内心的东西发扬出去，就形成了人的道德。

孟子的性善论对教育很有启示作用。教师培养教育学生的时候，要唤醒学生内心的善念，不要过分地约束，这就是赏识教育。教师要相信人性善，要相信任何一个人、任何一个学生都是可以教好的。我们要让他变成什么样的人，我们心里就想他是什么样的人，这样才可以实现教育目的。

孟子由性善论提出了内圣之道，即每个人把自己的恻隐之心、羞恶之心、辞让之心、是非之心发挥出来，便形成了仁、义、礼、智，四心所生出的道德自觉成为行为处世的依据，人人可以成为圣人。孔子说尧舜的境界他是不能达到的，而孟子则说“人皆可以为尧舜”③。也就是说，圣人是可学的，如果我们能够照着道德自觉的要求修身做事的话，人人都可以成为尧舜。

---

① 论语·子罕：111.
② 孟子·告子下：346.
③ 同②321.

那么，具体怎么能达到内圣呢？

第一，要存心。我们心里面总要有一种道德感，有一种规矩感。当我们心里总有道德，总有规矩时，就知道有些事情是可以做的，有些事情是不可以做的，做事便有了底线。存心，就是始终要有四心：有恻隐之心，能帮人家的时候就帮人家一把；有羞恶之心，有些事情是不能做的，有些话是不能说的；有辞让之心，有些东西我们是不能得到的，要遵循礼仪；有是非之心，这个事是对是错，我们要有一个判断，不随波逐流。

第二，要养心。养心莫善于寡欲，欲是私欲。我们常说欲壑难填，人的欲望是没有止境的。养心就是不要有太多的私欲，这样我们才能善养浩然之气。孟子所说的浩然之气，是充盈在宇宙之间的正气，落到人身上就是“富贵不能淫，贫贱不能移，威武不能屈”。

养心最重要的是反求诸己，就是遇到问题了要在自己身上找原因。儒家认为射箭时，射不中，不要说箭不好，也不要说弓不好。原因在哪里呢？在自己身上，要反思自己为什么会技不如人。儒家讲的反求己身，也是一种“勇”，即勇敢地面对自己的私欲，勇敢地面对自己的毛病。

二、由民本到仁政

孟子思想中最有价值、最有意义的是他的民本思想。

民本思想就是把老百姓当作一个国家最为基本的阶层，而不是统治者的依附。中国的民本思想形成得很早。商朝时，凡是遇到事都要占卜，比如商王出去打猎，今天下不下雨，明天去哪个地方吉利，甚至自己的身体有一点毛病，都要向上天问吉凶。商朝人是非常迷信上天的，碰上什么事情都问上天，甚至认为帝位也是上天赐予的。周武王灭商时，纣王还认为自己的王位是上天给予的，是灭不掉的。但在牧野之战中，武装起来的刑徒不听商王的指挥，反过来把商朝灭了。周朝建立以后开始反思这个问题，既然上天授命给商王，为什么我们把他灭掉？看来起决定作用的不是天命，是人民。周人由此提出“皇天无亲，惟德是辅”①。什么是德？那就是关心老百姓，爱护老百姓。于是周人就开始意识到“民为邦本”，开始关注百姓的利益。《尚书·泰誓中》所说的“天视自我民视，天听自我民听”，就是说执政地位，不仅是上天给予的，也是人民给予的。天是否保佑周王室，取决于统治者对老百姓怎么样。这样，民本思想就开始逐渐形成了，

① 尚书·蔡仲之命：453.

其突出了老百姓的决定作用，是历史的进步。

民本思想进一步发展为孟子的仁政学说。仁是一种伦理意义上的价值认同。那些人虽然与我们素不相识，但是看到他们的生命逝去的时候，我们的心里就会伤感，内心就会感到那种难以抑制的痛苦，感同身受地同情他们，这就是“仁”的作用。在孔子看来，仁的意义非常广泛，是人之为人的基本伦理，是一个正常人所具有的最基本的情感，是关心别人和爱护别人。仁，不仅是个人感情实现的基点，也是个人事业发展的基点，成就功业是需要仁的，对统治者来说这种仁爱之心就是政治上的勤政爱民。到了战国时，君臣、兄弟、朋友等伦理秩序开始紊乱，这时候空谈仁爱，就显得迂腐。孟子就开始讲责任，强调大的国家有责任保护小的国家，“义”的责任意味在强化。

义是一种责任要求。尊敬父母是子女的责任，夫妻互敬是夫妻双方的责任，爱护孩子是父母的责任，工作中尽心尽力也是君臣的责任。仁是发自内心的，义是内心和外部约束的一个结合，是外化了的仁。如果说仁是价值认同的话，义则是一种道德准则。孔子讲尊敬别人，是自己内心的需要；在孟子这里，尊敬别人，不仅是自己的道德要求，而且还是外部的社会规范。这样，义比仁的境界低一些，但更具体可行。

孟子的政治主张是什么？就是仁政。仁就是孔子的仁。孔子讲仁是价值认同，强调心中要爱护别人、尊重别人。孟子认为仁是现实责任，与其讲给老百姓听，不如讲给国君听。如果国君把自己的仁心施加到老百姓身上，那百姓岂不从此过上幸福的生活？

孟子去见梁惠王时问：我听说这么一件事情，曾经有一次在祭祀的时候您把一头牛放掉了，用羊来代替它，我知道您肯定不是舍不得牛而用羊来替换。作为一个国君，您绝对不会说是因为羊便宜牛贵，所以用了羊。梁惠王说：我当时正好碰见人拉着牛去祭祀，我看见牛浑身发抖，我说放了它吧，换头羊吧。孟子说：实际上您是没有看到羊在哆嗦，而只是看到了牛在哆嗦，看到牛哆嗦就放了牛，说明您有恻隐之心，有恻隐之心的时候，不忍心看到牛被杀。君子平时不往厨房去，正是不忍心杀害那些家畜、家禽，因为君子有恻隐之心。

梁惠王一听非常高兴。孟子接着说，我们有恻隐之心只体现在一头牛身上不行，您还要把恻隐之心用到天下老百姓的身上，让每家都有一定的土地，每一家的土地足以养活老人、养活孩子等，让每一家都生活得非常富足，这样老人就不会背着东西在街上走，然后我们施行教化，这样天下归附，您岂不是很快就能称王了吗？说得梁惠王顾左右而言他。

儒家学说为什么几千年来受到那么多人的肯定？就是因为这种仁政思想。陈胜吴广起义、黄巢起义、李自成起义、太平天国运动，反对的都是不平等、不平均、不饱暖的贫富不均，提出的口号多是“均田免粮”之类。孟子的这一思想，与《礼记·礼运》所表达的小康思想是一致的，反映的正是中华民族发自内心的理想，那就是能解决温饱问题，实现天下秩序稳定。因此，仁政思想成为鼓舞中华民族不断发展的内在动力。

孟子前所未有地强调民本思想。在《离娄上》中，他讲桀纣失去天下是因为失去了老百姓的支持，失去了老百姓对他的拥护。君主要想得天下，就要得其民。孟子和梁惠王曾有这样一段对话：梁惠王站在私家园林的山上，对孟子说，这里面有鸿雁，有麋鹿，幸福吧。孟子却说，当年文王的花园，老百姓是可以进去打柴和放羊的，我们现在关起来，老百姓不能进去。不能与民同乐，老百姓就不会支持我们。这就是与民同乐的要义：老百姓高兴我们就高兴，老百姓痛苦我们就痛苦，这样，君主才能真正得到天下。

孟子之所以把老百姓提到这么高的地位，是因为孟子认为人是平等的，君臣也是平等的，君主是不能决定臣下的一切的。两者之间是义务关系：“君之视臣如手足，则臣视君如腹心；君之视臣如犬马，则臣视君如国人；君之视臣如土芥，则臣视君如寇仇。”国君对大臣怎么样，大臣就会对国君怎么样，两个完全是对等的关系。孟子认为民贵君轻：“民为贵，社稷次之，君为轻。”① 这是说老百姓是最珍贵的，其次社稷轻一些，而国君是最轻的。

那么，君主要怎么治国呢？要施行仁政。基于性善论，孟子认为君主与普通人一样，都是有四心的，这就为施行仁政提供了最基本的可能；而从民本论的角度来说，君主也必须施行仁政。什么是仁政呢？就是仁和义的结合。能够保证老百姓活着的时候有尊严，死去的时候能够安葬，这样老百姓就能尊重国君，拥护国君，国君想一统天下，也没有谁能阻挡得了。更具体地说来，就是要民有恒产。什么是恒产？就是要百姓能养活自己，解决温饱问题。

三、由仁到义

在先秦的时候，诸子的思维观点发生了一个演变。按照老子的说法，人类本是顺从道的。远古时期，大家都是日出而作，日落而息，大家都在很自然的状态中生活，这就合乎道。后来，随着社会的发展，人们的生活离道越来越远，就开始讲德。什么是德？德是道的派生，是道在生活各方面的体现。

---

① 孟子·尽心下：387.

孔子认为人应该讲“仁”。仁是什么？仁是对人类的价值共识的界定、对群体认知的概括。他跟樊迟说仁者爱人，又说，“己所不欲，勿施于人”①。自己不愿意做的事情不要让别人去做，体谅他人，关爱他人，尊重他人，是非常高尚的道德要求。

在孟子看来，在现实生活中，则要用“义”来约束。什么是“义”呢？就是可以执行的标准和能够推广的准则。仁具有理想性，义就具有更多现实性。感情就是仁的范畴，义是行为的准则。孟子比起孔子的学说，更能解决现实中彼此责任与义务失范的问题。

再后来，义也不能约束人们的行为了。如果大家都不讲责任的时候该讲什么？讲礼，这个礼就是规矩。我们发自内心尊敬老人，这就是仁；如果我们尽义务，这就是义；如果我们尊敬老人是出于道德要求，这就是礼。

在孔孟看来，仁是想象出来的，义是现实生活中要求提倡的，仁和义的结合落实到生活中就会形成礼，礼就是按照理想的秩序所制定的现实的规则，比义更具有外在强制性，是社会公认的规范和规矩。具体来说，仁如何转化为义呢？孟子认为：“居仁由义，大人之事备矣。”② 仁是一种精神、一种理想、一种完美的道德状态。在现实生活中怎么体现仁的精神呢？要靠义。仁就是人心的善良，我们的善良怎么体现呢？靠我们做事。

孟子认为，人怎么能把天下的事情做好呢？就是要能从仁到义。“老吾老”，是仁；“以及人之老”，是义。尊重自己的老人，是仁；由着人的善良、人的道德，又去尊重其他老人，这是一种责任，就是由仁到义了。“幼吾幼，以及人之幼”，从爱自己的孩子到爱天下的孩子，这也是由仁到义。

四、得天下英才而育之

孟子曾说君子有三乐：“父母俱存，兄弟无故，一乐也。仰不愧于天，俯不怍于人，二乐也。得天下英才而教育之，三乐也。”③ 第一乐是天伦之乐，第二乐是心境之乐，第三乐则是教育之乐。孟子的教育思想，很值得重视。

一是教育兴国。孟子认为，通过教育，一个国家可以发展，一个民族可以复兴。他

---

① 论语·颜渊：158.

② 孟子·尽心上：369.

③ 同②361.

提出“善教得民心”①。孟子认为，如果国家是仁义之国，诸侯国是首善之区，天下的百姓觉得这个地方不错，生活环境也好，人心也好，收入也好，自然会甘心依附，全天下的人都会归顺过来。孟子认为理想的社会，是让老百姓先吃饱饭，也就是解决温饱问题。解决了温饱问题，就要兴办学校，让百姓知书达理，提高素养，用礼乐教化，这样就能成就王道大业。

二是养德为本。具体包括三个内容：第一个是养气，第二个是养性，第三个是养心。什么叫养气？孟子说“我善养吾浩然之气”②，浩然之气是充盈在天地之间、弥漫在宇宙之中的正气。养性就是养善性，特别要能做到“慎独”。一个人独处的时候一定要慎重，这时候最容易滋生卑鄙龌龊的想法。独处的时候是最容易让自己的私心、自己的贪婪暴露的时候。养心就是强调人要充分做到“尽心”“反身”“存心”“知性”，减少私欲，不受外界事物的牵累和诱惑，让自己的心合于社会价值要求和群体共识。

三是因材施教。孟子认为要想教好别人，自己首先要明白：“贤者以其昭昭，使人昭昭。”③ 自己清楚了，让别人也清楚。孔子讲究因材施教，冉有做事磨蹭一点，问孔子，我听到了一句话就要立刻去做吗？孔子说闻斯行诸。子路性子急，也问孔子，我听到一句话就要去做吗？孔子说，有朋友、有老师、有兄长在，不要听到话就去做，那样太鲁莽。孟子把因材施教思想继续发展，认为教育有很多种方法，“有如时雨化之者，有成德者，有达财者，有答问者，有私淑艾者。此五者，君子之所以教也”④。有的人要培养他们的德行，有的人最重要的是提高他们的才能，有的人要回答他们的疑问，有的人要用风尚感化，有的人不屑于教，也不值得教。他并不是说放弃某一个学生，而是用反面激励的办法。有的学生是这样，好好和他说不行，必须批评一顿才行。孟子比我们更了解当时的人，教学生有时候要劝勉，有时候要表扬，有时候要跟他讲做这个事情会取得什么样的结果，有时候要直接批评，要因人而异。

四是态度决定一切。著名棋手弈秋教了两个学生，一个学生专心学习，另一个学生心不在焉，教到最后的时候，发现两个学生差别很大。原因是什么呢？只在于“专心”二字。学习好的学生上课非常认真，跟着老师的思路走。有的同学非常聪明，学习就是不好，主要是因为习惯不好，不能专心。从小不能养成一个好的习惯，不能专心致志做一件事情，到学校上课就不会专心，这样很难把事情做好、做成。专心是成就事业的第

---

① 孟子·尽心上：358.
② 孟子·公孙丑上：75.
③ 孟子·尽心下：391.
④ 同①375.

一步。

虚心是成就事业的第二步。孟子认为，虚心的人只要问就要答，不虚心的人或者说依靠权势、才干、年纪、功劳向别人询问，可以不回答。不虚心请教，就可以不回答。因此向别人请教，一定要虚心，虚心才能得到更多帮助和指教。

五是方法得当。孟子认为书一定要多读，读的时候想尽办法把所读的内容熟悉了，然后才能够非常简练地表达出来。他认为读书要“知人论世”“以意逆志”，就是讨论一件事情，谈论一个人，一定要先了解其世其事其人。这既是一个读书的方法，也是一个生活的方法。任何一个人都有优点、缺点，每一个人都有朋友和对手，我们听到别人讲一个人不好的时候，我们要仔细地去分析，到底这个人是不是有其他的原因。“尽信《书》，则不如无《书》”①，要勇于怀疑古人的成说和成见，从道不从师，才能学问有长进，心思更缜密，思考更周全。

---

① 孟子·尽心下：381.

第五章 《周易》与取舍之道

先秦时期，有三本占卜之书：《连山》、《归藏》和《周易》。《连山》和《归藏》后来散佚了，只有《周易》独存。后世发现的甲骨卜辞、竹简、铜器铭文以及当代出土的王家台秦简《归藏》、上博简《周易》、双古堆汉简《周易》和马王堆帛书《周易》等，其卦名、卦序、爻辞与现在的《周易》有一定的差异，这说明《周易》是经过漫长积累而形成的。

“易”有三义：一是简易，即以简驭繁。《周易》把天下万物的运行规律归结为阴阳二爻，叠为四象，再叠为八卦，八卦叠为六十四卦。每卦有六爻，共计 384 爻，这样把宇宙间万物的变化概括起来。《周易》所形成的模式思维，就是把天下万物归结为若干种模式，或吉或凶，或吉凶并存，或由吉趋凶，或由凶趋吉。京房六爻再配以时间、五行，后世再配上五方、节候、星象，试图建立更为缜密复杂的模式，来概括、解释天地万物的运行规律。二是不易，即以不变应万变。《周易》以象喻事，就是用一个物象或者形象来说明事物发展的过程或走向，赋予了解释的多义性。《说卦》言：“乾为马，坤为牛，震为龙，巽为鸡，坎为豕，离为雉，艮为狗，兑为羊。”这就是取象。所取的象，不是单纯的外在形象，而是用象来表达义理和意味，“乾”为天、为马、为父等象，体现的是一种刚健的发展趋势和自强不息的精神。这就确立了中国哲学以类取象、即象明事的思维习惯，把天下万物的基本形态和运行法则比喻为象，其外延是开放的，可以无限拓展。不管世界如何变化，《周易》所表达的基本道理是不变的。三是变易，即依据法则变化无穷。在《周易》中，阴阳对转、四象叠加、八卦互动、爻位变异、时空变换，都是观察和思考的要素。《周易》并不是简单判断吉凶，而是告诉我们天下万物运行的规律，让我们明白危中有机、机中有危，任何时候都是吉凶并存，关键是如何取舍。

《周易》是群经之首，是“原道之书”。第一，《周易》是经历了漫长的历史积累才形成的，从伏羲的符号易、周文王的筮术易，到孔子的儒门易，凝聚了夏商周三代聪明人的智慧和经验，是上古文化的集大成者。第二，《周易》体现了道家“人法地，地法天，天法道”的思路，以“乾、坤”两卦、阴阳二爻象天法地，从天道和地道运行的大格局中阐述人生问题，处处留意于天和地变化的大规律，讲的是人在天地之中应该如何面对自然、面对社会、面对自我；讲的是人如何与天地结合起来，顺应天道、地道来行人道。每卦六爻的变动，都是围绕天、地、人的秩序展开的。第三，《周易》中“乾、坤”两卦代表天、地，而其余六十二卦则处处说的是人事。表面上不讲人，处处落脚于人，可以说《周易》是一部人生之书，可以指导人如何行事。

从这个角度来说，《周易》最高层面的理解，是经天纬地之道。中等层面的理解，是社会运行秩序的总结。按照传统的说法，伏羲画八卦，文王被囚禁在羑里时演六十四卦。文王胸怀天下，其演卦的目的，在于通过辨识天地人运行之道，推演天下大事，因而《周易》中处处充满着忧患意识和勤勉精神。最低层面的运用，是占卜之术，即判断吉凶祸福。其实，我们阅读《周易》，首先要观察《周易》是如何理解人生的取舍之道的。我们要在不同的境遇中以不同的方式做不同的事，从而使自己能够趋吉避凶，走好人生的每一步。

一、含蓄万物、兼容并包的胸怀

成就大事业者，必须有大胸怀。要想明白《周易》的义理，那就要培养自己含蓄万物、兼容并包的胸怀。朱熹喜读《周易》，他在《朱子语类》中说：《周易》不像《诗经》《尚书》那样讲具体情况，而《周易》说尽天下后世无穷无尽的事理，一个字便是一个道理。《四库全书总目提要》也说：“《易》道广大，无所不包，旁及天文、地理、乐律、兵法、韵学、算术以逮方外之炉火，皆可援《易》以为说。”它认为《周易》所描述的自然社会运行之道几乎包含了天下万事万物。

读《周易》，首先要把胸襟打开。伏羲、周文王、孔子所关注的，绝对不是个人的功名利禄和一己一家的得失，而是天下之事、人生至理。《说卦》说：“圣人之作《易》

也，……和顺于道德而理于义，穷理尽性，以至于命。”伏羲、周文王作《周易》的目的，是思考天是怎么运行的，地是怎么运行的，天下的大道是怎么运行的。人相比于天地，不仅渺小，而且无助：地震、海啸、雪灾、瘟疫、命运，谁能说自己就一定能掌握呢？当我们无助的时候该怎么办呢？要顺应天道，按照自然规律、客观规律来做事。

《周易》讲伏羲作八卦，“以通神明之德，以类万物之情”[①]，以易卦概括天地人事运行秩序。《周易》是不谈鬼神的。虽然有时候说“知鬼神之情状”之类[②]，这个“鬼”“神”只是一个象，是一个比喻，形容鬼神莫测的高明。我们有时说“这人真鬼”，不是说他是鬼，而是说这个人很精明。《周易》用“鬼神”来形容人世间的千变万化很微妙，其中的鬼，可以理解为阻碍自己的力量；神则可以理解为帮助自己的力量。通神明之德，是说画卦的目的就是用人所能理解的符号、用人所能理解的语言，把那些天地万物中的各种道理表述出来。因此，读《周易》时，要拓展心胸，海纳百川，胸怀天下，只有把个人放在天地运行的大道之中，放在家国秩序的运行之中去审视，才能找准个人的位置，明白该如何处事。

“人若志趣不远，心不在焉，虽学无成。”[③] 我们要涵养心志，做到气象高旷、胸襟开阔，才能读懂《周易》，体会其中所言的天地大道、宇宙之思。

二、对立统一、阴阳平衡的视角

道家认为世界的本原是“无”，这个“无”不是什么也没有，而是有无相生，无中既有物，又有象，既含有又含无，这样的无才能生出有来：“道生一，一生二，二生三，三生万物。”[④] 无的特征是什么？是虚静。人要顺应天道，就要清静无为。道家认为万物起源于无，佛教认为万物归于空。天地万物究竟是怎么运行的呢？易学认为是由气来运行的，气之清轻者上升为天，沉浊者下沉为地，冲和而为人，也就是说阴阳合和为人。《易纬》说“冲和为人”，就是说人的特质是阴阳二气平和，人要平和才健康，为事要平和才能持久，这是阴阳和合的体现。

气的运行是以什么为动力呢？靠的是阴气和阳气的鼓荡。阴气弱、阳气强，弱能胜

① 周易·系辞下：298.
② 周易·系辞上：267.
③ 张载集·经学理窟. 北京：中华书局，1978：273.
④ 老子·第四十二章：117. 本书《老子》引文来自：老子道德经注校释. 北京：中华书局，2008.

强，强能抑弱，阴阳来回振荡，就会产生万千变化。“一阴一阳之谓道”①，天地万物都可分为阴阳，太阳为阳，月亮为阴；山南为阳，山北为阴；岸北为阳，岸南为阴；室内为阴，室外为阳；男为阳，女为阴；人背为阳，腹部为阴；进为阳，退为阴。阴阳是一个无限的范畴，阴阳是无处不在的。《周易》的卦爻正是以阴阳的互根、互生、互用为规律来推断吉凶的。

《系辞下》说：“乾，阳物也。坤，阴物也。阴阳合德而刚柔有体，以体天地之撰，以通神明之德。”《周易》通过阴阳对转，来讨论天地万物的运行之道。阴阳随时合爻，阳爻是代表刚健的那种力量，阴爻是代表比较柔顺的力量。阴阳爻并无孰重孰轻，而在于孰得孰失，阳爻失位，力量不及阴爻。辨析阳爻、阴爻时一般把握三个原则：

一是阴阳相生。《周易》判断爻位时，阴爻、阳爻相生才吉。在一卦六爻中，相邻之爻谓之“比”，阴阳相比为吉。“比”有乘、承的区别，相邻两爻，上为乘，下为承，阳乘阴、阴承阳为顺，阴乘阳、阳承阴为逆。其中便蕴有吉凶。

二是阴阳平衡。凡初、三、五为阳爻当位，二、四、上为阴爻当位，就是“正”。若以阳爻居阴位，以阴爻居阳位，则谓之失位，就是“不正”。爻得中正之道则吉，行不正之道则凶。

三是刚柔相推。《说卦传》说：“立天之道曰阴与阳，立地之道曰柔与刚，立人之道曰仁与义。兼三才而两之，故易六画而成卦。分阴分阳，迭用柔刚，故易六位而成章。”阴阳表现在力量上就是刚和柔，“刚柔相推，变在其中矣”②。道家讲柔弱，是后发制人，有的时候退守就是进攻，防守才能反击。有时候做事过急、说话过满、思想过于执着，反倒会前功尽弃，祸患无穷。柔弱不是一味妥协与退却，而是反对人过于作为，主张人一定要顺应自然、顺应社会，不要逞能逞强。易卦之爻要阴行柔道，阳行刚正，相互补充，各得其正，才能逢凶化吉。人做事要刚柔并济，张弛有道，才能合乎刚柔之道。

庄子说：“易以道阴阳。”③《周易》讲的阴阳之道，即阳为进取，阴为退守。阳为君子有为，阴为君子无为。落实到人生取舍上，就是行君子之道，勿行小人之道。当我们总是乐善好施时，很快就会发现好事接踵而来；当我们总是以邻为壑时，就会发现倒霉的事情都来到我们的跟前。

---

① 周易·系辞上：268.

② 周易·系辞下：294.

③ 庄子·天下：1067. 本书《庄子》引文来自：郭庆藩. 庄子集释. 北京：中华书局，1961.

三、变而化之、化而用之的思路

司马迁认为，“《易》著天地阴阳四时五行，故长于变”①。《周易》描述的是生生不息的发展变动，是讲变化之理的。任何事情都是在变化之中，太极生两仪，两仪生四象，四象生八卦，是变化。乾坤定位、否泰对转、既济未济的衍生，也是变化。万事万物从不停息，“日新之谓盛德，生生之谓易”②。任何一秒既是过去的结束，又是未来的开始。《周易》最微妙的地方，就是讲出凡事要把握住“变”的道理。卦辞相同，卦义各异；卦义相同，卦德各异。意识到这一点，研读《周易》，就能明白其中的深意。

《序卦》解释六十四卦的顺序，是以旁通与反对的变化来说明卦理。《杂卦》解释卦义，也多从反相而成的角度阐述。比如说：“否、泰，反其类也。”③ 否、泰两卦，都是由《乾》、《坤》两卦组成，位置不同，所形成的卦也不同。坤上乾下为《泰》卦，乾上坤下为《否》卦。这样一变，卦就不同。《明夷》卦的上卦与下卦位置变动，就形成《晋》卦，这就是反对之变。旁通是本卦的六爻尽变，即阴爻变为阳爻，阳爻变为阴爻，就变为另外一卦。《比》旁通《大有》、《履》旁通《谦》、《同人》旁通《师》，体现的都是“穷则变，变则通，通则久”的规律④。

《周易》探讨的是事物的变化规律。一是时间的变化。万物的起点与结束时间不同，结果也不一样，京房六爻、梅花易数和奇门遁甲很注重时间的变动。二是空间的变化。地分南北，事有转移，空间有时是基础性的决定要素，八宅理论形形色色的堪舆更多是在空间上着眼。三是不变之变。事物总处在变化之中，《周易》虽试图阐释变化规律，但却不一定能穷尽变化之道，那么该如何取舍呢？圣人以步为法，用《周易》中的人生之道来审视自我，修养自我，自然能够免于祸患。“和顺于道德而理于义，穷理尽性，以至于命”⑤。清楚应该做什么，不应做什么，坚持中道而行，不做贪天之事，不悖逆人情而行，合于大道，合于正道，就能顺应变化，以不变应万变。四是以变应变。要根据不同的人、不同的时间、不同的地点来采取不同的策略。“兵无常势，水无常

---

① 史记·太史公自序：4003.
② 周易·系辞上：271.
③ 周易·杂卦：340.
④ 周易·系辞下：300.
⑤ 周易·说卦：325.

形"①，任何事情不可能有预定的标准，万事万物都是吉中有凶、凶中有吉，要根据具体的情况确定相应的应变之术。每一点、每一人、每一事都在变化，又都不变。变的是人事，不变的是情理；变是通，通也是变。

四、自强不息、进德修业的精神

《乾·彖》赞美《乾》卦中蕴含着自强不息的刚健："大哉乾元！万物资始，乃统天。云形雨施，品物流行，大明终始，六位时成，时乘六龙，以御天。乾道变化，各正性命。保合大和，乃利贞。"刚健像太阳一样阳光充足、普照万物，能够统帅万物，成就大事业。其中的"保合大和"，"保"就是敛，讲阳气的时候，为什么要收敛呢？就是说阳气也是有收敛的。古人不像我们现在知道太阳运行原理，地球绕着太阳转，他们就认为太阳是因为晚上休息，第二天才能光芒四射；月亮是因为不停地变化，所以才能把阴柔之美发挥到极致。"保合"就是讲静而能敛，然后才能够充盈天地。《周易》里有很多爻辞说"利涉大川"，说的是非常艰辛、非常艰难地渡过了险阻，可成大事，可应大事。

中国所强调的德，至少有三个含义：第一，德是精神。老子认为，道是天道，德是天所派生出来的精神。庄子注重强调德是精神世界的特征及其表现。第二，"德"是孔子讲的品德、德行，比如仁义礼智信等。第三，阴阳学说讲的"德"，是自然属性在人类历史进程中的体现。"五德"就是金木水火土。邹衍说的"五德从所不胜，虞土，夏木，殷金，周火"②，就是说一代之所以胜一代，在于五德相克。《周易》里所讲的德，则是天道、地道、人道这三道精神和气质的总和，体现在卦中，就是卦德。

卦德是从八卦卦象中分析出来的内在理路、本质属性和行为特征，讲的是卦象的德义。《彖》讲卦德，如《乾》卦的卦德是"刚健"，表现于人生，就是"君子以自强不息"。《坤》卦的卦德是"柔顺"，表现于人生，就是"君子以厚德载物"。此外，各卦都体现了一定的德行：《震》卦是出、动、决，《巽》卦是入、伏、制、齐，《坎》卦是陷、险、习、劳，《离》卦是丽、见、文明，《艮》卦是止、成、光，《兑》卦是说、暗等。

不断提高自己的德行，这是进德；不停地学习，这是修业。《文言》说："君子进德

---

① 杨丙安. 十一家注孙子校理. 北京：中华书局，1999：125.

② 萧统. 文选·齐故安陆昭王碑文. 上海：上海古籍出版社，1986：2561.

修业。忠信所以进德也。”“进德修业”，是要时刻提醒自己要忠信。孔子说：“为人谋而不忠乎？与朋友交而不信乎？”① 做一个君子，要成就大事业，首先要忠诚，忠诚于我们的事业，忠诚于自己的理想：自己追求什么，要长久地坚持它。对自己忠诚，是一个人的立身之本。信，就是践诺。人无信不立，一个人说话出尔反尔，朋友就会离他远去。只有对自己、对他人讲究忠信，才能够不断提高德行。如果我们能够不断修养自己，充实自己，善养浩然之气，把德行作为衡量人之为人的标准，那么就能活得敞亮，活得快乐，活得坦然。

五、厚德载物、宽容大气的格局

古人常说：“从小看大，三岁知老。”看什么？就看他有没有格局，格局就是人眼中的世界。在王阳明 11 岁时，他的父亲傍晚在金山寺与人聚会，刚想赋诗，王阳明说道：“金山一点大如拳，打破维扬水底天。醉倚妙高台上月，玉箫吹彻洞龙眠。”大家很惊讶，便让他赋月山，他随口应道：“山近月远觉月小，便道此山大于月。若人有眼大如天，还见山小月更阔。”② 两首诗气象高旷，意境空远，理致十足。王阳明后来成为思想家、军事家、文学家，与他的格局分不开。

判断一个人将来能不能成事，就看他从小想的是什么事，关心什么事。父母要教孩子想什么，如何想。关键要激发他想大事，想家国之事，引导他树立大的志向，涵养其志向，拓展其格局。

怎么体现厚德载物、宽容大气的格局呢？《系辞上》说：“劳而不伐，有功而不德，厚之至也。语以其功下人者也。德言盛，礼言恭。谦也者，致恭以存其位者也。”“劳而不伐”，就是自己有功德但是不要夸耀，反而能谦虚而彬彬有礼地对待下面的人，这才是君子。道德贵在盛大，礼节贵在恭敬。行礼的时候一定要恭敬，要虔诚、谦虚，这样不仅能成就自己的品德，更能提升做事的境界。在日常生活中，谦则能顺，虚则能容，仁则可养，厚则能载。如果别人的批评能接受，而且能不断改进，这个人的未来不可限量。人只有把自己放下的时候，心胸才能打开，才能容下天下之事。谦虚就是要处下，处下才能踏实，踏实才能成事，成事才能服众。

《系辞下》专门讲卦所体现的德，认为《周易》的兴起，在德行不修的殷商之末，

① 论语·学而：4.

② 王守仁. 王文成公全书. 北京：中华书局，2015：1387.

推演《周易》的周文王忧患世道，作卦来扬明道德。因此卦中蕴含着很深的道德寄托，如《履》卦教人平和而能履礼，是树立道德的基础；《谦》卦教人谦虚而光明其德，是实行道德的入手；《复》卦教人要从小的征兆去辨析事物的善恶，是遵循道德的根本；《恒》卦教人坚守德操而持之以恒，是坚固道德的前提；《损》卦教人逐渐补己不足，是修养道德的方法；《益》卦教人永久提高德行，是充实道德的途径；《困》卦教人在困穷时要守正，是辨别道德的标准。由此可知，《周易》的占断，是以道德为前提的。若能行君子之道，不占而已；不行君子之道，占而无用。

六、协理三才、天人合一的视野

《周易》推天地而明人事，六爻两两并列，就体现出三个层次，初、二象征“地”位；三、四象征“人”位；五、上象征“天”位，一卦之中有天、地、人三才，体现了天道、地道、人道。

天道、地道、人道，不是简单言自然的天和地，而是言天和地的道德属性和行为方式。地有高下、有险易、有远近，这是自然之地。在易卦中，地还有基础、根底、负载之义。地是复生万物的，表现的是隐藏、静穆和萌生，因此，初、二两爻的总体倾向是凶多吉少，是推崇守拙、静默的。三、四两爻表现人道，从大的方面看，其体现的是人类社会的基本走向，个人的行为如果符合人道，一般吉多凶少，反之则凶多吉少。五、上两爻体现的是天道，天也不是自然之天，主要指外部的机遇、机会、条件。如果我们把天看成外部的条件，把地看成事业的基础，行事合乎人伦之道、社会之规，就能够趋吉避凶了。

《说卦》用象来描述八卦所代表的形态，乾为天，坤为地，震为雷，巽为木，坎为水，离为火，艮为山，兑为泽。这八个象不仅是物象，也是意象，是《周易》阐述宇宙运行之道借助的形象。其中：雷以动之，雷是一种震动力量，可以充盈天地；风以散之，风是一种开合的力量，可以驱逐万物。八卦分别象征人居环境中八种重要物象、以一综百，以象言事，使用时要能举一反三，由象及义，由义及德，由德及事，这样便能明晰其中寄寓的吉凶之理，进而做出合理的取舍。

乾坤言天道、地道外，整个六爻十二卦讲的都是人道，其中《家人》卦讲的是最具有代表性的家庭伦理之道。其《彖》解释说：“家人，女正位乎内，男正位乎外。男女正，天地之大义也。”“正位”说一个家庭中的自然秩序，夫妻两个人的位置摆不正，这个家就完了。夫妻之上还有父母，就是要孝敬父母、尊敬老人。父母关心孩子，孩子敬重父母。当父亲要有承担，给孩子以刚强。当母亲的要有慈爱，给孩子以包容。《家人》卦体现了阳以威严主外、阴以柔顺主内的天地运行之道，也是古代家庭中成员因分工而合作的社会秩序的描述。

七、惧以始终、不懈不怠的毅力

《诗经·大雅·荡》说："靡不有初，鲜克有终。"《蛊》卦《彖》也讲："终则有始，天行也。"任何事情有结束就有开始，有开始就有结束。二者相悖相行，循环往复。对人来讲，人的一生有开始，有结束，任何事物是开始也是结束，这样来看待吉凶，就很有辩证意味：六十四卦，绝对没有全吉全凶的卦，都是吉中有凶，凶中有吉，吉凶并存。给我们的启示是，我们在思考人生问题时，也要在吉中意识到凶，在凶中看到吉。老子说"战胜以丧礼处之"，就是要时刻保持警戒之心，即便成功也不要得意忘形，即使失意也不要失魂落魄。要意识到成功的同时，隐患是什么。"祸兮福之所倚，福兮祸之所伏"，大喜过后可能是大悲，大悲过后可能是大喜。所以《同人》卦说"先号咷，而后笑"，先哭，最后再笑出来，这是真正的笑到最后，因此不到最后不要放弃。人生的许多事情，能成功就在于多坚持一下。因为在最困难的时候，很多人放弃了、退却了，如果再坚持一步，就成功了，故君子要善始善终，不惧不懈。

比较《既济》和《未济》两卦，就能看出这种惧以始终、不懈不怠的思想。在六十四卦中，《既济》是唯一的一个三刚三柔六爻皆当位而有应的卦，其卦辞却不是六十四卦中最好的。除了九五的象辞提出"吉大来也"，其余爻辞中没有一个提到"吉"，甚至卦辞还说"初吉终乱"，即虽然有成功，但最终会酿成大患。原因很简单，《既济》各爻俱当位有应，九五爻的爻辞更是讲"实受其福"，即得到福报，六爻虽未提到吉，却也没有提到"凶"，应该是太平之象。但祸患恰恰在于升平之后便是动荡，上六爻便因处于穷极之处而有"濡首"之厉，预示着成功中藏有大祸患。

《未济》是六十四卦最后一卦，意味着天下万物要重新开始，这似乎很令人沮丧，但卦中六爻却显示出蒸蒸日上的发展。初六爻柔弱无力，如过河之小狐，濡湿了尾巴，小有困难。九二爻处险难之内，虽不得位，处中而行，可以贞吉。六三爻处于坎险之中，虽然不能远征，却也"利涉大川"。九四爻"有赏于大国"，六五爻有"君子之光"，故而吉祥。上九爻有诚信之德。六爻之中，反而凶少吉多。

君子读《易》，要善于察几：“几者，动之微，吉之先见者也。君子见几而作，不俟终日。”君子看问题，一定要看到微妙的地方；君子做事情，要吉凶并重。读《周易》有三个境界：一是用易理，用《周易》指导人的一生，让人明白一生如何取舍。应积极进取，不断提高观察、思考、处事的能力。二是用卦辞，就是用卦爻辞做参照，明白吉凶并存的道理。三是用占卜，放弃后天努力，一味追求吉凶之道。我们提倡第一种，这也是从孔子开始，儒门易所提倡的态度，就是用《周易》中微妙的哲思、深刻的道理来洞悉天地人事运行大道。

八、敬慎无咎、善于补过的勇气

《周易》讲“革故鼎新”，《杂卦》讲“革，去故也。鼎，取新也”，就是把过去的事情抛弃掉，重建一个崭新的人生。每天读《周易》，每天的感受都不一样，《乾》卦讲终日乾乾，与时偕行。每天都有一个新的自己，每天都有一个新的《周易》的观念。这种鼎新精神，儒家叫与时俱进，道家叫与时俱化，都是要求随着时间来变化、来发展。

在《同人》卦中，真正“吉”的爻位没有一个，三、四、五三爻皆有兵象，上九爻仅“无悔”而已。王弼就说：“凡处同人而不泰焉，则必用师矣。”是说《同人》卦太不吉利。尽管卦象凶险，但如果各爻趋向能够保持，仍能在艰险之中成就一番事业。《同人》卦辞说：“同人于野，亨，利涉大川，利君子贞。”说的是虽然凶险，但大家同心协力，坚持正道，仍能化被动为主动。初九爻上应九四爻，在巽下，同门合力，无咎。六二爻同宗合力，克服险阻。九三爻敌强我弱，只能收敛指向，深藏不露，待机而动。九四爻虽有强敌攻城，但经三年积聚，防守有道，因此虽有艰辛，却能同仇敌忾，开始出现转机。九五爻“同人先号咷，而后笑”，经历了长期抗战，终于同心协力，找到机会，一鼓作气，取得胜利。《系辞上》特别强调《同人》卦中九五爻和六二爻的呼应，称之为“同心之言，其臭如兰”。由此可见，同门、同宗、同人三者只有齐心协力，艰辛准备，不断克服各种困难，才能最终取得成功。虽然各爻都不处于吉位，但却可以通过谨慎虔诚的态度，改变处境，成就事业。

九、顺道而行、循义而为的节操

张载说："《易》为君子谋，不为小人谋。"帛书《要》也说："夫《易》，刚者使知惧，柔者使知图，愚者为而不妄，渐人为而去诈。"这是说通过易卦所表达的道理，引人向善，导人改过，让人能够顺道而行、循义而为。在儒家看来，爻辞讲的是君子之道，不是占卜之道。孔子思考的是天下大道，是天下的德行，不是个人的吉凶。

《周易》常用"通天下之志"来言其用意，即通过《周易》所讲的吉凶之道，引导世人能够正确取舍，做出正确选择，备德行善，实现世道人心好转。《系辞下》中载孔子之说："君子安其身而后动，易其心而后语，定其交而后求。君子修此三者，故全也。危以动，则民不与也。惧以语，则民不应也。无交而求，则民不与也。莫之与，则伤之者至矣。"讲的就是君子的成事法则：要提升自己的修养，然后再想着去做事，自己修养不好就不要做事，做事就容易做错。自己先洗心革面，把自己内心虚空起来，把自己的内心扩展开来，然后再说话。寻求到志同道合的人，再决定一起合作成事。循道而行则能兴，循义而为则能成。

十、洁静精微、清明条达的心境

读《周易》，用《周易》来指导我们做事时，应该保持什么样的心境呢？

一是《礼记·经解》里说的："洁静精微，《易》教也。"① 洁是什么？干净，纯净。研读《周易》，内心一定要纯净。当内心非常纯净时，人才有感染力；如果内心总是有非分之想、污浊之念，很容易让别人生厌。"静"是安静、平静、宁静，只有静下来才能洞悉天下的大道。要学会让心宁静下来，静静地想一想，自己跟自己对话，我今天做什么了？哪些话说错了？哪些事情做错了？哪件事情很让人高兴？哪句话最得意？不断反思，不断进步。精就是精密，微是微妙。《周易》用语非常精密微妙，要认真揣摩，精确把握，不要轻易地下断语，下断语时要仔细地思考，做到世事洞晓，人情练达。孔颖达疏"洁静精微"之意云："《易》之于人，正则获吉，邪则获凶，不为淫滥，是洁

① 礼记·经解：1368.

净。穷理尽性，言入秋毫，是精微。”洁净读《周易》能真，安静读《周易》能深，精密读《周易》能通，微妙读《周易》能得。

二是“清明条达者，《易》之义也。”① 清明，就是清洁而明净，清洁就是自己内心非常干净，明净就是内心非常开阔，条达就是调和而畅达。《周易》把天下万物的事情理得清清楚楚，读它要有相应的心境，才能深得其义。

三是《礼记·经解》所言：“《易》之失贼。”研究《周易》，却不得要领，原因在于自己不入正门。本来《周易》这个房子应该从这边进，非要从那边进，有时可能是进去了，但没有心得，原因是“贼”。贼就是有心思，有歪心眼，心里面装了一大堆杂念，学《周易》最怕的是这种。所以说：“洁静精微而不贼，则深于《易》者也。”②

四是《淮南子·泰族训》所言：“《易》之失也卦。”读《周易》要反思，是不是自己有私念，是不是有杂念。要反思是不是过分地注重卦，卦认为是吉就吉，是凶就凶。要意识到做事要合于天道、合于地道、合于人道。过分把《周易》用在阴谋诡计上、暗算别人上，违背了易道、易德、易教、易义。《周易》之书若这样读，就失去了对其正确的理解与应用。

---

① 何宁．淮南子集释．北京：中华书局，1998：1393.

② 礼记·经解：1368.

第六章 《尚书》与国家治理

《尚书》是中国早期行政文献的汇编，是前代圣王治国的基本经验的总结。《尚书》作为三代治国经验的总结，作为西周、东周时期集体的文化记忆和具有共识性的文本，对前代事迹的描述与治国思路的概括，已经形成了一个相对完整的学理体系。我们读《尚书》，就要了解它对中国政治学说和治国理念的影响。《尚书》记录了中国早期国家治理的基本理念，这些基本理念经过儒家、墨家、法家、兵家、道家等的阐释，形成了中国基本的国家治理观念。

一、仁政之源

相对于商朝，周朝的制度发生了非常大的变化。最根本的变化，就是对天人关系形成了新的认知。商人认为天命在商王，《史记》中记载了殷纣王被周武王攻伐时说："我生不有命在天乎！"① 殷周之际，天命问题是一个需要总结而又一直未解决的问题。

周朝对天命问题进行了非常理性的思考。周朝从弱小走向壮大，主要得益于周文

---

① 史记·殷本纪：138.

王。周文王之所以三分天下有其二，靠的是德行。这种德行，后来成为周朝立国的经验，作为政治文化建构的基本思路，就是德政。周朝在立国之后实行了偃武修文的政策："归马于华山之阳，放牛于桃林之野"①。他们在总结周朝为什么能够从一个弱小、偏僻的小邦最后成为统一大领域的国家时，得出"皇天无亲，惟德是辅。民心无常，惟惠之怀。为善不同，同归于治。为恶不同，同归于乱"②。在《诗经》中周朝称商朝为"大邦"，自称小邦。最初周朝是依附于商朝的，后来周朝之所以强大，是因为周文王重视德政。《尚书·大禹谟》言："德惟善政，政在养民。"善政的做法是养民，即让老百姓能够休养生息，解决他们的温饱问题。《尚书》中言："不役耳目，百度惟贞。玩人丧德，玩物丧志。"③"玩"带有一些漫不经心的调弄、戏弄的意思，是说不能疏忽怠慢百姓。又说："德日新，万邦惟怀。志自满，九族乃离。"④ 国家的治理，靠的是善政，善政就是给老百姓恩惠，每天不断地增加自己的德行。

在《尚书》中，对后世政治学说影响最大的是"建中于民，以义制事，以礼制心"⑤ 的理念。

"建中于民"就是在治理天下的时候推行中道。社会阶层分为劳心者与劳力者，即统治者与被统治者，他们之间是有利益冲突的，最终之所以使天下稳固，是因为大家都取中道，实现动态的平衡。"以义制事"，义，宜也，就是处理事情的时候找到最合适的策略，达成共识。这种共识，落实在个人的行为上，便是责任。《墨子》中《尚同》《尚贤》《兼爱》《非攻》《节葬》《节用》，都是从以义制事的认识中生发出来的。"以礼制心"，是通过外在的规范约束人的心性。在荀子的学说中，"心"就是官能，通过外在的规矩约束人内心的欲求。更确切地说，荀子谈论的是"以礼制性"，即约束人的本性之恶。周朝治理国家的仁政、善政等概念，总括为周政。周政专指周朝治理天下的以德政为特征、以仁政为要求的政治形态。

《尚书》既是两周政治理念的总结，又是两周行政经验的概括，更是两周国家治理的集体共识。在《尚书》的体系中，对民的重要性强调得非常多。如"民可近，不可下，民惟邦本，本固邦宁。"⑥ 在治理国家的时候，应该把老百姓放在最重要的位置上，百姓是国家立国的根本。这些基本经验在《左传》《国语》《周易》《诗经》《春秋》《礼

① 尚书·武成：288.
② 尚书·蔡仲之命：453.
③ 尚书·旅獒：328.
④⑤ 尚书·仲虺之诰：198.
⑥ 尚书·五子之歌：177.

记》中延续下来，成为中国人对上古治理经验的概括。如“天视自我民视，天听自我民听”①。周人认知中，天和民是相通的，民心就是天意。这对中国政治伦理影响非常大，出于民本的要求，治理天下要了解老百姓，让百姓安。《尚书》还主张君子应该要“知稼穑之艰难”②，只有知道百姓的疾苦，才能够知道百姓重视什么。在治理天下的时候，“政贵有恒，辞尚体要，不惟好异”③。“恒”有两个含义：“有常”“有成”。有常就是一直按照既定的思路来走，不轻易变更；有成就是坚持做成，久久为功。

《尚书》从民本的角度来谈论周朝的治国理念，形成了三句话：一是“非知之艰，行之惟艰”④。很多道理说起来明白，做起来太难。其中提出了知和行的问题，此后这一直是中国哲学的命题，到了王阳明的时候才明确地提出“知行合一”。二是“惟日孜孜，无敢逸豫”⑤。用现在的话来说就是好好学习，天天向上。孜孜不倦，不敢放松、享受。三是“克勤于邦，克俭于家”⑥。一个国家要想治理好，必须靠勤政，国家不是靠俭朴能治理好的。经济形势不好的时候，国家要投资。治国要以勤，治家要以俭。俭不是说“俭省”，而是把钱花在关键处，能省的钱就要节省，该花的钱一定要花。

二、尚贤为治

先秦文献普遍认为国家政治清明的时候，尚贤能贯穿在国家的行政体系之中：“能自得师者王，谓人莫己若者亡。”⑦ 商时，伊尹成为商汤的老师；周初，太公望成为周文王和周武王的老师。以贤为师就成为中国知识分子的梦想，在《淮南子》《吕氏春秋》《鹖冠子》《尹文子》等基本文献中都有表述：看见一个人比自己高明，恨不得把对方害死，迟早要灭亡。遇到一个贤的人，把对方当作自己的老师，肯定能成就大事。汉代人读这些学说时，觉得很郁闷，感慨汉朝君主不以贤为师、为友。因此辞赋中才会有《答客难》《答宾戏》《士不遇赋》《悲士不遇赋》等，原因在于他们不想当皇帝的臣，而想与之为友或为师。在周朝的治国理念中，以贤者为师已经被提出来了，对后世影响很大。

---

① 尚书·泰誓中：277.
② 尚书·无逸：429.
③ 尚书·毕命：524.
④ 尚书·说命中：252.
⑤ 尚书·君陈：492.
⑥ 尚书·大禹谟：93.
⑦ 尚书·仲虺之诰：198.

周朝是如何治理天下呢？在《尚书·尧典》中讲得很清楚："克明俊德，以亲九族。九族既睦，平章百姓。百姓昭明，协和万邦。"治理天下的时候首先以德为前提。"俊"有两个含义，一是美，二是常。"克明俊德"是指能够发扬美德，德行绵延不绝。"克明俊德"是"明明德"的前身。先是要修德行，然后要和睦九族，自己的家族和睦以后来治理百姓，通过把百姓治理好，进而协和万邦。《大学》所言"修身""齐家""治国""平天下"，也是来源于此。那么对贤人要怎样任用呢？《尚书·大禹谟》言："无稽之言勿听，弗询之谋勿庸。"没有经过考究的话不要听，没有反复征询过意见的谋划不要采用。《尚书·说命上》："木从绳则正，后从谏则圣。"国君要从谏，对言与谋要进行详细的考察。

尚贤观念对中国文化的影响，一是形成了尚同思想。尚同是最大程度地获得共识，是义政的来源。墨家的尚同，就是治理天下时最大程度地获得天下的拥护。政治既具有理想性，即要想办法提出一个概念、理想或思路，让大家都能够接受或者理解；又具有现实性，因为所有的理想最后都落实到现实之中，如果理想长期无法实现或理想提出来实现不了，会导致天下大乱。在中国历史上很多政权崩溃之前，都有一次变法，如王莽变法、王安石变法、张居正变法。这些变法都没有成功，原因有很多。因为变法要重新调整利益，难度很大。变法实际是在寻求一种共识，但在具体落实的措施上又非常难达成共识。人心思治，希望能变得更好，向往美好生活。人心思乱，都想通过重新洗牌，过上好日子。当自己发现彻底过不上好日子的时候，洗牌洗去的就不只是政治理念，更重要的是统治秩序。尚同学说的优点就在于最大程度地把大家凝聚起来，缺点是凝聚起来靠的是理想，现实常常成为理想的反照，尚同学说就成为反对旧体制的利器。

二是形成了尚贤学说。尚贤是通过义与同的原则获得的。在墨家的学说中，这个人可以不是贵族，只要他的品德贤，就可以被推选。在儒家的学说中，贤人是在本阶层里最优秀的人，在王室里最优秀的人就可以当国君，凡是知名的国君都被塑造成贤才。在本阶层最贤的人，可以出任官员，可以成为孝廉。儒家的学说是有阶层地去选贤，贤不能逾越阶层。真正聪明的大臣当丞相，最聪明的皇族当国君。后世帝王都喜欢用儒家学说，就在于儒家学说不能逾越等级，而墨家学说可以逾越等级，道家学说则是不太承认有等级的。

三是形成了圣贤观念。可以超越时代，甚至可以超越阶层而出现的人，叫作圣。在儒家学说中，普通的人只有达到圣的层面，才能超越帝王。圣人所建立起来的是中国的道统，它是商汤、文、武、周公、孔子以下圣人建立起来的。道统是以圣人之说建立起来的，道统的实现是通过贤人身体力行来完成的。在明清的学说体系中，列入学统的基本是贤人，进入道统的基本是圣人。后世的学者可以阐释道统，但不能替代道统，他们传承的学统是围绕道统的传承建立起来的。

三、治心为上

《尚书》概括了中国的治心之法。治心有两个含义：一是“得民心”，知道百姓怎么想而去治民心；二是治己心，己心就是修身养性。治心本身蕴含两个含义：第一是由正心到修身的内圣之道，第二是由修身到平天下的外王之道。

中国哲学有两个基本命题：第一是天人关系，第二是心性学说。天人关系有二：一是天人之间的相感、相生的问题，这在《周易》中进行了非常细致的解说；二是天人关系蕴含了中国特有的生态文明认知。心性学说谈论的是一个人的内心和性，性即本性、人性、天性、生性。从内圣和外王的角度来讲，内圣是探讨心性学说的内在需求，也就是说每一个人都要明白全部的情感和喜怒哀乐取决于心，“恻隐之心”“羞恶之心”“恭敬之心”“是非之心”①，落实为道德范畴就是仁、义、礼、智。经过汉代加了“信”，就形成了五常之说。一个人通过仁、义、礼、智的熏陶，让自己变成一个君子，然后将自己君子的修为用到社会实践之中就是外王。

《尚书》强调心性的内圣与事业的外王是统一的：“人心惟危，道心惟微，惟精惟一，允执厥中。”② 这句话被称为中国古代治理天下的十六字心法，是《尚书》中国家治理的秘诀。天下万事万物的最关键所在，只有君子才能知道。没有利益纷争时，人心就像盘水，浊在下清在上，一眼就能看出。但世上的事就像风吹过，浊与清都在动，这个时候想看清楚就难了，人心也是这样。《尚书》中说“人心惟危”，人心都是有欲求的，各存私心；道心是寻求各种欲求之中存在的共识，在微妙处体察大家所认同的最大公约数。用道心治理人心，最精妙和唯一的法则就是做到“中”。“允执厥中”的“中”是《中庸》的来源，“中”在《论语》和《尚书》中都提到过，舜在治理天下时就“执其两端，用其中于民”③。用现在的话来说，某一件事，一部分人认为应该这样做，另一部分人认为应该那样做，那么如何把这两部分人团结起来？最好的办法是站在中间，调和二者达成一个共识，而这个共识就是治理天下的中庸之道。治理天下，怎么做到建

---

① 孟子·告子上：300.

② 尚书·大禹谟：93.

③ 礼记·中庸：1425.

中于民？建中于民，实际就是用“允执厥中”来整合百姓的不同意见。

治心的法则就是中庸。朱熹从己心和民心的角度来讲中庸，从己心的角度讲：“心之虚灵知觉，一而已矣，而以为有人心、道心之异者，则以其或生于形气之私，或原于性命之正，而所以为知觉者不同，是以或危殆而不安，或微妙而难见耳。”① 人心只有两种，一种是私心，私即肉体的欲望，满足于自己的食和色。另一种是公心，是放弃自己的私欲，追求天地之间的大道，追求善性和天命。善性是出于人心之善而形成的气质，天命是上天给予的使命，这两种是基于人的自觉而获得的。形气之私是基于人的恶性、本性而形成的。人有时候自己感觉不到，在看别人的时候都是用性命之正来看，原谅自己的时候都是以形气之私来原谅。朱熹认为：“然人莫不有是形，故虽上智不能无人心，亦莫不有是性，故虽下愚不能无道心。二者杂于方寸之间，而不知所以治之，则危者愈危，微者愈微，而天理之公卒无以胜夫人欲之私矣。”② 私是每个人都存在的，性命之正也是每个人都有的一种可能。因此，即便是最聪明的人有时也有形气之私，普通百姓即便是很笨的人可能也能做一些合乎性命之正要求的事。读书多的人有可能也是很自私的，不读书的人也很有可能有奉献精神、有爱心。要想办法让私心变成正心。若做不到，则危者愈危。从个人的角度来讲，要寻求两者的中道，要用公心、正心压住私心。

在治理国家时，要理解民心亦有私，但天下运行必须依赖公心。不能要求百姓都像圣人一样，只有性命之正而无形气之私，而要允许老百姓吃喝玩乐，同时引导其做一些有益身心和他人的事，这是治理天下的规则。何时引导、何时处罚则需要去寻找一个中和之道。“中”就是把握好一个度，“和之道”就是我们所做出的事能将两边兼顾。治理天下不能只讲性命之正，也不能只讲形气之私，而要将两者兼顾。也就是说，从个人修心的角度来讲，要用性命之正压倒形气之私，要让自己心里没有形气之私，这是修己心。但是治民心，则既要意识到形气之私，也要知道何为性命之正，在二者之间取中和点。中和点的一边完全有性命之正的是圣人，只有形气之私的是小人，而大部分百姓既有性命之正又有形气之私。我们的教化要引导向善，避免作恶，在中间找到引民自律、导民向善的路径。

孟子言性善，荀子言性恶，纯然而善者是圣人，纯然而恶者是不肖之性，中间则是贤人和常人。韩愈将性分三品，即纯善、纯恶和有善有恶。有善有恶的人是大多数，纯善无恶的人是圣人，纯恶无善的人是恶人，大部分人是有善有恶，善恶并存。所以，治

---

①② 朱熹．四书章句集注．北京：中华书局，1983：14．

理百姓需要把握动态的平衡。

这样就形成了中国文化中特有的概念。一是诛心学说。诛人容易诛心难。诛心，用现在的话来讲，就是让人心服。二是心性学说。自明诚、自诚明是实现中庸之道的两句话。明是基于学习而获得的，诚是心性。当我们读书发现越多道理的时候，我们就越努力地去坚信这些道理，这叫作“自明诚”。当我们越来越坚信这些道理的时候，就更愿意去思考，把事情做得更明白，这叫作“自诚明”。从认识到实践，是自明诚；从实践中增加认识，是自诚明。人经过不断地学习，最后变成了睿智的君子。

现在我们常遇到的问题，一是不明。不明就是想得太多而从不读书，“思而不学”，诚有余而明不足，有热心却没有基本常识，则为盲目热爱。二是不诚，明有余而诚不足，读了很多的书却一事无成。读再多的书却没有理想和方向，即没有愿意为之努力奋斗的目标，便是书呆子。读了再多的书，却不愿意用书上的内容改变自己，这是明而不诚。一个人从平庸走向高明，需要自诚而明和自明而诚相互促进。一个人能想明白，要有冲动和热忱去将想明白的道理坚守、传播、践行下去。要成为有成就的人，则要把两者结合起来，打开自己的心灵，在诚中更明，在明中更诚，久而久之心性修养就完成了。《中庸》讲的心性修为，实际是把《尚书》里的治己心之法和治民心之法合而用之。

第七章 《诗经》与尔雅之风

《诗经》是我国古代第一部诗歌总集，形成于公元前 6 世纪前后。原本惊心的舞蹈失传了，原本动魄的音乐也失传了，我们只能从记载中知道一些零碎的细节，或者从诗歌所描写的场景中去体味两千五百多年前人们的欢乐、痛苦、期望和失落。

一、《诗》以言志

《诗经》中所收录的并不是中国最古老的诗歌。因为从语言发生和诗歌形成的规律来看，在四言诗歌形成之前，应该有二言、三言诗歌的存在。由于《诗经》是第一本诗集，所以我们很多的文学史，常常从这里开始讲起。但事实上，在《诗经》之前，还有一些资料保存了更古老的诗歌。

一般文学史上常常引《吕氏春秋·音初》中《候人歌》、《吴越春秋·勾践阴谋外传》中的《弹歌》、《礼记》中的《蜡辞》以及《山海经》中的《神北行》等来证明远古歌谣古拙而简朴的特征，说它们采用二言或者三言的句式来叙述，但常常忽略了比《诗经》产生更早的《周易》中，也存有一些远古的歌谣。这些歌谣常被用作象辞，来描述卦的形象特征。假如把这些象辞组合起来，有的就是一些典型的歌谣，无论是在韵律上还是在结构上，都与《弹歌》《蜡辞》等有着同样古朴的特征。例如《临》卦的咸临、咸临、甘临、至临、知临、敦临等。《需》卦的“需于郊，利用恒”“需于沙，小有言”“需于血，出自穴”“需于酒食”“入于穴。有不速之客三人来”等。它们都是情景兼备、意味深长的二言、三言诗歌。《诗经》也保存着一些三言诗，如《周南·麟之趾》：“麟之趾，振振公子。于嗟麟兮！麟之定，振振公姓。于嗟麟兮！麟之角，振振公族。于嗟麟兮！”它用麟起兴，来歌颂公子的仁厚。此外《采葛》《月出》《螽斯》等也是采用二言、三言加以叹词的句式。可以说在四言诗出现之前，曾存在不少二言或者三言的诗歌。也可以说，《诗经》所收集的四言诗，或是经过了系统的整理，呈现出整齐的特征；或是有选择地收录相对整齐、规范一些的诗歌；或是收集于四言诗流行的西周至春秋时期。

这本诗歌总集原本不叫《诗经》，叫《诗》或者“诗三百”，或许是那时书太少的缘故，很多人拿它作为教材。孔子曾对自己的孩子说：“不学《诗》，无以言。”《庄子·天运》《荀子·劝学》也把《诗》与《书》《礼》《易》《春秋》看作体现“常道”的书，称之为“经”。任何一本书如果被赋予了太多的文化判断或者价值期待，就不可避免地被强加上很多时代的标签，被追加许多政治的内涵。在这五经中，《书》《礼》《易》《春秋》本来就与政治关系密切，叫不叫作经，关系不大，唯独《诗》被视作经之后，其中许多原本是写个人情感的作品被演绎成了政治的象征，甚至一些写劳作和风景的歌谣也变成了王道的判断，被附加了讽喻、美刺或者赞颂的成分。

这种倾向在汉代达到了高潮，《诗经》不再被看作是性灵摇荡、美轮美奂的艺术品，很多儒生挖空心思地在诗篇中搜寻政治说教，演绎先王事迹、圣人遗训，它成了一种政治理论教材。当时流行的齐、鲁、韩、毛四家诗，或引诗证事，或引诗证史，或以史证诗，或以事证诗，都存在一定的曲解和演绎的成分。直到今天，有人谈论《诗经》，还不能避免这种牵强和附会的遗风。

所以，我们要把《诗经》作为诗歌来读，最好忘掉那个“经”字。否则，我们就无法领会到《静女》中男女相约城墙下的温情，无法体味到《摽有梅》中梅子树下少女思春的含羞，也不会理解《溱洧》中言笑晏晏的少男少女，更不能想象《江有汜》《柏舟》中主人公对爱情的执着。那些散发着青春气息和乐观情调的古老歌谣，表述的恰是今天同样具有的丰富情感，也是今天流行歌曲所叙述的内容：期待、追求、失望、伤感、决绝、痛苦等等。我们首先要把那305篇诗作为诗歌来读，读通了，再去想其中的文化背景，再去思考古人为什么神化它、怎样神化它。任何一部书籍，如果被神化起来，学者就容易失去对它的正常解读和深切体味，导致它的僵化和枯燥。而任何一门学问如果被作为利禄之学，带来的只会是陈陈相因和日趋沉闷。《诗经》正是在这样的背景下，不知磨灭了多少代学子的创造力。这并不是《诗经》的过错。因为《诗经》只有那 305 篇，经学家们却过多地将注意力集中在几十倍甚至上百倍的注疏、说解和笺注中。

《诗经》怎么形成的呢？根据《汉书·食货志》和《春秋公羊传·宣公十五年》记载，这些诗歌是“采诗官”采来的。每年春天到来，朝廷便安排一些孤寡之人，敲着木梆子到民间收集百姓们演唱的歌谣，然后献给朝廷管音乐的太师，配好音律，演唱给天子听。这样天子就知道民间疾苦和百姓心声了。这些说法是有一定道理的，如果没有经过专门的收集，来自那么多地域的民歌也不可能得以整理保存，也不可能形成琳琅满目的十五国风。也正是由于采诗，《诗经》中保存了很多原生态的民歌，它们甚至可以被看作各阶层人民的劳动号子和生活写真：耕植、采摘、渔猎、爱情、婚姻、行役、战争以及风俗等，都成为诗歌吟唱的题材。

还有一种“献诗”说。根据《国语》的《周语上》《晋语六》等史料的描述，天子听政，常常让官员献诗讽谏。这些诗歌有的是官员自己收集整理的，有的则是自己或者他人创作的，内容多以反映贵族生活、士大夫的政治见解为主。这类诗歌应当是《大雅》《小雅》的主要来源。这类诗歌是介于民歌和文人诗之间的创作，说它们是民歌，是因为模仿民歌采用了合乐歌唱的形式；说它们是文人诗，是因为它们并不是在传唱中逐渐形成的，而是带有创作者个人的某些气质和特征。

不可否认，采来的诗歌和献上的诗歌，有些还要经过乐官的整理。在他们对最初审定的诗集进行整理的过程中，有的诗歌可能就被删除了，但这些诗歌还在一定程度上流传，这就是我们在其他先秦典籍中见到的“逸诗”。司马迁说孔子曾经删过《诗经》，这种说法遭到很多学者的反对。孔子肯定整理过《诗经》，究竟整理到什么程度，现在很难做出判断。但我们应当注意到《诗经》的重章叠句中，有时并不能完全呼应。如果《诗经》确实经过朝廷乐官整理，而且演奏给天子听，成为政治、外交场合演奏的曲目，成为乐工的教材，是不应当出现如此众多断章失句的现象的，所以对这一问题还要做全面考察。

有些作品不断附益润色，用作祭祀和娱神，它们就成了《颂》中的一些篇章。但这些作品很少，商、周、鲁三国祭祀用诗只有 40 篇，而且仅限于对祖宗业绩的追述和对国运的祈祷。这就说明，中国诗歌在形成之初，就摒弃了过于浓厚的神灵祭祀色彩，而是将注意力集中于自然的人，形成了那些摇曳生姿的爱情篇章；将注意力集中于社会的人，形成了那些充满家国忧虑的讽喻诗；将注意力集中于整体的国和家，形成了具有雍容气度的雅音和颂歌。这种重视民生、以人为本的诗歌形态奠定了中国诗歌整体的叙述风格，使吟咏性情、伤怀、忧国、念祖成为古典诗歌最为集中的叙述内容，而这些正是

《风》《小雅》《大雅》《颂》分别侧重的叙述主题。

二、观《风》知政

《诗经》有十五国风，是按照地理区域划分的。如《周南》《召南》就是收集周南、召南之地的民乐，《豳风》是收集豳地的民乐，《王风》收集的是东周洛邑的民歌，音乐差别类似于今天的秦腔、京戏之类。除此之外，《卫风》《郑风》《陈风》《秦风》《魏风》等也都是作为地理上大致的概念，并非和当时的封国完全对应。因为当时的歌是合乐的，收集起来的必然是各地具有代表性的曲目，而这些民歌并非仅在某一国度内传唱。例如，今天民歌中还有河南小调、湖北小调、广东音乐等，戏曲中也有京剧、豫剧、越剧、川戏等，它们的演唱区域相对集中而不是和行政区划必然对应的。十五国风所收集的很有可能是当时各地的流行歌曲或者代表民歌。这样我们就很容易理解：为什么有些大国的音乐那么少？有些小国则又那么多？十五国风由于采自不同地域，是各地民歌的代表，又常常以比兴开篇，所以其情感自由奔放，风格千差万别。它们是《诗经》中最有诗情和诗味的作品。

国风之间的差异，是由于不同的生活环境、风俗习惯所形成的在音乐上的差异。这种差异，类似于现在所谓的风土人情。风土人情是一个地方的生活习俗、语言特点、思维方式、饮食习惯的总和，其决定了不同地区的发声、发音和音乐特点，从而导致了风的不同。朱熹在《诗集传·序》中提道："凡《诗》之所谓风者，多出于里巷歌谣之作，所谓男女相与咏歌，各言其情者也。"又说："谓之风者，以其被上之化以有言，而其言又足以感人，如物因风之动以有声，而其声又足以动物也。是以诸侯采之以贡于天子，天子受之而列于乐官，于以考其俗尚之美恶，而知其政治之得失焉。"《风》诗是各个地方的民歌，天子用来了解各地的民情，各地诸侯汇报情况时用歌谣来表述，在所有的表达形式里最容易让人理解的是歌谣。地方的诸侯献上各地的民歌，天子根据这些进献的民歌来考察各地的风土人情。

《周南》《召南》没有称作《风》，主要的原因是《周南》《召南》出自周公和召公。周朝采用命卿制度，中央官员分六卿，天子不直接管理六卿，天子之下设左右二公，左右二公管理六卿。左右二公是古代天子治理天下的基本结构，从西周到东周一直都是由二公管理天下，二公在西周初年是周公和召公。

古代记载三公，分别是太师、太傅、太保，太公是太师，周公、召公分别是太傅和太保，这是周朝初年的三公。周灭商之后，治理国家实行分封制，把姜尚分封到齐国，不再担任太师一职。姜尚治理齐国的第二年，周武王去世。周成王继位，由周公和召公辅佐成王。周公是周武王的弟弟，摄政七年，七年之后把天下又交给成王。在周公不能辅佐天子之时，由召公辅佐。召公也是姬姓，精通占卜之术，他辅佐周武王时，周公职位在召公之上。周公死后，由召公继续辅佐成王，并宣布了由周公的儿子继续担任其职，周公的后世也称周公。成王去世，康王继位，老召公、少周公继续辅佐。如果周公和召公暂时都没有继承人，由虢公或者毕公暂时出任。《诗经》开篇是《周南》《召南》，“南”是指周公和召公有辅政的历史。他们管理天下时，以陕为分界线，陕以西叫作陕西，这就是历史上有名的“分陕而治”。陕是现在三门峡市的陕州，到宋朝时期才把陕州以西叫作陕西。

西周初期，天下有两个都城：镐京和洛邑。周公住在洛邑治理东方，召公住在镐京管理西方。每年诸侯要进行述职，东边的诸侯国到洛邑述职，西边的诸侯国到镐京述职，接待诸侯的时候要举行一些礼乐活动，在活动中演奏曲子。周公和召公使用的曲子是不同的，周公用的曲子要反映所辖地区的风土人情，形成《周南》。召公演奏的曲子形成《召南》。《周南》《召南》是周公和召公治下的音乐，这两个地区都是王畿。

中国古代多实行两都制，天下有两个中心，周朝是镐京和洛邑，汉朝是东都和西都，隋朝是长安和扬州，唐朝是长安和洛阳，宋朝东京在开封、西京在洛阳，元朝分上都和下都，明朝是北京和南京，清朝是北京和盛京。两都制度的实行是因为中国的国土疆域太过广大，有两个中心区域能够对领土实行有效的控制。从领土上讲，周公的权力大，周公带领成周八师。召公拥有神职，主持周朝最重要的祭祀活动，诸侯朝见周天子就要去召公统治下的镐京。《周南》《召南》是周公和召公统治时期形成的音乐，周天子采用的音乐是《大雅》《小雅》，诸侯采用的音乐是《风》。

周公和召公统治的地区是周朝最核心的地方，两个地方的音乐是周朝正宗的音乐，但周公和召公使用的音乐仍是诸侯之乐，最雅的音乐当然是周天子所用的音乐。其不能称为“周风”和“召风”的原因，是周和召不是周公和召公的封国名称，周公的封国是鲁国，召公的封国是燕国，诸侯采用的音乐称《风》，公所使用的音乐叫《南》，周天子使用的音乐叫《雅》。

孔子的儿子孔鲤，字伯鱼。孔子有一次问伯鱼：“女为《周南》、《召南》矣乎？人而不为《周南》、《召南》，其犹正墙面而立也与？”孔子认为，如果不读《周南》《召南》这些诗作，简直就是面对墙在那里站着，指的是没有进行入门知识的学习。也有人认为“南”是一种南音。《吕氏春秋·音初》记载：“禹未之遇而巡省南土。涂山氏之女乃令其妾候禹于涂山之阳，女乃作歌，歌曰‘候人兮猗。’实始作为南音。周公及召公取风焉，以为周南、召南。”《吕氏春秋》里还记载了北音、东音等，《南》可以作为一种音乐的命名。

三、《雅》以言政

《雅》分《大雅》《小雅》。《小雅》有诗 74 篇，《大雅》有诗 31 篇。雅就是“正”“标准”的意思，当时称王畿方言为“雅言”，朝廷中使用的音乐叫雅乐。所以，雅是朝廷用乐，是与国风相对而言的。为什么会有“大雅”和“小雅”之别？对此有不同的说法，如《毛诗序》所言：“雅者，正也，言王政之所由废兴也。政有小大，故有小雅焉，有大雅焉。”重要的政事是《大雅》，不重要的政事是小雅。孔颖达在《毛诗正义》中也说：“诗人歌其大事，制为大体；述其小事，制为小体。体有大小，故分为二焉。”按照体式分为大和小。司马迁则说：“《大雅》言王公大人而德逮黎庶，《小雅》讥小己之得失。”① 政有大小，《大雅》多赞颂性的史诗，《小雅》多记贵族宴饮和士大夫怨刺。《史记集解》引韦昭注：“先言王公大人之德，乃后及众庶也……《小雅》之人志狭小，先道己之忧苦，其流乃及上政之得失者。”《大雅》写王公大人对下层官员的恩惠，《小雅》是下层官员抒发自己的痛苦。朱熹则说《大雅》是朝会之乐，《小雅》是燕享之乐。这两种说法都有一定的道理。但从时代上看，《大雅》最晚的《瞻卬》《召旻》出于周幽王；而《小雅》最早的诗歌不过周宣王，晚者至于东周初年，所以也有可能是先后编定的《雅》，分别以大小称之。《雅》虽然也有一些优美的篇章，但其更多关注朝政得失和贵族生活，铺陈有余而个性不足，可以作为了解周文化的窗口。

周朝通用的语言，被称为雅言。《论语·述而》记载：“子所雅言，《诗》，《书》，执《礼》，皆雅言也。”郑樵在《通志·总序》中言：“风土之音曰风，朝廷之音曰雅。”雅言是官员系统内的表达，用文本的语言表达是上书，用歌谣的形式表达就形成了诗，雅诗是官员所写的反映当地生活、国家民生的作品，一般在朝廷使用。

最能体现《大雅》格调的是周族诗史《生民》《公刘》《绵》《皇矣》《大明》等篇。汉族在周朝以后过着定居生活，日出而作，日落而息，流动性少，大家身边是熟悉的社会，三言两语就能说清，传唱文学失去了形成的基础，汉族的诗史便非常少。周族也是

---

① 史记·司马相如列传：3722.

在迁徙过程中壮大，远祖创业的艰辛历程便成为周族共同的历史记忆。其中，《生民》讲述了后稷出生的神奇经历，母亲姜嫄踩神的足迹而怀孕，生下了后稷后把他丢弃。丢在路上牛羊喂养，丢到河里，鸟以羽毛覆盖。以此说明后稷是天地造就的孩子。后稷长大后选种庄稼、培育种子，成为夏朝管理农业的司稷。《公刘》则描写周族的另一位伟大的先祖公刘率领部族从有邰迁徙到豳。《绵》写古公亶父从豳迁到岐下（今陕西岐山）的过程。《皇矣》写周文王开始壮大，周文王征伐统一周边地区。《大明》写武王伐纣，成功建朝的事情。这些诗史描述了周族发展壮大的光辉历程，是周族凝聚共识的重要篇章。

风雅之后，形成了变风变雅。按照传统的解释，风是风土之音，百姓在愤怒时会怒骂上层统治者，说明行政秩序紊乱了，原先的温柔敦厚的风诗没有了。而雅是上层统治者所作，是诸侯用音乐来款待客人或者教化百姓，怎么还会发牢骚呢？为什么会有那么多的怨恨呢？汉儒认为《诗经》里温柔敦厚的诗歌，是国家昌盛、政治清平时期所写；怨愤牢骚的诗歌，则是国家动乱、政治昏暗时期所写。《毛诗序》就说："至于王道衰，礼义废，政教失，国异政，家殊俗，而变风、变雅作矣。"西周后期，礼仪废弃，政教丢失，国家异政，家风和社会习俗变化，变风变雅开始出现。

四、《颂》以追远

《颂》诗共有 40 篇，包括《周颂》31 篇，《鲁颂》4 篇，《商颂》5 篇。关于《颂》的争论也很多，朱熹、阮元、王国维等都提出他们各自的见解，但莫衷一是。从内容来看，《颂》中多是祭礼或者礼仪用诗，有的是记述祖先的功德，有的是描述歌舞和祭祀场面的，还有些是娱神的片段描写。因此，从文学角度来说，《颂》雍容典雅，蕴含了丰富的史料信息。

商周是神文时代，认为天命源自天，兴衰决定于地，功业出自先祖。因此形成了祭天、祀地、享祖三大祭祀活动。其中，享祖是要歌颂祖先的丰功伟绩。享祖时演唱的歌谣，就是颂辞。《毛诗序》言"颂者，美盛德之形容"，说享祖最重要的功能就是赞美祖先的德业。这既是表达对祖先的感激，又是为了给后代做榜样。周朝从后稷开始到周文王历经几百年，周朝家族子孙繁盛，财富大量囤积。享祖时赞美祖先，表达对祖先的敬仰，在赞美中表现自己继承了祖先的事业。由于祭祀的地点在宗庙里，所以说"宗庙之音曰颂"。《周颂》赞颂的人物主要是文王。文王是周王朝的开国之君，之前周朝只是商管理下的一个诸侯国。文王受天命建立周朝，疆域已经扩大到三分天下有其二。文王去世之后，周武王灭商。《周颂》31 篇以赞美文王为主，也有几篇是赞美武王、成王等。

郑玄认为："颂之言容。天子之德，光被四表，格于上下，无不覆焘，无不持载，此之谓容。于是和乐兴焉，颂声乃作。"释颂为容，容即礼容。礼容是在举行礼仪活动时表现出来与仪式活动相配的举止与态度。颂便是在祭祀先祖时带有文饰的歌词。周天子、诸侯要处处遵循礼仪，给天下做出表率，他们在祭祀时要保持克制的情感、优雅的举止，与之相辅相成的诉说便是颂辞。

在周朝，天不是人人都可以祭拜的，只有天子能够祭祀。天子祭祀上天的祭文，一般是不让外人看到的，会把祭文印在金箔上，祭祀之后封锁起来。历代封禅，祭天之礼一般是非常严密的，只有天子知道。诸侯祭祀土地山川，而人人都可以祭祀祖先。周天子祭祀祖先的规格是最高的。

周公的子孙封在鲁国，鲁国在宗庙内祭祀祖先，祭祀的歌曲形成了《鲁颂》。在《鲁颂》里，祭祀比较多的是鲁僖公。鲁僖公是鲁国中兴的君主，在位 30 多年，鲁国的很多礼乐制度都与鲁僖公有密切的关系。

商朝灭亡之后，商朝的百姓被划分到各个地方，商的贵族迁到宋、郑、卫等地。古代灭国不毁宗庙，虽然殷民没有了国家，但还要祭祀自己的祖先。宋国是商朝的发源地，宋人祭祀自己先祖形成的曲子是《商颂》，是祭祀殷民祖先商汤、武丁等的祭乐。宋国乐师把祭祀先祖的音乐搜集之后进献给了周王，乐官整理之后收入《诗经》，便是现在的《商颂》。

五、诗学渊源

《诗经》在文学史上的意义在于其采用的赋、比、兴的手法，开创了中国诗歌在意境中叙述、用意象寄托、用想象抒情写意的表达习惯。

赋就是铺陈。刘勰在《文心雕龙·诠赋》中说"铺采摛文，体物写志"，就是用大量优美的文字来铺陈出一个真实可感的艺术境界，或者叙述出一段复杂丰富的故事流程。明人谢榛说《诗经》中，赋有七百二十处，兴三百七十处，比一百一十处，赋法平均每篇两处有余，可见它是《诗经》建构篇章的重要手段。这种"叙物言情"的手法，不仅成为后代辞赋叙事、咏物的重要手段，更是诗歌形成意境常用的方式。汉魏六朝诗歌就充分运用赋法，铺陈场景，描述山水，表述玄理，刻画人物。

比就是比喻。朱熹在《诗集传》说“以彼物比此物也”，就是为了说明一种抽象的情感或者事物，常常借用形象鲜明的物体或者事件加以描述，给人耳目一新、清晰明了的感觉。如《硕人》中用柔荑比喻女子的手，《鹤鸣》中用鹤来比喻隐士的人格，《黍离》中用“醉”“噎”比喻心中恍惚和郁闷，形象生动，跃然纸上。这些不经意间使用的喻体，随着《诗经》的传播，逐渐成为一种文化符号，代表着特定的文学含义，成为后世常用常新的诗歌意象。

兴就是兴感。李仲蒙说：“触物以起情谓之兴，物动情者也。”① 就是说诗人因看到自然景物激发情感，歌咏人生。例如《关雎》中先写望见雎鸠和鸣，顿起爱情之思，因而引起对女子的无限追求和思慕。《燕燕》中先写望见燕子翻飞，想起远行的女子，心中不免凄苦。中国诗歌重视景物的情感蕴含以及追求内在情思的外在物化，正是这种兴感手法的延续。

赋、比、兴不仅是《诗经》篇章的表达手段，更奠定了中国诗歌含蓄蕴藉、情志缅邈的艺术风格。除此之外，《诗经》中还纯熟地运用了夸张、借代、对偶、排比、顶针、摹状、设问、反诘等艺术手法，为中国诗歌语言的成熟做了全面的准备。它所采用的隔句用韵等形式，也对随后的诗歌押韵产生了很好的示范作用。作为上古流传下来的唯一的一部诗歌总集，它是中国诗歌的母体，为中国诗歌提供了无穷无尽的艺术示范和不可胜数的艺术灵感。

---

① 胡寅．斐然集·致李叔易．北京：中华书局，1993：386.

第八章

《春秋》与历史秩序

“春秋”在先秦既是通名，也是专名。当时有很多诸侯国把本国史书称为“春秋”。由于历史的原因，流传下来的只有鲁国的国史《春秋》。现在我们读到的《春秋》，是孔子根据鲁国史官的记录整理而成的，记载了鲁隐公元年（公元前 722 年）到鲁哀公十四年（公元前 481 年）12 位国君共 242 年的史实。这 12 位国君合称“春秋十二公”，即隐、桓、庄、闵、僖、文、宣、成、襄、昭、定、哀。《春秋》采用编年形式写成，是中国编年体史书之祖。孟子说：“王者之迹熄而《诗》亡，《诗》亡然后《春秋》作。”①孟子认为，西周以礼乐治国，通过陈诗可以观风俗，知王政之得失；春秋时期礼崩乐坏，陈诗之制消亡，传统的观风知政的机制消解，失去了最为有效的评判机制。孔子希望以《春秋》来重新评判史事、褒贬得失，重建一个理想的社会秩序。

一、《诗》亡然后《春秋》作

《春秋》是孔子亲手编订，相对于其他典籍，更具系统性，结构更加完整。系统性是指它在叙述历史事件时，取舍的标准和评判的依据都是相对客观的。结构完整，是其微言大义，为中国建立了一个历史共识，可以用来评判一件事到底是对是错，在此基础

① 孟子·离娄下：226.

上形成对历史人物的褒贬依据。

在人类的发展中，共识是不断积淀的，各种观念不断碰撞逐渐形成一个标准。这个标准放到思想领域中，是价值共识；放到社会中，是群体共识；放到历史中，是历史共识；放到哲学中，是思想共识。共识在不同领域中体现的方式不同，却有一个共同的要求，就是对人类的整体负责、对人类的命运负责、对人类的未来负责。三者合起来，就是道义观。

在中国文化中，历史道义观是由孔子确立的。孔子以鲁国的历史发展为时间轴，把各国的史书合在一起，形成了能够反映诸侯国之间相互征战、相互攻伐、相互交往的历史叙述，确立了历史的评判标准，形成了中国的历史道义观。司马迁曾向董仲舒学习《春秋公羊传》，《春秋公羊传》最重要的一个特征，就是确立评价国家行为、行政行为、国君行为的标准，目的是维护大一统。怎么维护？那就是国君的行为、国家的行为、行政的措施，以及大臣、百姓的所作所为必须符合国家的最高利益。董仲舒的观点从《春秋》而来，司马迁的观点从董仲舒而来。可以说，《春秋》建构了中国的历史道义观，并在《史记》中得以延续，成为中国人观察历史实践、描述历史进程、评价历史人物的客观标准。

《诗》亡然后《春秋》作，是孟子的观点，他在《孟子·滕文公下》中做了详细的阐释："世衰道微，邪说暴行有作，臣弑其君者有之，子弑其父者有之，孔子惧，作《春秋》。《春秋》，天子之事也。是故孔子曰：'知我者其惟《春秋》乎！罪我者其惟《春秋》乎！'……孔子成《春秋》而乱臣贼子惧。"① 孟子认为孔子作《春秋》，是试图重建已经紊乱的社会共识。

东周时期，诸侯力量变大，西周时期的政治秩序紊乱后，没有了思想共识。西周的天下秩序靠周王来维系，周王是天下的共主。周平王作为一位被诸侯拥立起来的弱主，并不能有效控制天下。平王之后，周王室一代不如一代。在这种情况下，谁控制了天子，谁就控制了天下的局面。孔子认为靠行政的力量，不足以维护国家的统一，不足以维持国家的稳定，必须建立起一个思想体系，形成思想共识，才能维持社会秩序。他作《春秋》的用意，便是希望能够在思想认知层面凝聚共识，实现尊王攘夷。

在孟子看来，《诗》亡然后《春秋》作，是两个历史阶段的分界点。《诗》亡，意味着礼乐制度消亡，代表一个时代的结束。乐官是在礼乐制度下形成的，礼乐制度是以神权为特征的。何为神权？就是相信天地之间的秩序。春秋时人们认为礼自天作，乐自地

---

① 孟子·滕文公下：178.

出，礼乐是按照天地秩序建构起来的。天地秩序是自然秩序，人类的自然秩序是血缘关系形成的亲亲秩序，礼乐是贵族社会维持亲亲尊尊秩序的工具。

东周时期，王室削弱，诸侯之间的关系不再是温文尔雅的礼尚往来，更不是温良恭俭让的相互尊重，而是真刀实枪、你死我活地兼并杀戮。社会秩序开始转化为以尊卑秩序为主。人随时处在尊卑秩序之中，社会有无数的等级，尊卑秩序的维持靠的是强权，带有约束性、禁止性。

在这种情况下，对一件事的褒贬，便不再是约定俗成的思想共识，而是成王败寇的盖棺论定。历史的血腥埋葬了礼乐的温文，对事情是非曲直的评价便失去了共识。史官，作为真实事件的记录者、见证者，对历史本身有着更为清晰的认识，也有着客观的评价。当乐官不能肩负社会评价之时，史官的褒贬，成为社会不得不重视的参照系。《左传·僖公七年》记载："且夫合诸侯，以崇德也。会而列奸，何以示后嗣？夫诸侯之会，其德刑礼义，无国不记。记奸之位，君盟替矣。作而不记，非盛德也。"① 诸侯会盟，要对大家公认的法则进行确认。如葵丘之会的时候就颁布了六条共识。会盟时，史官不仅要记会盟之事，还要对其中的德、刑、礼、义进行评判，褒扬其德，这说明史官本身便有评判的职责。

《春秋》"略外别内，掩恶扬善"②，充分发挥史官的评判功能，对鲁隐公之后的历史事件进行评述，对之后诸侯的行为进行评述。评述的依据是什么？就是《史记·孔子世家》中所讲的"据鲁""亲周""故殷"。其中，"据鲁"是依据鲁国的史，"亲周"是恢复周道，"故殷"是参酌了殷朝的旧制，孔子由此建立了一种"微言大义"的史学系统。

二、微言大义

古代的诸侯、卿大夫交接邻国，"以微言相感，当揖让之时，必称诗以谕其志"③。微言既可以理解为行为辞令，也可以理解为非常委婉、非常含蓄的表达。在当时的认知中，诗是乐歌的组成部分，乐是有等级性的。开始称诗时，诸侯们能够把诗放在礼乐秩序中进行评价。一引诗，一用诗，人的教养就显出来了。"入其国，其教可知也"。如果这个国家的人都温柔敦厚，那么一定是《诗经》学得好；如果这个国家的人都广博易良，那么

---

① 左传·僖公七年：350.

② 刘知几．史通·曲笔//浦起龙．史通通释．上海：上海古籍出版社，1978：196.

③ 班固．汉书·艺文志．北京：中华书局，1964：1755.

一定是《乐经》学得好；如果这个国家的人都能够疏通致远，那就是《尚书》学得好。贵族子弟从小学诗、学乐，他们能够学乐观风，知道所用的歌词中隐含着怎样的情绪。

春秋的大义，就是要守王道之纪。微言则是采用点到即止、含蓄的表达。这种手法来自诸侯交接时的风度。诸侯本为贵族，在礼乐活动中点到即止。孔子叙述事件，是给国君看的，是给当时大夫以上的人看的，他也点到即止，对事件本身的描述隐含着他的评价和判断。

孔子时期，是中国文本写定的阶段。在这之前，很多知识是以口耳相传的形式流传。到了东周，文本得以书写。从有关历史记载中能够发现，春秋时已经形成了非常系统的文字表达体系。

知识是在生产中以固定的形式流传下来的，百姓日出而作、日落而息，土地就在眼前，劳作就在日常生活中，不需要太多的固定方式进行书写，书写也没有必要，即便有时候立了个功、封了个赏，只要铸一个铜器，把事情记在铜器上即可。到了东周，社会秩序被打乱了，知识体系发生了错乱，原先封国的记忆，随着平王东迁，可能就残缺了。封国的祖庙、祭祀系统都没有了，原先的生活方式也失去了。这样，一是需要把原先记忆中的东西进行重新整理，二是原先的知识体系需要留存。王官散乱后，有时找不到更合适的传承人，就需要寻找一个契机，把原先的东西给写下来。最典型的就是《道德经》的流传，老子本来要离开洛邑，结果被函谷关尹喜要求留下其掌握的知识，老子就写下了《道德经》五千言。孔子教弟子时，弟子们记不住，就写了下来，《论语》是孔子弟子及其再传弟子关于孔子及其弟子言行的记录。

春秋是中国文本的形成时期，有了《诗经》《尚书》《仪礼》等整理本。西周文献，我们能看到的只有铜器铭文，很多经典是西周流传下来，到春秋才写定。文本写定的一个必要前提，就是语言的准确性得到非常大的提高。通过对《诗经》《尚书》的解诂，我们可以发现当时的语言系统比现在复杂得多，区域间语言的差别要远远大于现在。在这种情况下，官方能够确定的不是口语，而是书面语。书面语采用官方语言来表达。东周能够形成复杂的文献系统，得益于官方语言系统的一致性。孔子利用了春秋时期史官语言系统词义的明确，形成了一套完整的对历史进行褒贬评价的系统。《史记·历书》言："天下有道，则不失纪序；无道，则正朔不行于诸侯。幽、厉之后，周室微，陪臣执政，史不记时，君不告朔，故畴人子弟分散，或在诸夏，或在夷狄，是以其禨祥废而不统。"① 治理天下最重要的就是不失历法，一年有 12 个月，要按照历法来行政，可诸

① 史记·历书：1503.

侯用的历法不一样，这就造成了计时系统的紊乱。西周有一个统一的历法，《春秋》开篇便讲“王正月”，强调要将周历作为天下通用的历法，诸侯把各自记录的天时系统纳于周天子的记录体系之中，时间统一、纪序统一，天下行政才能一统。按照统一的授时系统，国家就形成了一个行之有效的管理体系。

在孔子看来，天下大乱是因为历法不一样，必须回归周天子所用的历法体系，以此维系天下秩序。按周制，每年的正月诸侯要来朝觐，朝觐就按照周的历法来算，周桓王之后大家都不来了，历法也就乱了。时间定不准，整个国家的体制就散乱了。“王正月”的意义，就是要维护统一的纪序系统。由于周天子已经失去了共主的地位，诸侯有事也不报告周天子，周王室的史官不再像以前一样可以记录诸侯的去世、朝觐、会盟、嫁娶。周史官记录功能失去了，保留比较好的反倒是诸侯史官，诸侯史官不告诉周王室，周王室连合成《春秋》这样文本的职能都失去了。

孔子做过鲁国的司寇，知道自己的学说得不到使用，周朝治国理政的基本秩序不能坚守，好多做法已经偏离了周礼，已经偏离了周乐，已经偏离了周道。孔子要重新为周朝建立一个秩序系统，恢复周朝礼乐之制，恢复到周朝的行政制度中。他把这两三百年的史实整理出来，形成一个历史共识，重新维护国家一统。

孔子整理《春秋》，采用的是“述而不作”的方式。“述”是重述，孔子要借助历史来表达自己的想法。《史记・太史公自序》有记载上大夫壶遂曰：“昔孔子何为而作《春秋》哉？”太史公曰：“余闻董生曰：‘周道衰废，孔子为鲁司寇，诸侯害之，大夫壅之。孔子知言之不用，道之不行也，是非二百四十二年之中，以为天下仪表，贬天子，退诸侯，讨大夫，以达王事而已矣’。”① 司马迁要“成一家之言”，并不是要作一部子书，而是像孔子作《春秋》一样，用理想的历史道义观来评判历史事件。司马迁在《史记》中也是“述而不作”，也不掺杂更多的个人看法，继承了孔子的传统。

三、《春秋》三传

《春秋》一书所记事件类似于现在的新闻标题。孔子为什么这样写呢？《春秋公羊传》《春秋穀梁传》对孔子的微言大义进行了阐释。《春秋公羊传》的作者是齐国的公羊高，他受传于子夏，主张国家大一统，要建立一个王道政治。《春秋穀梁传》的作者是

① 史记・太史公自序：4003.

穀梁赤，形成较晚，他从平民的视角来解说历史，有很浓厚的尊贤思想。

《春秋左氏传》（后多称《左传》）是对《春秋》中的故事进行重述。《左传》和《春秋》一样，都是运用编年体的形式，按照年来编，年月日都有。《左传》采用“君子曰”的形式来评价历史事件。孔子的评判隐含在字义之中，《左传》则直接评判，其中的“君子”是指作者自己；或是用“仲尼曰”来发表议论。后代史书受此影响，形成了直接的史官评价系统。如《史记》中的“太史公曰”，《汉书》里的“赞曰”，《后汉书》里的“论曰”，《三国志》里的“评曰”，皆受其影响。

《左传》为中国的历史叙事提供了范式。西晋杜预在《春秋经传集解序》中说“其文缓，其旨远”，唐刘知己也说《左传》“其文典而美，其语博而奥”。其中大量描写战争，如城濮之战、崤之战、鞌之战等，历来为人们所称道。作者总览全局，把战争放在时代的大背景下去写，注意表现人物的性格和行为对战争造成的影响，成为后世史书的基本笔法。

第九章 三礼与礼治之道

中国是“礼义之邦”，即按照礼的精神治理天下的国家。礼学古奥幽深，即便有学者研究，也都是从历史范畴、历史角度来研究“礼”的制度。在中国古代，礼不仅仅是制度，还涉及风俗、政治思想、哲学观念，是中国文化谱系的基础。我们可以从礼的观念、仪式、形制、节度四个方面加以讨论，更为全面地审视礼学的基本内容。以《仪礼》《周礼》《礼记》为代表的“三礼”充分体现了中国古代的礼治之道，是中国礼治的基础性典籍。

一、礼义

礼义，是关于礼的总体观念、见解和看法，是礼仪活动、礼制设计和礼度变化的理论阐释，也是对礼的内在规定性的表述。

对礼的起源问题的探讨，是上古礼书所关注的基本问题，因时代不同，其见解也各有不同。一般认为，礼源于民俗，是人类社会发展的产物。《礼记・礼运》载孔子言“礼之初，始诸饮食”，认为礼之形成，本于古俗，后有圣作。这种肯定礼起源于民俗，形成于制度的说法，是儒家的基本观念。《周易・序卦》也说：“有天地然后有万物，有万物然后有男女，有男女然后有夫妇，有夫妇然后有父子，有父子然后有君臣，有君臣然后有上下，有上下然后礼义有所错。”为保证这些社会秩序的更广泛运行，才出现了规定性的礼仪。礼是对社会关系的规定，是社会发展到一定阶段的产物。

这一起源说，从社会学和历史学的角度，综合考虑了饮食、丧葬、建筑、祭祀等活动中约定俗成的习惯对礼的促成；既注意到了礼形成的阶段性特征，也注意到“圣人”“圣王”对民俗的整合和对制度的设计，把礼视为一种具有广泛约束性、体现民众整体意愿的社会规则。这种规则在君臣关系出现、具有初步国家形态的背景中才得以发展起来。这一学说认为礼源于饮食、祭祀等风俗，其着眼点放在夫妇、父子等较小范围内，然后扩展，成为更具有普遍约束力的道德标准和社会规范，需要通过整合并借助国家的力量来实现。

儒家还认为，礼仪是依据天地运行的法则和社会风俗而制定的，最终形成了具有政治意味的礼仪制度。风俗的形成，本循天地之道、万物之性，礼循天道、地道而成。《礼记·礼运》载孔子言：“夫礼，先王以承天之道，以治人之情，故失之者死，得之者生。”承天之道，一方面是说遵循天地万物的运行秩序，另一方面也关注到天人关系。由天人之礼、社会之礼，再到家庭之礼，是中国礼制形成的过程，这不仅是儒家的见解，也是历史进程所证明的。

在这样的阐述中，祭天地、祀鬼神不仅是较早的民俗活动，也是饮食之礼在天人关系中的应用。国家形态的出现，使礼从民俗意义向社会乃至政治意义发展。社会意义上的民俗，常具有道德感；国家意义上的民俗，则具有约束力。礼循人情而成，反过来节制性情。礼既是约定俗成的道德规范，必循人情得之；又是社会秩序的体现，必须对人情加以引导约束。

从整体上看，礼贯穿于天人、社会和人伦关系之中，有诸多共同的特征：

一是天人之礼循时而行。天人之礼立于祭祀，是五礼中的吉礼，包括祭天、祀地、享祖等。祭礼的特征，在于循时而祭，按照时间流程进行。自《礼记》《吕氏春秋》《淮南子》列月令系统，历代祭祀多按时令行祭，祭祀时间和祭祀地点相对稳定，如夏至日南郊祭天、冬至日北郊祀地，三年为禘，五年为祫等。虽有调整，但祭品、祭器、祭乐、祭员总体固定，因循最多。

二是朝政之礼循义而行。朝政之礼，既包括君臣相见之礼如嘉礼，也包括国家交往之礼如宾礼、征伐之礼如军礼，以及国家丧葬之礼如凶礼等。这类礼节源于社会交往，成于国家的形成。虽然在政治活动中，礼带有强制的色彩；但在舆论和道德层面，却是出于对彼此的责任和义务认同，即循义而行。义作为调整社会关系的道德要求，带有约定俗成的意味，儒家将之作为确立社会秩序的标准，作为维持社会等级秩序的基础。

三是人伦之礼循情而成。人伦之礼，是人对家庭乃至自身礼仪、礼容的体认和把握，包括三个层面：第一，对自身角色的认识，形成彼此和睦的人际关系。《礼记·礼运》载："何谓人义？父慈、子孝、兄良、弟弟、夫义、妇听、长惠、幼顺、君仁、臣忠，十者谓之人义。"第二，使内心情感符合礼义，或者使外在行为出自内心，以礼正身。这就要求个体要努力使自己内心合于礼义，发乎内行乎外，以合乎礼道。第三，使内在情感的外化，符合社会的要求。个性和情感要通过礼的约束和节制，形成合乎社会规范的行为特征。

循时、循义、循情，是传统礼学对天人之礼、朝政之礼和人伦之礼运行特征的概括，既蕴含在礼的形成过程之中，也蕴含在礼的现实功用之间，更体现在礼的组成之中，是礼仪活动调整的内在约束。

二、礼仪

礼成为维系天人关系、社会关系和人伦关系的工具，在于交往仪式的确定。礼仪作为礼的外化，是礼义的体现方式。仪式的形成，使礼义具有了外在的形态，成为可以实践和传承的行为。商周制定的祭祀、朝聘等礼，不仅延续下来，而且日益演化，成为春秋战国时期重要的行政秩序。《礼记·中庸》载："礼仪三百，威仪三千。"从先秦诸子、史籍记述来看，商周当有更多礼仪规定，涉及祭祀、朝政、丧葬等众多领域，涵盖社会生活的各个层面。其中，既包括成文礼仪规定如《仪礼》，也可能包括一些未成文但约定俗成的礼仪程序。

《仪礼》对仪式的详细规定，体现了礼义在社会层面的实践。《仪礼》所列的士冠礼、士昏礼、士相见礼、乡饮酒礼、乡射礼、燕礼、大射仪、聘礼、公食大夫礼、观礼、丧服、士丧礼、既夕、士虞礼、特牲馈食礼、少牢馈食礼、有司 17 种礼仪，只是士阶层常用的礼仪，其仪节繁缛复杂，由此既可见商周礼仪名目的繁多，也可见仪式规定的具体程度。

商周所设定的仪式，维系的是贵族共和的封建体系，用于邦国之间的朝聘之礼和用于诸侯之间的宾礼极为复杂。《周礼·春官宗伯·大宗伯》言："春见曰朝，夏见曰宗，秋见曰觐，冬见曰遇，时见曰会，殷见曰同。时聘曰问，殷覜曰视。"随着秦汉专制体制的形成，需要对礼仪进行大幅度的调整，以服务于变化了的政体。秦将礼纳入法的体系中，制定仪法来维系。汉在继承了秦的法制和管理体系之后，试图重新确定礼仪，以保证君臣、祭祀、丧葬等秩序的进行。由于战国以来并没有形成完善的服务于君主专制的礼仪程序，西汉帝王不断调整礼仪制度。这些调整常常按照先秦经典对礼义的阐述，集中对礼的程序和地点加以变通。经过两汉的不断变革，最终形成了相对稳定的礼仪，由此奠定了此后历代制礼的传统。这些新制的礼仪，常常借鉴或者继承前代礼仪，根据不同的时代特征和各自的政治架构加以调整。相对于礼义的固定性，礼仪亦具有相对灵活的特性。

礼仪活动需要诸多个体参与进行，举行仪式之前，每个参与者都要明白自己在整个仪式中的作用、位置和行为。这就需要进行礼仪教育。《大戴礼记·保傅》载："天子处位不端，受业不敬，言语不序，声音不中律，进退节度无礼，升降揖让无容，周旋俯仰视瞻无仪，安顾咳唾趋行不得，色不比顺，隐琴瑟，凡此其属，太保之任也。"太保负责教导天子仪法。《周礼》专设内宰负责教习宫女仪法，大司徒以礼教民，其中不仅包括仪式，还包括各种仪式所蕴含的情感体验，使个体情感符合仪式所需要达成的群体体验。叔孙通为汉制礼仪，教以仪法，使每个参与者明晓礼仪程序和个人作用，如治礼之谒者导引之法，车骑步卒陈兵位置，设旗之法，功臣、列侯、诸将军、军吏站立位置，朝拜顺序等，皆先规定。仪式只是程序性的表述，仪法是从律令条规角度对礼仪活动的规定，既包括对礼仪仪式的具体补充，也包括对礼仪活动的维护，带有具体的操作性和鲜明的规定性。

礼仪设计的核心，是通过礼仪活动更加准确地体现人与天、人与人之间的关系。特别是礼作为人事仪则，其所维系的亲亲、尊尊、长长秩序，是通过礼仪表现出来的。亲亲以父为尊，尊尊以君为尊，长长以贤为尊。亲亲观念更多建立在宗法制度之中，是以家族秩序为着眼点。从《仪礼》所记的礼仪程序来看，家族伦理得到了充分的体现，如士冠礼、士昏礼、士丧礼等仪式、程序、服制的设计，正是依据家庭内部的亲疏关系来确定的。这种按照亲亲原则形成的宗法形态，被周室借鉴，作为分封制度的依据。周之宗法又将族权政权合一，通过以"分亲"建立尊卑秩序，通过祭权的多少来确定治权的大小，将亲亲秩序和尊尊秩序融合起来。从历史的角度来看，尊尊秩序的建立，晚于亲亲秩序的形成；从逻辑的形成来说，尊尊秩序，是建立在亲亲秩序的体系之中的。

周依照亲亲秩序所建立的政治秩序，在春秋战国间被打破。一方面，诸侯与周王室、诸侯之间的血缘关系日益疏远，作为亲亲秩序基础的亲情淡化，此时的宗法只是作为一种传统而不再是一种政治力量，这必然导致亲亲秩序的瓦解。另一方面，周王室与诸侯之间的结盟关系开始松动。两周经济和军事力量又集中在诸侯国，当诸侯不再奉周王室为共主时，周所建立的分封制度就变弱了，诸侯国君可以自由调配国内资源，这促成了君主专制的形成。争伐背景下的诸侯，尽管仍延续周之亲亲秩序，但不再是以亲亲而至尊尊，更多是以尊尊而视亲亲。孔子所说的“礼崩乐坏”，正表达了春秋战国时期亲亲意识的消除而导致的诸侯、王室之间的恩断义绝。在此背景下所提倡的尊尊意识，便是通过尊君抑臣，建立一套带有强制性的新的行政体系，这套体系是以“强公室，杜私门”为出发点，其目的在于“明贵贱”，而不是“别远近”。因此，贵贱观念的提出，代表了社会价值体系已经排除了亲亲意识，开始按照政治地位的高低、行政权力的大小来确定社会身份。战国时期贵贱阶层的形成，除了少数依赖于经济生产之外，多数依赖于世袭、军功等。礼仪被视作区别贵贱、尊卑关系的标准，表明社会关系已经逾越了亲情关系，政治力量已经压倒了人伦力量，开始成为确定新的礼仪制度的力量。

战国儒家对恢复周礼的期待，表明建立在亲亲秩序上的周礼价值系统被彻底打破，新的服务于尊尊秩序的礼仪形态尚未形成。秦吸收了商鞅、韩非子以法为礼的做法，打破了亲亲关系，一决于法，导致了秦礼的寡恩薄情。汉承秦制，不仅继承了秦的司法体系，也同样继承了秦礼的缺失。从叔孙通开始，两汉就推动了连绵不断的礼仪变革，试图建立一套既能体现亲亲关系，又能保证尊尊原则的礼仪制度。

三、礼制

礼仪是在人的活动中对尊卑、上下、远近的区分，礼制则是将这种区分具体到了器物的形制和数量。

礼制的规定包括礼器、礼数。所谓的礼器，是不同阶层、不同身份的人在礼仪活动中所使用器物方面的规定。如对商朝祭天所用之鼎，周朝分封所用之鼎，以及天子、诸侯和卿、士大夫在祭祀、朝聘、丧葬等礼仪活动中所用器物的规定。所谓的礼数，是指在礼仪活动甚至礼仪活动之外所使用器物数量方面的规定。《周礼》记述了不同身份等级之人所用器物的种类和数量的不同，包括车马、庙祭、器具分配与使用等。这些器物在种类、形制、数量上的差异，正是礼制的重要体现。礼器的使用和礼数的规定，既是形成礼制的重要方式，也是礼义在用具意义上的物质化体现。

礼器是指在礼仪活动中使用的器物，包括祭器、食器、仪仗、乘舆等。通过礼器形制上的区别，形成等级分明的制度形态。祭器的分配与使用，在上古具有重要的象征意义。《左传·宣公三年》载，楚子伐陆浑之戎，至于洛阳，周定王使王孙满劳楚子，楚子问鼎之大小轻重。楚子问鼎，实对周政权存有觊觎之心。鼎为周代最重要的祭器，国君用它来祭天，从而证明自己继承天的意志，乃天帝之子，祭器具有浓厚的象征意味。周之分封，常以祭权的分配为标志。

由于祭器被赋予了深厚的政治意味，故而有着严格的规定。不同的阶层对祭器的使用也不同。国之大事与国之小事所用礼仪不同，在器物使用上也有差异。礼器的拥有和使用，充分体现了礼明贵贱、别远近的宗旨。礼器的复杂规定，在商周时期得到了鲜明的区分，特别是国君通过规模浩大的礼器制作来隆礼，无形之中剥夺了诸侯和国民在礼制上僭越的可能性。随着社会财富的积累，礼器的制作不必再倾国之力，可为诸侯或者国民制作，逾制的现象因而越来越明显。春秋战国时期，诸侯、士大夫开始不断僭越礼制，如鲁国季氏八佾舞于庭，齐国管仲镂簋朱紘，都超越了对礼器的规定。

礼数是对礼仪活动、日常生活中所用器物在数量上的规定，包括高低、长短、多少以及频度等。行礼时在数量上有所规定，就可以使人有所节制。礼仪本身亦有数的限制，如三拜、九拜等。礼器上亦有数的限制，如祭祀所上贡品的数量、上香的支数、跪拜的次数。这些数量上的差异充分体现了隆杀的原则，保证了礼别尊卑的实现。

礼器和礼数作为礼制的基点，保证礼仪制度在合乎礼义的状态下运作，不合礼数和礼器的规定，常被视为违礼。《礼记·檀弓下》载有若言晏子办理丧事，只遣车一乘。晏子为大夫，按照礼制，应遣车五乘，轻车简从不合礼。《礼记·杂记下》另记孔子论管仲逾制，亦不知礼。晏婴和管仲虽行礼仪活动，但礼器、礼数不合礼制，故可视为违礼。这说明，礼制有严格的器物规定，减损或者超越礼器形制、数量都是违礼的表现。

孔子所谓的礼崩乐坏，很大程度上是指用以维系贵族共和体制的、以亲亲尊尊为秩序形态的周礼系统被打破。同时，随着君主专制体制的逐步确立，适应新的政治体系的礼仪制度开始建立起来，这种建立既包括对礼义的发展、礼仪的调整，更体现在对礼制的重新规定。

四、礼度

礼度是指依据礼义而对礼仪、礼制进行调整的区间。礼所体现的分配秩序，是上古社会的一种规制。如果要对社会规则进行规定，礼的最高境界在于“中度”和“相称”。在孔子的观念中，礼与其纯粹作为观念上的想象，不如能在实践中运用。实践的运用，必然涉及各种具体情况，需要对礼制做具体调整。《管子·法禁》载：“君一置其仪，则百官守其法；上明陈其制，则下皆会其度矣。”“度”是礼仪和礼制变通的尺度。从时间上来说，礼仪、礼制的施行，是在不断调整中进行的，而这些调整正是将“度”作为内在尺度。

一是礼以制中。《礼记》在《仲尼燕居》中提出“礼所以制中也”，所谓的“中”，是要求礼仪、礼制尽可能符合礼义的本义，在多少、大小、隆杀方面相称。例如，丧礼对丧期的规定严格，礼在具体实施中却又是可以调整的。这就涉及礼的规定性和变通性，变通性是围绕规定性进行的，使礼得以“制中”。也可以说，“制中”是维持礼的内在规定性，也是礼仪调整外在尺度，既关注于社会实际，又兼顾人情需要，使礼成为更有普适性的社会规范。正是通过这种动态调整的规定，礼制作为一种制度规定，能有效保证个体需要和群体秩序的运行。

“制中”所体现的“中”，是一种尺度，也是理论设置的一个调整空间。礼度设置的目的，就是《荀子·礼论》所言的“贵贱有等，长幼有差，贫富轻重皆有称者也”。这种带有分配性质和社会规范意义的制中意识，将各种行为有效地维持在一个富于弹性的“度”中，使之避免相互冲突，保持相互协调的状态。礼的调整，正是在这个相对灵活而有界限的空间中进行。

二是礼以便事。礼服务于、服从于客观需要，这是礼制调整的一个原则。《孟子·离娄上》载：“淳于髡曰：‘男女授受不亲，礼与?’孟子曰：‘礼也。’曰：‘嫂溺，则援之以手乎?’曰：‘嫂溺不援，是豺狼也。男女授受不亲，礼也。嫂溺援之以手者，权也。’”孟子所谓的“权”，是指礼通过变通，适用于具体的情况。《战国策·赵二》也载赵武灵王欲改变胡服骑射的理论，讨论的是服制的调整：“夫服者，所以便用也。礼者，所以便事也。……是故圣人苟可以利其民，不一其用。果可以便其事，不同其礼。”意思是说礼仪的制定，目的是服务百姓，这是礼因人情而为之节文的体现。由于社会的变革，原先规定的礼制不再适用，应做适当变革。

三是礼可损益。从理论上来说，礼可以减损，乐可以增加，强调的是礼的变通性。从礼的实践来看，礼制本身是有损益的。《论语·为政》载孔子言：“殷因于夏礼，所损益，可知也。周因于殷礼，所损益，可知也。其或继周者，虽百世，可知也。”孔子认同了三代不同礼，肯定三代出现了废除或增加的情况。这种损益调整的原则便是对礼义的坚持，坚持了礼的核心价值。所谓的增加或者减少，主要体现在礼仪、礼器、礼制等具体规定之中。尽管孔子是从延续性上看三代之礼，承认礼有损益，与赵武灵王、商鞅、叔孙通、淮南王、司马迁等所谓的三代不同礼是一致的。礼的损益是礼成为社会、政治规范的内在要求，只有损益，才能最大程度地适应时代需要，成为历时性的社会规范。

礼的损益，是对礼仪、礼制进行变革，体现着礼在变革之中的继承和因循。礼能够在数千年的朝代变革中得以延续，既得益于这些变革是在礼义指导下进行，无论如何调整，都在很大程度上维持着礼的内在规定性；更得益于礼学在形成之初就承认礼的损益，因人之情而为之节文，因时世而为之节文，从而使礼保持了相对宽阔的弹性空间，使不同朝代、不同地区可以根据礼义对礼仪、礼制进行调整。其依据，正是建立在“礼以便事”的逻辑之中。

第十章 《孝经》与修身齐家

《孝经》成书于秦汉之际，是孔子后学所作。该书以孝为核心，系统阐述了中国古代的家庭伦理，认为以孝立德，可以修身；以孝尊亲，可以齐家；以孝治国，可成大业。历代王朝治国，常将孝作为个人道德、家庭美德、社会伦理的起点，孝道也就成为中国传统美德的重要内容之一。在当前，我们该如何认识这一文化传统？该如何去传承发展，才能使之焕发出新的生命活力？

一、孝的本义

"孝"字起源非常早。甲骨文里的"孝"字，其形状像一个孩子搀扶着老人。《尔雅·释训》说："善父母为孝。"许慎在《说文解字》中也说"孝"是"善事父母"，可见孝的本义就是善待父母。

古人将孝作为家庭伦理的起点，认为每一个人都是从父母那里获得生命，并在父母的养育之下成长起来的。对生养之恩的报答，便是人伦道德的基础。《诗经·周颂·闵予小子》说："於乎皇考，永世克孝！"即使是周王，在祖先面前，也要保持着恭敬和孝顺。《逸周书·宝典解》中记载了周文王对周公旦谈的"九德"，其中提到"孝子畏哉，乃不乱谋"，确定了孝作为道德之基。秦朝也非常重视孝，《睡虎地秦墓竹简·封诊式》

中记载了一条法令：如果一个人向官府控告自己的孩子不孝，要求官府惩办这个孩子，官府会对不孝之子严厉惩罚，断其足，将其发配到偏远地区。秦朝与周朝相比，虽然对道德有所轻视，但还是非常重视孝道，认为孩子赡养老人是必须履行的义务。

在儒家学说体系中，孝得到了广泛而深入的论述。在《论语》中，“孝”字共出现18次。孔子针对不同人，对孝进行了不同的解释。《大学》中也说：“为人子，止于孝；为人父，止于慈。”总结了孝的责任和义务：做孩子时，孝顺是第一美德；做父亲时，慈爱是第一美德。父母慈爱孩子，孩子才会孝顺。中国形成的这些道德规范，不是单方面要求孩子对长辈孝顺，而是对双方都有着约定和规范。理想的家庭关系就是父父子子，父亲要做个好父亲，孩子要做个好孩子。如果说“子不子，父不父”，父亲管不了孩子，孩子也不尊敬父亲，那么这个社会的道德秩序必将紊乱。因此，作为家长，首先要给孩子做榜样，以身作则。《世说新语·德行》里记载谢安的妻子问他：怎么不见你教育孩子呢？谢安说：行不言之教。中国教育中最反对的就是不教而诛，平时不教孩子怎么做，一旦孩子做错了，马上就给一顿责骂，这是不对的。要知道，想要把孩子培养成什么样的人，自己就要做什么样的人。不要把自己实现不了的理想，寄托在孩子身上。自己做不到，而单纯要求孩子去做，反倒增加孩子的逆反心理，这样的说教，孩子根本是不会听从的。

孟子说人间有五种不孝。第一，懒惰。父母辛辛苦苦把孩子养育长大，孩子却什么事都不去做，用现在的话来讲，就是成人了，却不愿去工作、去谋生，成为“啃老”一族。第二，博弈，好饮酒，不顾父母言。在古人看来，酿酒耗费大量粮食，而且饮酒容易乱性；不听父母的劝阻，只知道吃喝玩乐，也是不孝。第三，好财货，私妻子。什么东西都想据为己有，自己挣点钱，只给自己的妻子和孩子花，舍不得给父母花，孩子和妻子过得比父母好，这也是不孝的表现。第四，只顾自己享乐，一味纵容自己的欲望，给父母带来了很多祸患。不仅自己行为不好，还连累了父母的名声。中国古代犯罪是要株连的，自己不能给父母带来荣誉，反而让父母跟着受牵连，这也是一种不孝的表现。第五，打架斗殴。如果自己被判了刑，父母又由谁来赡养？

孝，并非对父母、对老人一味顺从。《庄子·天地》中说：“孝子不谀其亲，忠臣不谄其君，臣子之盛也。”古人把孝看成一种社会责任。真正的孝子，应该劝善惩恶，长辈做了不好的事，要么就劝他，要么就想办法让他改正。真正意义上的孝，不在于奉迎长辈，真正意义上的忠，不在于奉迎国君，而是按照仁义道德的标准来正确对待。

那么，《孝经》的作者是谁呢？司马迁认为《孝经》是孔子初作，后来又传给了曾参。《史记·仲尼弟子列传》中说：“孔子以为能通孝道，故授之业。作《孝经》。”班固在《汉书·艺文志》中也说："《孝经》者，孔子为曾子陈孝道也。"但编纂《四库全书》的清代学者却认为该书是孔子"七十子之徒之遗言"，是孔子后学所作。

秦朝焚书，《孝经》曾一度失传。直至汉武帝后期，鲁恭王修建宫殿，拆毁了孔家旧宅，在一个墙壁里发现了用古文字书写的《孝经》，它才得以重见天日。汉朝以孝治国，不仅皇帝的庙号都要加上"孝"字，如孝文帝、孝武帝、孝宣帝等，在选拔官员时，专设一个科目叫"孝廉"，用以选拔孝顺父母、办事廉正的人出来做官。在民间，汉代极其重视表彰"孝悌力田"者，鼓励孝敬父母、友爱兄弟、努力耕种的人。在《汉书》《后汉书》的帝王本纪中，全国性孝悌褒奖、赐爵多达 32 次。

魏晋南北朝、唐代修史书，常列"孝义传"之类，用于表彰忠孝节义之人。如《宋书》《南齐书》《南史》《周书》《隋书》都设《孝义传》，《魏书》有《孝感传》，《晋书》有《孝友传》，《梁书》《陈书》《北史》有《孝行传》。唐玄宗亲自为《孝经》做注，南宋时把《孝经》列为"十三经"之一。清朝顺治也注《孝经》，雍正还撰写了《孝经集注》，大力提倡孝道。

鲁迅曾说："（魏晋）为什么要以孝治天下呢？因为天位从禅位，即巧取豪夺而来，若主张以忠治天下，他们的立脚点便不稳，办事便棘手，立论也难了，所以一定要以孝治天下。"① 这不妨看作历代讲"孝"的一个原因。但若从积极意义理解，孝对于稳定社会秩序、建构家庭伦理有着基础性的作用。我们可以想象：如果一个人连父母都不尊重，他会去尊重别人吗？一个人对妻子和孩子都没有爱心，他会去爱天下人吗？因此，孝道观念，绝不只是鲁迅所讲的出于阴谋，而是一种深深根植的中国传统文化观念。

二、为何讲孝

为什么中国人把孝道看得如此重要？因为孝道的形成，是古人生命意识、天人观念、道德观念综合而成的结果。

在基督教的学说体系中，人的生命都是上帝赐予的。在这种认知中，生养孩子是上帝赋予成年人的义务。上帝面前人人平等，作为父母，与孩子的关系实际上是平等的。在西方人看来，生完孩子并把孩子养到 18 岁，父母的义务就完成了。父母与孩子的关

① 鲁迅．鲁迅而已集·魏晋风度及文章与药及酒之关系//鲁迅全集．北京：人民文学出版社，2017：534.

系，就逐渐疏远。在他们看来，孩子的幸福是孩子的，自己的财富积累是自己的，尽管他们也会有血统、家族这类概念，但并不如根植在骨髓里那样深刻。

在佛教看来，人是轮回的，轮回的生命是生生不息的。这样，母亲怀孕，只是孩子暂时的寄托之所；父母抚养孩子，是自己前世福祸的报应，子子孙孙不过是轮回的结果。佛教徒的剃度，标志着其与家庭的脱离。他们不结婚也不生孩子，与父母断绝来往，甚至连名字都改了，意在修度今世，以图精神自在，超出轮回。

在中国文化观念中，父母和孩子的关系是天定的，而不是人定的。孩子的生命是父母给的，有什么样的父母就有什么样的孩子，"龙生龙，凤生凤，老鼠生来会打洞"之类的口头禅，正说明了父子相续的一种心理认同。既然人的生命是父母给的，那么人的全部道德，包括优点、缺点，甚至禀赋，一切都源于父母。这就要求人要常怀感恩之心，竭力报答父母。《诗经·小雅·蓼莪》中感慨父母的养育之恩："父兮生我，母兮鞠我。拊我畜我，长我育我。顾我复我，出入腹我。欲报之德，昊天罔极！"意思是说父母生养的德行比天都高。

儒家主张父母死后，要守孝三年。宰予说两年就够了，孔子很生气，认为孩子生下来被父母怀抱三年，所以父母死了就要守孝三年。三年，是天下通行的丧期。在孔子看来，"孝"就是孝顺和孝敬。孟懿子问什么是孝，孔子说孝就是不违背礼节，父母在世时，要依礼侍奉他们；父母不在后，要依礼安葬他们，依礼祭祀他们，用礼仪制度作为侍奉父母的规范。孟武伯问孝，孔子则说，孝顺父母，就是要涵养德行，不要让父母担忧。子游问孝，孔子说要心中诚敬，不仅要物质上奉养，更要精神上满足。《大戴礼记·曾子大孝》中说"夫孝，置之而塞于天地，衡之而衡于四海，施诸后世，而无朝夕"，认为父母的恩情天高地厚、无时不在。为人一生，要尽孝道以报答养育之恩。

中国的天人认知也是孝道形成的原因。在基督教文化里，每一个人都可以与上帝对话，教堂便是自己向上帝忏悔的方便之所。在中国古代，人和天是不能直接对话的，最早的时候是要通过巫师去联结天和地，后来天子又垄断了祭祀天地的权力，这就断绝了普通人与天对话的可能。但是作为普通人，可以与自己的先祖对话。中国古代家室的正堂，一般贡奉着先祖的牌位，写着远祖和三代近祖的尊号和名讳，每逢节日便去祭祀，向先祖讨教，请先祖保佑。先祖哪去了？先祖陪伴在天帝神灵的周围，普通人可以通过他们来获得天机，得到护佑。《诗经·周颂》中有很多篇章便是写祈祷周文王、周武王来保佑自己，自己努力工作，不辜负前辈的功业。《礼记·坊记》中也说："修宗庙，敬祀事，教民追孝也。"神道设教，祭祀先祖，让人的孝道有寄托之所。

中国的社会结构，也是催生孝道的一个客观环境。中国很早就进入了农业社会，家庭作为劳动的基本单元，不仅决定了生产的模式，也决定了社会认知的建构方式。一家一户的小农经济中，家庭是构成社会的基本单元。要想让这样的基本单元维持下去，必须树立一套伦理规范来维系家庭观念，家庭稳定了，社会的生产才能稳定。在古人看来，家和国是一体的，《孟子》中反复讲五口之家、七口之家如何生产生活，便是如此。

家的形成，是以血缘和亲情为基础，以财产为条件的。一个家族要想长盛不衰，必须有财产作为保证。财产的继承问题，也是催生孝道的一个原因。在当代，父辈去世以后，常常是财产平分给亲人。但在中国的家族观念中，祖业不能丢。周朝的宗法制，便是将嫡长子、嫡长孙作为合法继承人，用于继承祖业的大宗，管理整个家族产业，其余的人虽可以继承财产，但只不过是自己父辈的那一部分。在后世的演化中，逐渐形成了以有能力的人为祖业继承人族长。家族的产业传给他时，他要保证祖业能够继续传下去，而且要明确自己的合法地位，那就要认先祖，确定自己是家业的正宗继承人，保证家族里这一最大的股份一代一代地往下传。要想让自己的合法地位得以确立，必须要经过大家认可。

在这样的观念认知中，首先，后辈要把创造功业、财富的前辈们当成楷模，对前辈要有发自内心的崇敬，对前辈确定的规矩要模范遵守。其次，合法继承人还要得到前辈的指定或肯定，而要想得到指定，必须让父辈在生前意识到自己的孝敬和能力。大到皇室，小到家族，都是如此。通过财产的分配，一个家族的血脉就继承下去了。通过皇位的继承，一个朝代的皇权就可以延续下去。家和国都需要用孝道来稳定秩序。

三、什么是孝

那么，什么是孝呢？《孝经》中说："始于事亲，中于事君，终于立身。"孝是从尊敬亲人开始，以为国效力为方向，把安身立命作为目的。古人说，论孝在心不在迹，在迹贫家无孝子。这就是说，孝是一种感恩态度，主要是在于内心敬重而不完全在于做了什么，要看心中有没有父母，有没有长辈。如果单纯看做了什么，富人可以给父母金玉满堂，那么穷人哪有孝子？所以，孝是德行，也是态度，是发自内心的感恩。

一是以孝立德，可以修身。《孝经》认为人的身体、人的生命，都来自父母，头发皮肤都不能毁伤，孝的起始是从身体开始。这里面有两个含义：其一是宗法意识，身体不属于自己，是父母赐予我们的。其二是社会意识，我们把身体毁伤以后，就无法去侍奉父母，保重自己的身体，不仅是为了自己，还是为了家族。《论语》中孔子回答孟武伯问孝，说父母只担心会不会得病不担心别的事情，就是说父母不再担心德行、事业、举止时，说明自己的修养已经非常好了。这是孝的开始。那么，孝的目标是什么呢？就是扬名后世，以显父母。努力工作，用业绩让父母感到非常荣耀。在中国文化中，每个个体都是家庭关系、社会关系中的组成部分。我们常常会说谁的孩子如何，哪个单位的某某如何。作为孩子，所作所为常把父母给牵扯进去；作为职员，常常又成为单位的代表。有时候还会说，姓什么的那个人，这个姓又是一个家族的代表。我们每一个人在这个社会中，时刻承担着责任和义务，自己要发展起来，不辜负前辈或父母的期望，这就是广义的孝。

《孝经》认为普通老百姓要顺应天理，如果是农民，就好好种地；如果是牧民，就好好放牧；如果是渔民，就好好打鱼；如果是工人，就好好做工。认认真真地做好自己的本职，少奢靡、少浪费，不去做那种作奸犯科的事情，勤俭持家，安分守己，让家人平安，让父母放心，让老人能够安度晚年，这就是最普通的孝。

二是以孝尊亲，可以齐家。《孝经》认为，作为官员，孝就是要坚守正道，忠于职守。《孝经》上说："非先王之法服不敢服，非先王之法言不敢道，非先王之德行不敢行。"这是说大夫和卿这类官员，要做到不是规定的服装不敢穿，不是恰当的言论不敢谈，不是公认的德行不敢做。这样，就是纵论天下，也不会有过失的言论，遭人非议；做天下之事，也不会有不当的举措，引人怨恨。作为读书人，比百姓懂得更多道理，说话一定要三思，做事一定要有规律，才能把自己的家业守住，把父母、老师和国君孝敬好，把天下的关系处理好。

三是以孝治国，可成大业。在儒家看来，为政的方式有两种：居位为政和不居位为政。居位为政，就是以官治国，靠的是职务和权力；不居位为政，就是通过自己的德行和见解影响社会，从而改变社会。对想成就大事业的人来说，那就要先从不居位为政入手，从小事做起，先对兄弟、朋友、父母好一些，为将来承担责任做铺垫。同时，这也告诉我们，官员要想把社会治理好，必须让每一个人对周围的人非常友善。一个人对父母非常尊敬，对朋友非常友善，进入职场，才能够担负起和睦同事、和睦天下的大使命。

儒家对孝的要求，因为身份的不同，标准也不一样。天子的孝在于孝天下，以自己对待父母的孝心来对待天下所有的老人，全心全意治理国家，实现天下太平；诸侯之孝在于保社稷，不要做贪官，也不要做叛官，把自己的心性约束好，实现国泰民安。一个小官好当，一个大官非常难当。权力太大没有约束，就会生骄奢之心、狂妄之心。官员之孝在于敬业，心里面不仅不能有怨恨之心，而且要尽量少怨愤之词，做到保境安民；士人之孝或知识分子之孝在于尽职，好好工作，兢兢业业；庶人之孝或者百姓之孝在于赡养，把父母赡养好。

四、如何行孝

那么，当代社会如何行孝呢？

第一，以爱心敬老。《论语·里仁》说："父母之年，不可不知也，一则以喜，一则以惧。"作为孩子，父母的年龄不能不知道，这是要更自觉地去尽孝心。孩子过生日的时候，父母早就去准备，可惜记得父母的生日的人并不多。父母的年龄不断地增加，中国人以长寿为幸福，因而高兴。忧的是什么？父母每增加一岁，就衰老一岁，与我们在一起的时间就更少了。因此，我们更要自觉地珍惜与父母和长辈在一起的时间。

该怎么敬老呢？《礼记·祭义》中言："孝子之有深爱者，必有和气。有和气者，必有愉色。有愉色者，必有婉容。"如果心里面真正深爱父母，他一定会对父母和颜悦色地说话，和气的人有愉快的脸色，就会非常委婉地跟父母讲话。

对长辈要有爱心，要有感恩之心。养则致其乐，赡养老人的时候一定要让他们快乐；病则致其忧，有病的时候心急如焚，更要细心照顾；丧则致其哀，长辈去世了，非常地哀痛。孟子说人都有恻隐之心，大家会在车上给老人让座，这就是爱心的体现。现在中国已经进入老龄化社会，再过十年，老人的数量会更多，如何赡养这些老人？这不是一个人、一个家庭的问题，而是整个社会的问题。当孩子 30 岁的时候父母大多五六十岁，可能还有祖父辈的七八十岁的老人，每个人赡养老人的担子是非常重的。这个仅靠个人的能力很难做好，我们必须要靠全社会的力量来赡养这些老人，整个社会都要敬老。

第二，以诚心赡老。孟子说："孝子之至，莫大乎尊亲。"① 尊敬老人，更要靠诚心。诚心为孝，可以安上。人人都有孝心，国家就可以减少很多不必要的开支，老人会成为稳定社会的基础力量。《孝经》中讲："敬其父则子悦，敬其兄则弟悦，敬其君则臣悦。"就是说，尊敬他人的父亲，其儿子就会喜悦；尊敬他人的兄长，其弟弟就愉快；尊敬他国的君主，其臣下就高兴。我们做什么工作，都要尊敬同事和员工的长辈，并且

① 孟子·万章上：253.

要有意识地提倡员工尊敬老人。在家里面，员工尊敬自己的长辈，那么到单位里，员工也就会尊敬前辈。

第三，以善心养老。父母把孩子生下来，然后把他养大，给他吃、给他穿，这是生养；而父母教育孩子，用礼乐来熏陶他，用诗书来教化他，让他成为对社会有用的人，这是心养。赡养老人也是如此，对老人身体上的照顾，是最基本的身养。更重要的是心养，不违背老人的意志，让老人心里面快乐。一是要乐其心。就是让老人做他喜欢做的事情，这样他就会忘掉很多烦恼，心情就会顺畅。二是要尊其亲。孩子对父母的孝心，不在于我们给他物质上的满足，而在于我们内心的尊重。我们遇到一些问题，可以向父母请教，在做一些重大决定时，也要告知父母，征得他们的同意。三是不要让父母受辱，即不要因为自己的行为而让父母受到侮辱。

第四，以良心待老。良心，指的就是“仁”。当年曾子在种瓜的时候不小心把他父亲心爱的瓜的根给锄断了，他的父亲非常生气，拿起大棍子就打他。曾子不躲不闪，等他父亲打完了，他站起来与父亲说：刚才我不知道怎么惹怒了您，您打我打得累不累啊？然后就回到屋里面，开始弹琴唱歌，让他的父亲知道并没有给他打坏。曾子这是在安慰他的父亲。孔子听说了这件事后，却非常生气。孔子对曾子说，这样做是不对的。作为孩子，当父亲发怒的时候，我们就让他来训斥自己，但当他大怒要责打的时候，就要逃走，不应该让他打。如果父亲下手过重，打伤了自己，也是违背孝道的。身体发肤，受之父母，是不可毁伤的。尤其是父亲失手打伤了自己，他们也要担上罪名。作为孩子，面对父亲的教育要这么看待：一方面，自己的罪过要马上改正；另一方面，也要保护自己。

孔子也曾说：如果父亲偷了羊，孩子就替他隐瞒；孩子偷了羊，父亲也会替他隐瞒，大家也认为这是对的。这就涉及一个伦理问题：“父为子隐，子为父隐。”① 父亲替孩子隐瞒一些罪过，孩子替父亲隐瞒一些罪过，是否合乎礼法呢？在古代文化中，礼维护的是家族的关系、朋友的关系，法维护的是国家的秩序。从道德上来讲，这是子孝父慈；从法律要求来说，这是“父为子隐，子为父隐”，是不合法的。那么，怎么解决这种冲突呢？就是要用良心，把握好这个度。儒家就讲，君子侍奉国君，不要整天想尽忠，也要想如何补过。国君说得对，就顺着他的意思来做；国君说得不对，就想办法去弥补他的过错，这样才能真正做到忠孝双全。

第五，以尊心送老。在中国文化中，丧礼是最为重要的礼仪，根据死者和在世者之

---

① 论语·子路：177.

间的关系，所穿的丧服也是不同的。那么，丧礼中是如何体现孝道的呢？中国文化主张通过丧礼来教育孩子。父母去世，意味着最关心自己的人、最亲爱的人、对自己最无私的人走了。父母对孩子的恩情，比天地还大、比四海还宽，这就要求在父母去世的时候，人一定要有哀痛之情，并一定要表达出来。但是哀痛之情过度容易伤身，我们也不能因为父母去世，把身体毁坏了，这就需要用礼来约束。在痛苦之后，要化悲痛为力量，这样的话，才能够把这个孝最终进行到底。

第十一章 《老子》与人生进退

俗话说：人往高处走。但在很多时候，我们前行的路并不是一帆风顺，不妨试着往低处走一下，这就是所谓的退一步海阔天空，让一时风平浪静。在《老子》看来，退守不是退让，而是以柔弱胜刚强、以无为行有为、以后退为前进、以顺势求发展，是韬光养晦，是海纳百川，是蓄势待发。相对于孔孟的积极进取，老子更了解进退、屈伸、刚柔的人世智慧，明白安静、虚心、自然的养性之法，通晓有容乃大、大智若愚的处世之道。阅读《老子》，能使我们在纷繁忙碌的生活中，打开一扇通往朴素、深邃、豁达、虚静的思想之门。

一、老子与史家智慧

与孔子相比，老子的学问是时代积累起来的。孔子继承的是前代留下来的典籍，孔子早年并不是跟着哪一个大家学习，而是转益多师，包括问礼于老子。他的学说，来自于自学、自悟和自省。老子的学说，显得更为正统。老子的职务是周朝的守藏吏，相当于我们现在国家图书馆或国家档案馆的工作人员。在先秦时期，巫官、史官、乐官常常是世代相传。因此，老子的学说建立在深厚的史官文化之上。

在中国早期的文化传承中，史官起着核心的作用。刘师培就认为古学出于史官，认为史官掌握了早期思想世界中三种基本知识：星占历算之学、祭祀仪轨之学、医药方技之学。① 到了周代，史官不仅有占卜、祭祀、记事等传统职能，而且还掌握法令、典志等。章学诚在《文史通义·史释》中就说内史、外史、太史、小史、御史“五史”，皆守掌故，以法存先王之道。这说明，至少在周朝，中国的历史、文化、典籍、法令、风俗等主要汇集在史官系统中加以积累和传播。《国语·楚语下》载楚国的左史倚相，能根据古代典籍说明各种事物，随时给国君提供前人的成败事例，使国君不忘记先王的业绩；他还能上下博得天地神灵的欢心，顺应它们的好恶之情，使神灵对楚国没有怨恨。

夏要灭亡的时候，最大的史官——太史令终古拿着夏朝的“图法”，哭着逃亡到商；殷朝将灭亡的时候，内史向挚，就是负责掌策命诸侯、卿大夫，掌管四方之书的官员，背着殷朝留下来的地图法规，就跑到周朝了。所以，国虽亡，而史不可亡。《国语·周语下》记载，了解先王的遗训，翻阅前代的“典图刑法”，就可以“观其废兴”，了解存亡祸福之道。

史官其实是古代中国知识和经验的传播者、整理者、记载者和总结者。由于中国古代文化的传播，是靠口耳相传，历史的经验主要集存在记忆之中。这样，每一个史官除了掌握文献资料之外，还积存了大量的历史经验和文化常识。晋国赵鞅出兵救郑，要占卜一下吉凶，就请史官赵、史官墨、史官龟来占卜。结果说可以出兵，但只能进攻齐国，不能进攻宋国，“伐齐则可，敌宋不吉”②，晋就停止救郑。可见，春秋时期，史官的占卜仍在诸侯的军事决策中起着相当重要的作用。《左传·昭公十七年》又记载，太史推算出天上将出现日食，就要求百官素服，国君不举行宴饮，避居正殿，鼓舞音乐，祈祷消灾，史官祝辞以消灾。史官不仅精通天文地理，而且能够洞察天道人道。《左传·昭公三十二年》还记载史墨结合天象论朝政人事安排，说天上有日月星辰，地上有五行金木水火土，万事万物分左右和阴阳，两两相对，所以“王有公，诸侯有卿，皆有贰也”，都有副手来辅佐。“社稷无常奉，君臣无常位，自古以然。”史官看透了历史，逐渐总结出很多历史、社会、人生的规律，用类似格言的形式表现出来，代代相传。享年较高的老子，对历史的成败存亡、古今祸福之事，必然烂熟于心，他的见识，有洞悉历史轨迹的深邃。

这些史官的语言，有时和《老子》里的话很接近，如《国语·周语下》中的“动莫若敬，居莫若俭，德莫若让，事莫若咨”。要想做成一件事，一定要心存谨敬，当我们心里面真是对某个人充满尊敬的时候，人家是能感觉到的，不用说太多的废话；如果

---

① 刘师培．刘师培史学论著选集．上海：上海古籍出版社，2006：9-15.

② 左传·哀公九年：1651.

心里面不是恭敬的，嘴上奉承得再多，别人也能感觉到，也能看出来。真是发自内心的高兴、发自内心的尊敬，会让人变得真诚起来，朋友也会交得非常深。真正的生活是俭朴的，俭朴不是让人过于艰苦，而是让人不纵欲，不由着性子做那些不能做的事。谦虚和辞让会得到世人的尊敬。遇事的时候多去问问别人的意见，多听听别人的建议，即使自己有想法，也多向别人请教，来印证自己的想法，坚定自己的意志，这样做事才会越做越有分寸。

此外，《左传》中的“非我族类，其心必异”① “无始祸，无怙乱，无重怒”② 等，都言简意赅，深刻独到。《国语·郑语》记载史伯对郑桓公说：“和实生物，同则不继。以他平他谓之和，故能丰长而物归之，若以同裨同，尽乃弃矣。”“和”是什么意思呢？中和、和谐。阴阳二气和合才能生出万物，如果没有阴阳的差异，万物就失去了发展的力量。前面提到的“社稷无常奉，君臣无常位，自古以然”，不仅语言，其思想也很类似于老子。《老子》第九章说的“金玉满堂，莫之能守。富贵而骄，自遗其咎”便与之同理。

老子就记录或者总结了大量这样的格言名句，集中起来，就成了五千言《道德经》。这些经典的话，不一定是老子想出来的，也不一定是老子创作的，但却是几十代、上百代、数万计史官总结的历史经验、社会规律和人生智慧，最后通过老子流传下来。这些语言直指历史的根本，是提纲挈领般的历史经验。班固就总结说：“道家者流，盖出于史官，历记成败存亡祸福古今之道，然后知秉要执本，清虚以自守，卑弱以自持，此君人南面之术也。”③ 如果说儒家思想充满积极向上的少年精神，老子的《道德经》，则饱含历史沧桑的睿智。

二、道、德之义

老子认为，道是天地运行的根本规律。和西方哲学比较，中国的哲学更多地看重整体。季羡林曾说中国哲学只见森林，不见树木；西方的哲学是只见树木，不见森林。这就形成了不同的着眼点。老子道论，是从整体看宇宙、社会和人生的，认为宇宙源于道，天地万物都生于道：“道生一，一生二，二生三，三生万物。”④ 一，后人解释为太

① 左传·成公四年：717.
② 左传·僖公十五年：378.
③ 汉书·艺文志：1732.
④ 老子·第四十二章：117.

极，其实就是有和无的合体；二是指阴阳；二生三，三是什么呢？阳气上升为天，阴气下沉为地，阴阳和合，冲和而为人。天有日月星辰，地有花草鸟兽，人利用天、地的资源生产制造出万物，从而有了如此缤纷多彩的世界。

老子认为，“道”的外延是无限广大的，人的认识是有限的，不能把天地万物都认清。就像我们在日常生活中，认识的人是有限的，不认识的人是无限的。“道”也是这样的，每个人精通一部分道，我们能说出某个人的名字，但他不是人类全部，他只是一个具体的人。所以老子说：“道可道，非常道。”我们能够说出来的那些道理，只不过是道的一部分罢了，不是道的全部。

那么“道”是什么样？看不见摸不着，却自然而然地存在于万事万物之中。万物之中的那些规律的总和就是“道”，所以“道”的特征就是“自然”，自然而然。“道”的本质就是“无”，看不见摸不着，却又须臾不能离开。“天地有大美而不言”①，道、天地都是客观存在的，不是人为或后天形成的，我们人道只能顺应天道、地道，即“人法地，地法天，天法道，道法自然”②。所以，道是宇宙的本体，也是宇宙的起点，无始无终、无边无际、无形无状、无色无味，生出天地万物，又存在于天地万物之中。

天道公平，是一个客观存在，有阴有阳，有阴有晴，有消有长，有自己的运行状态，非常有规律，从没有偏私。万物都由地派生出来，地负载万物，静默不言。天是最公平的，无时无刻无处不覆盖着我们。地是最无私的，种豆得豆，种瓜得瓜。人道要学习天道和地道，要公平、要无私。但在老子看来，人类没有按照天道来运行，天道是损有余而补不足，而人道却是把不足者的东西拿来补有余者。

在先秦，“道德”有两个含义：一是道家讲的“道”和“德”，就是《道德经》讲的“道德”；二是儒家讲的道德。《道德经》里讲的“道”是天下万物的特征，天下万物都是从道出来的，道是一个最高的概念，它既是万物的起点，又是万物的规律，也是万物的特征。天下万物都是合“道”的。“德”是什么呢？“德”是“道”派生出来的，太阳的德就是光明，月亮的德就是阴柔，人的德就是合乎天地变化的规律，这是道家认为的“道德”。

那么，怎么培养道德呢？道家认为就是自然而然，也就是老子讲的“无为”。在道家看来，道是一个不可名状的东西，道可被人们感受到的特征，或者所衍生出来对人类社会起作用的属性，就是德。德，是道的派生物，是道的形式，体现的是道的本质。道生万物，德养万物。

---

① 庄子·知北游：735.
② 老子·第二十五章：64.

“德”分为上德和下德：“上德不德，是以有德；下德不失德，是以无德。上德无为而无以为，下德为之而有以为。”① 在老子看来，真正意义上的德是让人感觉不到的，如阳光、大气和水，随时滋养我们，以至我们常常忘记它们的存在。沐浴在父母养育之恩中，我们不知不觉长大了，却并没有意识到父母无时无刻不在关心我们吃、关心我们穿、关心我们的教育。父母之“德”是无言的，是博大、宽广的，这是最高的品德，是上德。日常讲的“德”是看得见摸得着的，比如今天出门突然丢了自己的手机、钱包，走投无路的时候有人帮我们，给我们点钱坐车回去，或者打个电话让家里人知道。在老子看来，这只是局部的恩惠，不是最大的德。因为他帮助了我们，就有人损害了我们，在一损一伤中，有缺德有补德，却暴露了人类的败坏。老子认为真正的无私，不会存在差别；真正有公平存在，就不会有施舍。老子思考问题，是从整个人类社会历史着眼的，他不是针对个人。孔子是针对一个一个的人，把这个人放在社会中，让他知道如何对待朋友、妻子、老师、国君，是针对具体的人因材施教。老子把人类作为一个整体，视野就更博大、眼光更深邃、语言更冷峻。

老子所讲的德，用在政治上，就是强调无为而治。既然整个天地来自于道，而道又是自然而然的状态，人生活在天地之中，应该顺应天地，无所作为。作为统治者，就要摒弃个人的私欲，不要有那么多的欲望，老百姓就可以自我发展，自我成长。要保持纯朴的风气，不要过分用礼、乐来教化，不要讲聪明和技巧，要自然而然地治理国家：“我无为而民自化，我好静而民自正，我无事而民自富，我无欲而民自朴。”② 这个“我”指的就是统治阶层。还有一句话与此相近，也可以当成是注释，就是“治大国若烹小鲜”③。我们知道炖小鱼的时候不能乱翻，要不鱼就破碎了，不能保持它的味道和形状。治理大国的时候不要强加自己的意志力，就像炖小鱼似的不要过多加以人力。

这个观点对于中国后世影响很大，如柳宗元的《种树郭橐驼传》中就讲到种树的秘诀，即把树栽上以后就不要动它，如果今天摸一摸，明天摇一摇，后天就死掉了。治理大的国家最害怕的是乱折腾，朝令夕改会扰乱天下秩序。中国历史上很多朝代的灭亡，就是因为国君总是想着一气呵成把这个事情做好，地方政府总想着出政绩，太急太躁，一年一个主意，反倒把事情弄坏了。有些事情时机不到不能做，一提大家都反对，时机到时不用说，大家都在做。万事万物要顺应自然，不要强为，更不要乱为，而要顺势而为。

---

① 老子·第三十八章：93.
② 老子·第五十七章：150.
③ 老子·第六十章：157.

无为也是政治上的追求，反对过多地用人为的因素影响老百姓，无欲亦无事。老子反对用智慧和权术治国，有了智慧和权术就可能出现虚伪欺诈，因为有技巧，而出现分工争利、世风日下，此时更需要强调仁义。老子提倡的是“小国寡民”，让老百姓“甘其食，美其服，安其居，乐其俗。邻国相望，鸡犬之声相闻，民至老死不相往来”①，这是他理想的国度，也是中国最早的乌托邦，仿佛是一个世外桃源，回到了传说中那最初古朴纯善的时代。儒家认为这种幸福生活存在于尧舜时期，是圣人治理的结果。老子也认为这种理想生活存在于上古，是无为而治的产物。

三、退守是大智慧

老子主张以柔克刚，按照阴阳家来说，刚决定于柔。老子、庄子都是来自荆楚学派。早期人类社会经历了母系氏族，而后演变成父系氏族。在春秋时期，与中原文化相比，荆楚文化中更多保留了尚阴柔、重坤德的思想。老子的学说充满了浓郁的崇尚阴柔的观念，他认为道仿佛母性，能生出万物。郭店楚简有《太一生水》，认为水反复而生阴阳，阴阳反复而生四时。它是用生产化育来解释宇宙生成。老子强调以柔克刚，认为柔弱胜刚强。他曾问孔子：柔弱和刚强哪一个更有力量？孔子回答说是刚强。老子说：人老的时候，牙齿都掉了，而舌头却保存，坚硬刚强的东西先灭亡，而柔弱的东西却长久保存。

老子重虚无、尚退默，“退”就是在社会上不要过分地讲进取，“默”就是静默稳重。他说：“我有三宝，持而保之。一曰慈，二曰俭，三曰不敢为天下先。”② 慈，慈爱，慈祥；俭，素朴，简约；不敢为天下先，就是做事不强调先出头，而强调后成。典型的说法是“无为而无不为”③，无为就是不要违背自然，不要强自妄为，以合于自然之道，最后达到无不为。该做的事都做了，该成的事都成了，顺应自然的规律，一定会达到所希望的目标。年轻人有时候很犟，喜欢说服别人、强求别人，弄得自己心情不好，对方也难受。与其这样，为什么不顺应对方的性情来做事，顺应现实要求来做事呢？有时过分追求，反倒欲速而不达，按照事物本来的规律，很多事情到了一定时间就水到渠成。

---

① 老子·第八十章：190.
② 老子·第六十七章：170.
③ 老子·第三十七章：90.

老子讲人生，认为要先修道，然后以身教化人，就是先修自我，进而去教育、统治、领导别人，这和儒家有点像。但老子强调的是先修道，儒家讲的是先修身。老子讲的道是天地运行之大道，这个道怎么表现他不多讲；儒家讲的德不是道的精神体现，而是德行。

老子提倡的修养，是无欲、无事、无为，用在现实中，就是去动就静，去语就默，去显就隐，去群就独，不汲汲于现实的利益，要以探求玄道为究极，追求人道与天地之道的合一。在上的层面，可以洞察道的本质，可以明道；在中的层面，可以体认道的特点，可以悟道；在下的层面，可以了解道德的运行，可以知道。

老子提倡清虚无为的修身之道，不是一种消极的避世，而是期望人能够在纷繁复杂的社会争斗中，回归自己的本心，认真观察社会、人情的动向，仔细思考自己的得失成败，用放弃外在的功业富贵来获得内心的宁静和安适。人生在世，最难以控制的不是事业，而是自己的心境，如果能少一些争执，多几分淡定，动时制心，静时养心，坐中守心，行中收心，言处省心，闹处炼心，就能够做到从容不迫，心如止水。在此基础上，不断调节自我，少思虑以养心气，寡色欲以养肾气，常运动以养骨气，戒嗔怒以养肝气，薄滋味以养胃气，省言语以养神气，多读书以养胆气，顺时令以养元气，做到动静以敬，饮食有节，调息寡言，恬淡寡欲，宠辱不惊，顺应自然。

四、如何顺应自然

那么，如何做到顺应自然，清虚无为，以退默求进取呢？

第一，虚静致其远。虚就是让自己虚空起来，让自己的内心无限扩大。怎么虚空呢？不是把容器中的东西倒出来，而是把容量变大。对人来讲，要做到虚怀若谷，不是心中无事，而是让自己的心胸变大，只有明白天下万事万物都是自然的，不强求，不过分，才能够容下很多不平之事、不顺之事。从佛教讲，就是要变其执着之心，不要过分拘泥于某些事情。静就是安静，人应该静下来。只有静下来的人，才会反思自己，只有反思自己的人才能进步，才最有力量。有句话叫沉默就是力量，不吭声、不表态的时候是最有力量的时候；不停地讲话时，人就没有力量，因为把势全部散出去了。“势”是中国兵家常用的一个词，什么意思呢？就像一个大石头，它在山顶悬着的那一瞬间，它的力量是最大的；当它开始往下滚落，力量就越来越小。人也是这样子，守静时，力量最大，容量也最大。在道家看来，世界最终的结果是静寂的，动只是暂时的，即“重为轻根，静为躁君”①。

在现实生活中，我们常常忘记虚静的道理，常常做事一做就过。比如适量饮酒是有益健康的，但嗜酒伤神。中医认为人好酒肉，终身难成大事，为什么呢？一个人整天吃吃喝喝，吃饱以后就容易睡觉，容易犯困，伤神明。我们都喜欢吃好吃的东西，但厚味昏神，因为心里不能平淡，总是追求口舌之味，强调味道要浓，古人认为这会让人不敏感。妄动乱神，人静不下来，心静不下来，很难做出大成就。多言伤神，话多有失，说多了脑袋就昏了，伤了聪明睿智。多忧郁神，整天杞人忧天，总在忧虑不一定发生的事，心情就会郁闷。多思劳神，晚上睡不着，躺下想乱七八糟的事情，也容易损害精神。久睡倦神，人睡得越多越困。久读苦神，只读书不思考，读多了就成书呆子了，这样的人活得没有滋味，没有情趣。因此，意识到这些，我们就会顺应自然，好好吃饭，好好睡觉，心情愉快。

第二，见素抱朴，少私寡欲。少私就是不要只想着自己，只想着自己那一点欲念。寡欲，就是不要有太多欲望。要忌多欲，忌妄动，忌随意，忌放荡。要做到人静默，事从容，身谨严，心俭约。

老子说：“大直若屈，大巧若拙，大辩若讷。”② 真正正直的人有时候看上去很柔和，特别巧的人看上去好像很笨，真正能辩论的人看上去好像很木讷。要不断用简约朴素的精神来调养身心，要大直、大巧、大辩，而不要逞匹夫之勇、自作聪明、言语浮泛。有时候做事拙一些，可以寡过；有时候决定缓一下，可以免悔；气愤时退一步，可以远祸；争执时让一下，可以养气；无聊时静一会儿，可以益寿。

宽心可容物。作为父母，只有心宽了，看着孩子才觉得可爱；作为领导，只有心宽了，看手下人做了错事才能容忍。虚心能受善。只有虚心，别人才会教我们。知识就是水，人像容器，只有把自己的容器放得低的时候，知识才能流到我们这容器里。只有自己虚心之后才能听到很多善言，也只有我们谦卑的时候别人才愿意帮助我们。平心可论事。和别人讨论的时候不要意气用事，一定要就事论事。很多夫妻吵架，动不动就闹离婚，原因在于他们没有就事论事，一吵就说到几年前的事，甚至双方父母的事，这非常伤人。潜心以观理。要想知道天地运行的大道理，一定要潜下心来去观察，要仔细思考，心高气浮的人是做不了大事的，更不能精通人情世态。让自己的心沉下来，要穷理尽性养身，体认天地道理。定心以应变。只有自己的心定下来，才能观看天地万物的变化。以不变应万变，当我们心定的时候，外物怎么变也不能干扰我们，我们对于变化的

① 老子·第二十六章：69.
② 老子·第四十五章：123.

事物，才能看清、看明。

第三，柔弱胜刚强。柔弱不是软弱，水滴石穿，在于坚持，江河能把大山掘开。用到人身上，就是人要谦虚、退让。老子讲的退让、谦虚是大道理，史官从来都是伴国君左右，记历代大事，总结历史经验，看了太多的嫉恨和杀戮。知道谦退以保身、安详以处事、宽容以待人、恬淡以养心；我们也要知道有才而性缓，才是大才；有智而气和，才是大智。

第四，处下成其性。水往低处流，人有时候也要能往低处走。“太山不让土壤，故能成其大；河海不择细流，故能就其深。”① 老子说大国者下流，就是甘居末流，大国要谦虚，别人才能敬重我们。当年曹操和刘备两个人都是想争夺天下的，曹操想观察刘备能否成事，就与刘备说：天下英雄唯使君与操。刘备发现曹操知道了自己的志向，吓得手中的筷子掉到地上。正好此时天上响了一声雷，曹操就认为，这个刘备，打个雷就把筷子吓掉了，于是就把刘备放走了。真正有大志向的人，志向在心中，做事从小处入手，但气量涵盖天下。“小人之心不胜其大”②，格局小的人喜欢整天吹，自卑的人最爱标榜，但做事只看眼前的蝇头微利。我们讲处下，是要学会忍辱负重，虚心成事。处逆境时，心一定要开阔；处顺境时，人一定要收敛。要能耐得下世俗的烦恼，放得下世事的纷扰，割得下心中的缠绕，压得下意气的愤怒。

第五，善思明于事。老子说“信言不美，美言不信”③。老实话听起来并不那么华美，华美的话并不是那么真实，有时候是虚伪的。我们宁可要别人偶尔的批评，也不要别人经常的赞美。他又说“善者不辩，辩者不善”④，就是一些真正的好话听起来并不那么多。有的人滔滔不绝地说话，但仔细听，没有逻辑，没有见识，无非是鹦鹉学舌。老子主张人要湛默，不要夸夸其谈。他说：“知者不博，博者不知。”⑤ 智慧的人看起来并不是很渊博，渊博的人看起来并不一定就很智慧。

老子崇尚虚静、沉默、宽容、和缓，在他看来，静能制动，沉能制浮，宽能制偏，缓能制急。这给我们的启示：一是处难处之事要宽。某个事情特别难办，最好的解决办法就是换个思路，放宽心态。二是处难处之人要厚。有的人难以相处，对这种要宽厚、宽容一些，这样就能与很多人相处得很好。三是处至急之事要缓。处理特别急的事要镇静，别人急我们不要急，这样才能显示出镇定从容。四是处至大之事要平。要成就大事

---

① 史记·李斯列传：3089－3090.
② 金缨. 格言联璧. 郑州：中州古籍出版社，2010：45.
③④ 老子·第八十一章：191.
⑤ 同③191－192.

业，一定要公平处理，小到人际关系，大到齐家治国，公平处理，才能服众，才能减少偏颇。在道家看来，安逸在于知足，危险在于多言，高贵在于无求，贫贱在于多欲。

第六，无为无不为。老子说：“修之于身，其德乃真；修之于家，其德乃余；修之于乡，其德乃长；修之于国，其德乃丰；修之于天下，其德乃普。故以身观身，以家观家，以乡观乡，以国观国，以天下观天下。”① 老子并非彻底遗世独立，只关注自己的幸福，其实他的学说里有大志向，即要先提高自己的修养，扩大自己的格局，涵养自己的气度，最后自然能够达到胸怀天下，成就天下。表面上什么都不做，实际什么都做了。“天下难事必作于易，天下大事必作于细，是以圣人终不为大，故能成其大。”② 只有从自身做起，从身边事做起，才能成就家事、国事、天下事。

在老子看来，万事万物皆合于道，能否成就事业，关键在于自己；能否获得幸福，关键也在于自己。从这个角度来说，无为无不为，是说有些事可以为，有些事不能为、不必为。用这样的态度涵养心志，就懂得放弃什么，追求什么。能够知足的人，不能使之归于贫困；能够忍辱的人，不能使之遭遇祸患；没有欲望的人，不能使之低三下四；随遇而安的人，不能使之走投无路；能造就人才的人，不能使之孤单；身任天下大事，不能使之绝望。

这就启发我们要把心态调整好，有时候觉得苍天对自己不公，就更要以厚德来对待苍天，不要怨天尤人，要顺其自然之道。在很多时候，苦也是一种快乐，如果不经历一番苦寒，哪得春色满园？不经历风雨，怎么见彩虹？我们要意识到，遇到坎坷，正是自己成长的机会。如果越过这个坎坷，我们就比别人多成功一步。因为很多人在坎坷面前退却了，我们若能坚持一下，过了这个坎，就能进入一个更新、更高的境界。

---

① 老子·第五十四章：143-144.

② 老子·第六十三章：164.

第十二章 《庄子》与精神涵养

老子之后，道家思想朝三个方向发展：一是庄子一系，把老子的天道说发展为天性说，认为人性应该合于天道，人要精神自由，保全天性。二是杨朱一系，认为外在的东西都是暂时的，都是累赘，只有自己的生性才是最重要的，强调人要保全肉体，轻物重生。在杨朱看来，天地的规律是无法探究的，那就不要积极地去讨论这些问题，不要去积极地参与对世界的改造，关注自身，全性保真。三是列子一系，以求仙长生为追求。现存的《列子》是魏晋时期编纂而成，其中蕴含着向往神仙的观念。

《庄子》将老子自然无为的思想进一步发展，用于自我精神的涵养和人生气度的修炼。他在“人心险于山川”[①]、动辄得咎的社会环境中，提出了一条自保自修之道：用亲近自然来认识万物，用唤醒天性来避免沉沦，用齐物的思路来看待得失，用逍遥的心境来充实精神，用坐忘心斋来摆脱烦恼，用安时处顺来面对纷扰。阅读《庄子》，不仅是与智者对话，更是与高人为友，它使我们知道：只有精神独立，才能使人超凡脱俗，自成气象；只有精神自由，才能使人不受奴役，从容潇洒。

一、亲近自然，涵养人生

庄子眼中的自然，与老子的不一样。老子的自然是形态，他把天地浑然一体的状态

① 庄子·列御寇：1054.

叫自然，四时的运行、人的生老病死，是大道运行的结果。庄子讲的自然则是人的自然，他把大道落实到人间，认为人应该学习自然。大自然是什么？就是与人类社会相对应的天地：春风、秋雨、高山、河流。庄子讲人要亲近自然，这既是一种生活方式，也是一种美的存在。李泽厚曾说："庄子的学说不是宗教，也不一定是思想，但一定是美学，是人怎么欣赏自然的。"①《庄子·天道》中说："夫天地者，古之所大也，而黄帝尧舜之所共美也。"天地万物是最大的存在，连尧舜这样的圣君也是按照天地规律来行事的，天地之美是最大的美。但是人生活在尘俗之中，有时并不按照天地做事，总是被异化的。

什么是被异化呢？庄子认为，人要讲仁义礼智信就是被异化。初生的赤子非常天真、非常朴素，一举一动合乎天性，心中没有那么多的曲曲折折。庄子认为儒家规定的礼仪、礼节，都是在扭曲人的天性，治理天下就应该顺应老百姓的天性，老百姓喜欢自由自在，就不要给他们太多的拘束，这样做出来的事情才符合自然的规律。他举了个例子，说牛和马都是四条腿，这是它的天性。牛马在自然界中快乐地生活，但是人把马抓住以后，给它钉上蹄子，再拴上缰绳，让马驾车，让马受人驱使。这就扭曲了马的天性。对牛也是如此，串上牛鼻子，让牛驾辕，人方便了，但把牛的自然天性去掉了。人何尝不是如此？从小教孩子该如何做，孩子的自然天性越来越少，慢慢地被异化了。很多时候做事说话，不是按照自己心里面所思所想去做，而是按照社会的要求、别人的标准来做，表面上似乎合乎了仁义礼智信，但却失去了天性。庄子认为这是用人的标准灭了天的标准。他在《应帝王》里讲："顺物自然而无容私焉，而天下治矣。"要顺应自然，不要用人为的标准来毁坏人的天性。

庄子认为，人应该回归自然。这个"自然"有两个含义：一是要摆脱外在的束缚，不要受那么多非天性、不合理的规则约束。二是要向大自然学习。他作《大宗师》，讲人怎么能达到自由自在的境界，认为人类最好的老师是自然。人只有放下外在的约束，才能进入自由自在的创作状态。我们常讲要放下、放开，就是不要被外在地位、身份、级别约束，有时候要能够摆脱外界的束缚，自然一些。《大宗师》就是讲人如何放开自己，恢复到自然而然的状态，在这种情况下创作出来的艺术品才妙合自然。

艺术品最高的标准是什么？是逸品，如王羲之的《兰亭集序》。逸品就是达到自然巧妙境界的作品，最大的特点是不可再得，可遇不可求，知其妙不知其所以妙。王羲之的《兰亭集序》，其中有些地方有修改的字，有人说为何不重新写一遍呢？因为失去此

① 李泽厚. 中国古代思想史论·庄玄禅宗漫述. 北京：生活·读书·新知三联书店，2009：197-198.

情此景此心态，王羲之不可能再写出来了。可以想象，王羲之和一堆朋友在兰亭喝酒，醉醺醺时，大家都赋了诗，王羲之提笔写了一个序言。他是在微醺的状态下，心境非常好，没有任何杂念和欲望，字也最飘逸。过一段时间再写，不可能再达到这种状态。庄子所讲的自然，是完全摆脱外部的约束，把真性流露出来。

《田子方》中讲述了这样一个故事：宋元君想要画，很多画师都来了，先拜见国君，但都画得不好。最后有一个人，看见国君也不拜，把衣服脱掉，然后开始画画。国君说这是真画家。因为他在画画的时候完全摆脱了自我，摆脱了礼俗，画出来的东西肯定好。《达生》中还讲了鲁国一个木匠梓庆，做的钟架巧夺天工，他是怎么做的呢？原来他进到山里，观察树木、形状、纹理，把自己和树木、天地完全融合在一起。当这个木头拿回来以后，就完全由着自己的性子砍，这样做出来的东西才叫鬼斧神工。

因此，艺术创作也罢，个人生活也罢，都离不开自然，特别是人在郁闷时，心情不畅快时，就到大自然中，到山水之中，这时，我们会发现山水对人来说是最有情的。人与人交往有时很累，但在自然面前，人类都像小孩一样，可以放松自己，因为大自然是人类最好的老师、最好的朋友。庄子说的自然，便是要亲近大自然，要自然而然，不要委屈自己。

二、唤醒天性，避免异化

《马蹄》里讲人如何被扭曲。庄子说马，蹄可以踏雪，毛皮可以御风寒，这是真性情。人类把马抓住以后，就给伯乐。伯乐说，我会治马。怎么治呢？在马的屁股上烙印，把大的蹄子刮掉，钉上马掌，戴上笼嘴，放上马鞍，或装上各种各样的羁绊让它驾车，牵到马槽里面养，这样下来，十匹马已经死了两三匹了。先让马饿着，饿完再喂它，这样马会好好地吃；再让它驾车，奔跑，按照规矩走路，把它编成队列，如果马不听话就打，再饿，这样马又有一半死掉了。他借马喻人，人一旦进入社会，就开始讲套话、假话。人这样做是为了适应规则，不得不把自己变成这样，失去了本真。庄子说制陶器也是如此，土很自然，做陶器的时候让土变得非常圆，变得非常直，这就失去了土的天性。

人的天性常常被扭曲。当不得不说、不得不做、不得不问的时候，我们已经远离了庄子所向往的天性自然状态。人的天性，应该是小孩子的状态：看见什么就说什么，诚实纯朴；躺下就睡着了，无忧无虑。成年人常常该睡的时候睡不着，不该睡的时候昏昏沉沉；该记的东西记不住，不该记的东西忘不了。原因就是我们已经没有了赤子般的情怀，没有了自然的天性。庄子主张有心而不用心，有赤子之心而不用心机；有情而不用情，有大爱而没有私情。当人有真正的大爱时，就能公平对待天地万物。

《大宗师》说："天之小人，人之君子；人之君子，天之小人也。"是说尘俗之中被大家公认的君子，其实是违背了天性的小人。他一方面肯定孔子是君子贤人，但又认为孔子提倡礼乐，是建立人为的规矩，这些规矩实际上都不合天性。从天性的角度来看，所谓的君子所为，他认为不过是为了沽名钓誉，异化别人而已。庄子认为成人的一些做法，扭曲了孩子先天的自由。

人被异化，就是人不能按照自己的想法去做人，不能按照自己的想法去做事，不能按照自己的想法去生活。尘世间所谓的成熟，就是要学会在什么场所穿什么衣服，吃饭的时候应该怎么做，坐到什么位置。从小就受这些束缚，庄子认为人都被扭曲了。

那么人应该怎么做呢？应该在内心深处保持真诚。庄子认为人最大的毛病是不真诚。《渔父》说："真者，精诚之至也。不精不诚，不能动人。故强哭者虽悲不哀，强怒者虽严不威，强亲者虽笑不和。真悲无声而哀，真怒未发而威，真亲未笑而和。真在内者，神动于外，是所以贵真也。……礼者，世俗之所为也；真者，所以受于天也，自然不可易也。故圣人法天贵真，不拘于俗。"意思是说我们并不想哭，但现实需要我们哭的时候，即使我们喊得声音再大，听着也不会感人。如果我们不怒，但一定要做出怒的样子，虽严不威。本来和这个人不亲切，故意拉着人家笑着说话，也不一定能亲和起来。

庄子主张唤醒天性，以精神的内在超越为需要，达到与天地万物冥合，回归自然，把天地万物纳入自己的心中，消除了主观和客观的界限。然后排除自己的一切杂念，让自己的心灵和天地万物结合，把自己的身心与宇宙的运行大道结合在一起，忘记小我，获得大我。

三、齐同万物，看淡得失

庄子用相对的眼光看世界，就陷入一种内涵模糊和外延混沌的状态中。《秋水》中记载了庄子和惠施关于"鱼之乐"的辩论：庄子看见鱼在池塘中灵活地游动，就感叹道，鱼真是快乐啊！于是惠施就说，我们不是鱼，怎么知道鱼的快乐？庄子就回答他说，你不是我，又怎么知道我不知道鱼的快乐呢？《齐物论》也记载了庄周梦蝶的故事：

庄子在晚上梦见了飞舞的蝴蝶，第二天早上起来就思考，到底是我梦见了蝴蝶还是蝴蝶梦见了我呢？可以看出，在庄子心中，物我是没有差别的。

庄子认为天地万物本来就没有大的差别，在于道家认为天地万物都是道派生出来的。“道生一，一生二，二生三，三生万物”①，所有东西都是道生出来的，还能有什么本质的差别。庄子将其反过来说，天地万物是道的体现，也就是说天地万物都是道的规律性的一种外化。道怎么运作，天地万物都跟着怎么运作，道蕴藏在天地万物之中，天地万物的运行发展体现着道。庄子认为天下的东西，花也好，水也好，都是道的表现，在道面前没有区别。花可能在枯萎以后就被扔掉了，经过风吹日晒，几十年以后可能变成土，而土有时候又进入花里面，所以万物没有本质的区别，它们密不可分。

既然天、地、人都同是道的产物，那么它们内在的规律也是一样的，人与物、物与我之间都是道的体现，所以其区分就很小。万物是否存在差异，关键在于我们怎么看：看同的时候狗和桌子都是一类，都有四条腿；看不同的时候，世界上没有两片相同的树叶。庄子看到的是天地万物的同：天与人、他与我、里与外、大与小、长与短都只是事物短暂的外部表现，没有什么根本区别，它们都是由道衍生出来的，并统一于道。既然区分是相对，好的事情也许转瞬就变成坏事，显赫一时的英雄转眼间也化为黄土，湮灭无闻。既然结果都是相同的，那么还谈什么是非？谈什么得失？

从这个角度来看，人来到这个世界上一次，形体只是一个寄居之所，上天会形成各种各样的形体，美和丑只不过是暂时的，富贵和贫贱也是暂时的。人在这个世界上是暂时的，人离开这个世界是永恒的。人生一世，草木一秋。人在这个世界上也就几十年，既然如此，为什么要区分呢？

庄子在《齐物论》中举例子说，算卦用的小竹签和竹子一样普通，丑女厉和美女西施都一样生活。不管多么富贵，多么贫贱，多么美丽，多么丑陋，去世后都归于尘土。有时候我们区分，只不过是一个片面的角度，比如毛嫱、西施美丽，跑到树林里面，站到水边，鱼看见就躲起来了，鸟也惊跑了，鹿也跑了，动物们不一定认为她们美。由此推理，人类认为是好的，就一定是好的吗？

《秋水》中还举了一个例子，黄河的水神河伯，认为黄河大得不得了，后来顺着黄河到海里，没想到海更大，就望洋兴叹。与北海之神讲：与井里的鱼和水沟里的鱼不能讲海，蚊虫春天就生，夏天就死，与这样的虫子不能讲冬天。尘俗之人不要与他讲大的道理，因为他见识不到。人与自然相比，太短暂了，能悟出自然运行的大道理的人非常

---

① 老子·第四十二章：93.

少，所以他认为见识决定眼光。

明白了万物区分的相对性，就要看淡得失，人最大的得失莫过于疾病、祸患、不遇。庄子最欣赏的是那种驼背的、弯腰的、有病的但却心智健全的人，这些人在现实中不可能去做官，不可能去做大事业了，于是就追求精神的自由，把天地万物都看透。有个人胳膊上长了一个瘤，一点都不伤感。他说人生在世，就是天地自然创造出来的，既然天地万物让我长了这样一个东西，那么我就顺应天地万物的运行，保持心境的顺化，它就有可能慢慢地消除掉了。这虽然不是正确的解决方法，却体现了一种从容淡定的态度。庄子在妻子去世以后，敲着盆唱歌，别人不理解，说你为何这样子啊？庄子说：刚听到她去世的时候，非常痛苦，但后来一想，就想明白了。她是自然界的产物，现在又归于自然，有生有化，有化有生，这是很正常的事情，不用悲哀。

《至乐》中还有一个故事，是庄子在路上走，碰见一个骷髅。就跟骷髅讲：你是怎么死的？是饿死的还是战死的，还是有罪被杀呢？说完以后，枕着骷髅就睡觉了。晚上就做了一个梦，他跟骷髅说：我让你复活吧。骷髅说：你可别吓唬我，我在这地方自由自在的，回到世间还得按人世间的规矩，见国王还要行礼，要征兵还得参军，要我做什么事，我就得做什么事，何苦呢！还是在这里自由自在。人最大的痛苦莫过于生死，把生死看开了，什么问题也就能想透了。老子说："祸兮福之所倚，福兮祸之所伏。"① 万事万物，有失就有得，有得必有失。看淡得失，也是一个大智慧。有时候我们不争，反倒对自己更好。

四、心境逍遥，精神自由

《庄子》开篇便是《逍遥游》，逍遥是什么意思呢？是心境自由自在和精神的自由自在。他举例子说，麻雀的理想就是飞上树梢。飞上树梢，它很自由。其实不知道，大鹏飞行几千里远，比麻雀更自由。但这也不是真正的自由，因为在飞的时候，得依靠风，由风托着它飞。真正的自由，是没有任何依托的自由，是没有任何外在条件的自由。这种绝对的自由，在哪里？只在心中。真正达到高境界的圣人、至人和神人，凭借的东西越来越少，追求不靠外物，而完全靠归于自我的超脱。

幸福是什么？这没有绝对的标准。有时候人们说幸福的时候，只不过是外在的给

① 老子·第五十八章：151.

予，比如孩子考上大学了，家庭比较和睦，收入也不错。庄子说这不是真正的幸福，为什么呢？这些幸福是有凭借的幸福，不是心中自然存在的幸福感。真正的幸福是心里什么都不想，没有任何东西可以让我们痛苦，这就是幸福。

广西巴马瑶族自治县有很多百岁老人。这里山高地远，老人却如此长寿，除了空气清新、没有环境污染之外，这些老人的心境也起到了很大的作用：他们一般不识字，清心寡欲，饮食简单，生活非常有规律。按庄子学说来理解，主要在于心无挂碍，心境逍遥。第一，他们不太识字，不用去想那些乱七八糟的事情。读书人常喜欢忧天下，今天替中东局势操心，明天替证券跌涨担心，无意之中消耗了精力。这些老人什么都不想，村子之外的事都不知道，少思虑，少欲望。第二，期望较低，容易满足。这些老人的理想就是一日三餐、儿孙满堂，这在山区很容易实现，没有太高的奢望。期望越多，失望就越多。心事越来越重，压力越来越大，精神不自由，人也就高兴不起来。

楚王派人找到庄子，让他做官。庄子说，你没有看见祭祀的时候用的那头牛，一直养着它，养得毛色油亮，是为了杀掉。杀掉以后，就在牛的身上披上各种各样的绸缎，送到庙里面。牛失去了真本性，失去了自由，我还是做一头自在的牛吧。《应帝王》中说："游心于淡，合气于漠，顺物自然而无容私焉，而天下治矣。"人生在世，要学会淡漠，不要被名利富贵、被那些身外之物所束缚，心境要非常纯净，做到物我两忘，忘掉外界的诱惑，忘掉自己的私欲和杂念，这样人才能真正地快乐起来。《逍遥游》具体描述了这种自由自在的快乐境界："今子有大树，患其无用，何不树之于无何有之乡，广莫之野，彷徨乎无为其侧，逍遥乎寝卧其下。不夭斤斧，物无害者，无所可用，安所困苦哉!"

庄子的养生论也是重内圣，而不重外王。儒家讲由内圣而达到外王，是通过自我的修养，把自己培养成君子，通过修身来齐家治国平天下。庄子的养生论，也讲内圣。但他重自我不重政治，推崇自我的逍遥，意在全天性，不求功德。我们可以将庄子的修养论概括成一句话：无思以养心，无为以养体。无思就是不要思考社会上繁杂的事情，让自己的内心虚空；无为就是不要过分追求外在的实现，保养自己的身体。

五、坐忘心斋，摆脱烦恼

庄子的处世之道就是要出尘世，脱世俗，独与天地精神相往来，让自己和天地相并立，在精神层面与天地沟通起来。如何沟通？用坐忘，用心斋。

坐忘就是独处，儒家的独处叫慎独。所谓“君子慎其独也”①，就是在独处的时候也不要忘记社会道德、社会规范。道家正好相反，庄子讲坐忘，要求我们忘掉所有的礼法，忘掉所有的仁义，忘却世俗中的一切事情。“堕肢体，黜聪明，离形去知，同于大通”②，忘掉四肢和形体，摈弃耳聪目明，感觉自己离开了自己的形体，抛弃了智慧，完全与自然相合。进入一种玄冥的境界，用心境的大明摆脱外部世界的拘束，在想象之中让自己的心性完全逍遥起来，与天地息息相通，心气恬静，合自然，泯私智，彻底忘却烦恼。所以，坐忘就是忘掉一切。司马承祯的《坐忘论》说，坐忘要经过敬信、断缘、收心、简事、真观、泰定、得道七个步骤，最终让自己安静下来。

在这种寂处中，让自己空静起来，专心致志，“无听之以耳而听之以心，无听之以心而听之以气！听止于耳，心止于符”③。心里什么也不想，完全虚空起来，灵透起来，仿佛什么也看不到，什么也听不到。《在宥》里说：“无视无听，抱神以静，形将自正。必静必清，无劳女形，无摇女精，乃可以长生。”神清气爽，心中不荡不摇。要意念专一，排除干扰；用意念去感知外物，无须再着意于听，而是听其自然，听之任之；意念归一后，知觉失去作用，进入虚无而大明的境界。

在现实中，如何拓宽这种境界呢？一是把心中那些乌七八糟的事情去掉，不要想芝麻绿豆那样的是非，心中自然就空阔了。二是拓展心量，五百毫升水装到小瓶子中，要溢出来，但装到一千毫升容量的瓶子中，瓶中空间绰绰有余。前者是坐忘，后者就是心斋。按照老庄的思维来说，为了装更多的水，不仅要把没用的水倒掉，还要把瓶子扩大，扩大以后就能够容纳天地万物。

道教的修炼，就吸收了坐忘和心斋的理论，形成了内丹功法。道家和道教的根本区别是什么呢？道家是顺应自然的，不重长生的；道教反自然，主张用内丹外丹来延长生命，讲长生不老。道教的内丹功法，就是要求意念专一，排除干扰，专注呼吸，眼观鼻，鼻观口，口观心，心观自然。用眼睛内视自我，用鼻口调息，心观自然美景：春花秋月、碧波万顷、霞光四射、天高云淡，慢慢地进入一种自由自在的放松状态。用坐忘和心斋来引导自己，心一下就静下来了，不知不觉就进入一种混沌的状态，容易安心。排除心中的杂念和思虑，与自然对话，宁静安逸，自然就能放下尘俗的很多烦恼，这不仅是功法，更是心态。

庄子以无用为大用，不追求尘俗中的自我实现，而注重精神上的超脱，这是以坐忘

① 礼记·中庸：1422.
② 庄子·大宗师：284.
③ 庄子·人间世：147.

心斋来摆脱烦恼的前提。《山木》里讲山中的大树因其不成材而得以保存，无用才是大用。《逍遥游》中惠子面对大葫芦，因其无用而剖之，庄子却说为什么不改造为舟，浮游于江湖之上，这样无用变成了有用。还说宋国有一家人有治手裂的方子，世代做着漂洗衣服的工作，有个人就把这个东西买下来，献给吴王，与越国作战时，巧用这个方子打败了越国。这就启发我们：一个东西这样看无用，换个角度就是大用。从尘俗的角度看是烦恼，从精神的角度看可能是修为，是耐烦，是心境的拓振。因此，坐忘心斋虽不能改变世界，却可以改变自己。自己改变了，对世界的看法也就改变了。

六、安时处顺，超凡脱俗

庄子追求无为，与老子不同。老子讲的是道德无为，过分强调政治思想；庄子讲的是个体无为，偏重讲人生哲学，把老子讲的运行大道归结到人生。庄子认为死亡和生存是自然之事，无喜也无悲，自然界是如此，人也是如此，应该顺应变化，泰然处之。

《大宗师》说："安时而处顺，哀乐不能入也。"庄子的处世之道就是安时处顺，顺人而不失己，以退为守，不失己见。他在《人间世》中感叹说："知其不可奈何而安之若命，德之至也。"他认为人生逢乱世，终身劳作，也不一定有所建树，不如安贫乐道，鄙弃尘俗的平庸。因此，他把死生、存亡、穷达、贫富、贤与不肖、毁誉、饥渴、寒暑等外在的因素，看成命运和干扰，努力不让它们来扰乱自己的内心。这样，庄子就塑造了一个精神的大我，就是精神境界比一般人要高。用现在的话来说，就是不跟别人一般见识。人要超凡脱俗，当自己的心境高明的时候，别人的小伎俩、小心眼，伤害不了我们。现实生活中，有的人就是嘴图痛快，故意说出一些话，来扰乱我们的心境；有的事情，也是折腾别人，要是能顺其自然，就没有那么多的烦恼。当我们心里纯净、心态和顺时，我们自然就超脱了。

安时处顺，就是要活在当下，就是要好好把握现在。人不要活在过去，人们习惯说：想当年我也是怎样怎样。他说这话时，是不安于现状的，沉浸在过去的辉煌里，或计较于过去的仇恨，是拿过去的事情惩罚现在、麻醉自己。过去的事情就让它过去吧，已经消失了，就不要去想。过去伤害过我们的人，何不相逢一笑泯恩仇？曾经的风光，现在也忘掉吧，这样的话，会减少很多失落感。人也不要总是想着活在未来，不要沉浸在自己的幻想中。安时处顺，是一种恰如其分的生活态度。

安时处顺，也包括顺应人情世故。《世说新语·贤媛》记载了一个小故事：车骑将军桓冲不好穿新衣，浴后，妻子让人给他送来新衣。他大怒，让人拿回去。这时候我们会怎么办？妻子又送回来，让人告诉他："没有新衣，哪来旧衣？"桓冲大笑，就穿上了。在这则故事中，妻子既没有生气，也没有觉得丈夫古怪。只是顺应丈夫的思路，化解了冲突。安时处顺，表面看似乎没什么大志向，实际是一种超凡脱俗的大智慧，很像太极拳里的四两拨千斤，顺应外物、顺应时代、顺应他人，以柔弱胜刚强，那么，人虽在逆境之中，却超然其上。

第十三章 《墨子》与兼爱尚贤

墨家是先秦时候的显学，在当时的影响与儒家、法家是并驾齐驱的。墨家有着严密的组织机构和管理规则，成员皆称为墨者，这些人在钜子的领导下，从事着生产劳动、军队训练等工作，自食其力。但是，秦汉之后，墨家学说却逐渐消亡，其学派思想，相比于其他诸子，影响也并不深远。这其中有很多深层次的原因，既与其本身的学说体系相关联，也有管理方面的不足。我们总结一下墨子思想，系统地解释其学说建构，探讨墨家兴起和消亡的原因。

一、墨家的形成与消亡

关于墨家，先秦典籍中有很多论述。《孟子·滕文公下》说："圣王不作，诸侯放恣，处士横议，杨朱、墨翟之言盈天下。天下之言，不归杨则归墨。"意思是，当时天下的学者，除了儒家，其他的人，不归杨朱，就归墨子。《韩非子·显学》也说："世之显学，儒、墨也。"在当时，显学有两种，一个是儒家的学说，另一个就是墨家的学说，而工匠群体和下层百姓那里，墨家学说的影响比儒家还要大。

为什么墨家的学说能备受瞩目，影响如此之大呢？这要从其学说来源说起。商周时期，学在官府，天下之学归于朝廷，有学问的人基本上是贵族。这些贵族可以分为三类：第一类是巫官，掌管祭祀；第二类是史官，掌管记录；第三类是礼官，掌管礼乐制度。墨家究竟源于哪一类呢?《汉书·艺文志》中曾言："墨家者流，盖出于清庙之守。"清庙之守，即管理庙中事物、演习祭祀礼仪、有技术的工匠。

后来，周王室王权衰落，工匠们不再是纯粹地为周天子建造宗庙，他们逐渐流入各诸侯国，为诸侯、大夫建造宫殿，修筑城池。他们的社会地位也在下降，春秋时大多数人成为社会底层的劳动者。这一群体有独特的特点：其一，他们与宗庙祭祀有着密切联系，笃信鬼神，相信有上天的存在。其二，作为工匠，在选拔人才时，主要依据技术水平的高低，这也就使得他们的竞争相对公平。久而久之，在这个群体之间，就形成了一个尊重贤才、尊重人才的风气。工匠多集体劳动，动辄数万人。这些人被集中起来，共同从事辛苦的工作。他们会互相关心、互相帮助，渐渐地，墨家的团队观念随之形成。

墨家的成员绝大多数是来自社会下层的手工业者，代表的是百姓利益。他们做事，以"兴天下之利，除天下之害"为目的，生活极其艰苦，"短褐之衣，藜藿之羹，朝得之则夕弗得"①。墨家内部成员因其性质不同，可分为三类。最多的一类是工匠，主要从事劳动；其次是勇士，用来服役，也称为"墨侠"；最后是辩士，多行辨析之事，也称为"墨辩"。这其中，最值得注意的就是勇士。《淮南子·泰族训》中有一句话说："墨子服役者百八十人，皆可使赴火蹈刃，死不旋踵。"勇士们可以赴汤蹈火，即使是死，也不会后退半步。

墨家有着严密的组织机构，管理者叫钜子，具有绝对的权威。钜子按照规矩来约束众人，不能损害老百姓，更不能去损害那些无辜的人。《吕氏春秋·去私》载："墨者之法曰：'杀人者死，伤人者刑。'"违反规则就要受到惩罚，并不偏私。有一位叫腹的钜子的儿子杀了人，当时秦惠王并没有追究，说钜子为国家做了很大的贡献，可以赦免他的儿子。但是，钜子仍坚持"杀人者死"的墨者之法，处死了自己的儿子。墨家纪律严明，即使做官，也必须执行墨家的主张和规定。如果两者理念发生冲突，宁可辞官，也不能违背墨家的规定。做官的墨者，要把俸禄捐赠给组织，用来资助较穷的人，做到"有财相分"。

墨子本是穷苦的百姓出身，虽然做过宋国的大夫，但是级别很低，被人称为"布衣之士"。他早年曾经跟儒生学习，称道尧舜大禹，学习《诗》《书》《礼》《乐》等儒家典籍。后来墨子认为儒家的礼乐制度烦琐而奢靡，并不适合老百姓。例如，祭祀时需要大量的祭品、礼器，老百姓买不起；儒家提倡的厚葬，老百姓也承担不了。社会中绝大部

---

① 孙诒让．墨子间诂．北京：中华书局，2001：113.

分人是普通民众，儒家的思想帮助不了他们。墨子便放弃儒家学说，提出了自己的主张，以适应更为下层民众的需求，进而形成了墨家学说。

墨家学说注重理性思辨，提出了检验学说、学理的标准，即“三表法”：“上本之于古者圣王之事”，用历史经验来观察；“下原察百姓耳目之实”，用日常认知来衡量；“废以为刑政，观其中国家百姓人民之利”①，用实践来检验学说。他们主张根据前代的经验，制作一套方案，用实践去检验一下，这是墨子观察政治、行为、立言的标准，是墨家学说建立的基本逻辑。

墨子死后，墨家分为了相里氏之墨、相夫氏之墨、邓陵氏之墨三个学派，但是到西汉中期，就都逐渐消亡了。西汉桓宽的《盐铁论·晁错》记载：“日者，淮南、衡山修文学，招四方游士，山东儒、墨成聚于江、淮之间，讲议集论著书数十篇。”在汉武帝时期，淮南王编撰《淮南子》时，还有很多墨家成员参加，他们聚于江淮之间，谈书论道。之后不久，就再难以在典籍中找到墨家相关记载了。墨家消亡的原因究竟在哪里呢?

第一，陈义过高。墨子提出的兼爱、非攻，理想过于高远。墨子要人人相爱，这其实是很难做到的。我们现在在一个小范围内，都不能绝对地互相关爱，又何谈“兼爱”呢?在春秋时期，提倡不战争、不兼并，是非常不现实的。此外，墨家的苦行、严律，参与劳动，自食其力，不听音乐，不穿丝绸，摒弃美食，一般人不能理解，就更谈不上执行、遵守。墨家的内部规则也过于严酷，国君都赦免了钜子的儿子，而钜子依旧依照墨家规则将其处死，钜子可以做出这种决定，但是墨家的一般成员可能做不到。《庄子·天下》中说：“墨子虽独能任，奈天下何!”墨家的理想过远，陈义过高，在一定程度上远离了现实。

第二，儒家反对非命。孟子直接反驳墨家是“无父无君”，与当时伦理秩序不合。墨家提出，国君不依据天命来行事，就可以“尚贤”，另立新君。这样的观点，是任何一个朝代的君王，都绝对不能接受的。在秦汉大一统后，墨家学说就慢慢地被禁绝了。

墨家的一部分成员具有游侠性质，在法家看来，是很不利于社会的稳定和发展的。《韩非子·五蠹》中说“侠以武犯禁”，游侠自恃有武功，有怨报怨，有仇报仇，屡次违反社会规则。统一的国家是不允许自报私仇的，游侠逆于稳定的社会秩序。随着社会的稳定，游侠越来越少，《史记》中还有《游侠列传》，在《汉书》中，就不再对此立传了。

---

① 墨子·非命上：266.

第三，重行轻论。墨子重视行动而轻言论，《墨子·修身》中说："言无务为多而务为智，无务为文而务为察。"语言不要致力于多，而要致力于明智；不要致力文饰，而要致力于明察是非。墨子不像孔子，孔子鼓励他的弟子多写文章来传播自己的学说，墨子却正好相反，身体力行而不说。此外，墨家文章过于质朴，太直太硬，读起来不吸引人，仅仅是就事论事，不杂以任何感情。相比于《孟子》的铺张扬厉、纵横恣肆，《荀子》的善为比喻、深入浅出，《墨子》在文学性、可读性上差距很大。

第四，学说消解。墨家的很多思想被其他学派所吸收，儒家吸收了墨家的兼爱学说，提出了大同思想；又改进了天志说，完善了天命说。汉代董仲舒提出的君权神授，即天子的合法性是上天给予的，便是天命说、天志说的融合。董仲舒以灾异和祥瑞解释天人关系，君主既然秉承天意，那就要顺天去执行。君主做坏事了，上天就给予惩罚；君主做好事了，上天就会奖励。这些与墨家的天志说一脉相承。

法家则吸收了墨家尚同的思想，并演变为君臣同体，认为君和臣是一体的，国君的意志往下贯彻，全国民众就要执行，要上下而同。墨子讲的同，靠的是大家的自觉；法家加入了强制性，靠的是法规。法家也同样提倡非乐、节用、节葬、反对浪费，这些都与墨家学说合拍。

诸子学说的分派，是靠学理的独创。墨家后学重行轻论，学理不再更新。墨子原本独特的学理又被其他诸子兼容并蓄，墨家学说的独特性便逐渐销蚀。一个没有独立性和独创性的学说，只能慢慢消亡于后起的学术思潮中。

二、墨子的哲学思想

《墨子》的立足点是下层的老百姓。人所处的阶层决定了看问题的眼光。墨子的思想和学说在后世没有得到很好的传承，很大程度上在于他已经把本阶层该说的事情都说完了，剩下的就是去做。对墨家来说，当墨子把这些思想学说表达清楚后，重点是要不要去做，如何去做。

一是兼爱。简单概括为一句话："兼相爱，交相利。"孔子讲"仁者爱人"，"仁者"就是有仁爱之心的人，他们要去关心他人、尊重他人、理解他人、体恤他人。孔孟所说的仁爱，是有差别的爱。墨家的兼爱则超越了亲亲关系，站在社会关系上，主张博爱。儒家是在家庭伦理关系中讨论社会关系，认为父子、夫妇、兄弟这三种关系是最基础的人际关系，然后才是君臣和朋友等社会关系。墨家则主张人是没有等级的，爱自己的父母与爱其他的老人一样，爱自己的孩子与爱别人的孩子一样，忽略差别，爱无差等。这使孟子很受不了，他说这样没有差别的爱，与没有父母岂不是一样？

中国是一个熟人社会，常根据人与人的关系来判定对他人的态度，这是儒家学说对中国社会的一种整合，有助于在农业社会形成稳固的秩序。但这也是中国从传统社会转化为现代社会的一个障碍。儒家把人放在这样一个熟人关系中，使得人在对待陌生人时多了几分敌意。在这样的认知中，每个人都放在特定关系中进行衡量，然后决定与他相处的态度和方式，对待认识的人与不认识的人之间存在巨大的差别。现在在城市中，即便是邻居，如果没有一个共同的单位或者基本的关系，有时也不太容易交往。这就是传统熟人社会所形成的人际障碍。

在农业社会，世代聚族而居，熟人社会有利于稳定基本的伦理结构；但对现代社会来讲，人与人之间并不是依靠各种关系、人情来维持的，更需要一种基本的法律义务和道义责任。法律是衡量人行为的结果，道义是人对社会的责任感和责任担当。墨家的理想社会，就是人人平等，相互关爱，不要局限在传统的五伦关系之中。

从这个角度看，墨家的兼爱，淡化家庭关系、亲亲关系在社会中的基础性地位，在社会关系的建构上，境界比儒家更博大、更高远。我们尊重儒家学说，是因为它有助于维系农业社会的基本秩序。按照儒家学说确定的人伦关系，彼此相安，人在固定关系中，彼此的权利义务明确，数千年来生生不息。这也形成了儒家学说的病理，就是当天下失控时，儒家学说无能为力；面对陌生关系时，儒家学说无法提供学理的支撑。这就造就了中国人对陌生人的提防，使得五伦之外的社会秩序是不稳定、不可靠的，人与人之间充满了提防、算计和利用。当面对陌生的文化时，儒家学说缺少进退自如的策略，这也使得宋朝之后面对游牧文明、西方文明时，选择了退却与保守。

《墨子・兼爱中》说："天下之人皆相爱，强不执弱，众不劫寡，富不侮贫，贵不敖贱，诈不欺愚。"在墨子看来，现在人与人之间存在的强弱、众寡、富贫、贵贱、诈愚，说明大家并非相爱而是相分，这种相分是社会存在差别和敌意的原因。这就需要建立一个公认的准则，就是彼此相爱，作为衡量一切人际关系的基础。儒家学说长于管理熟人社会，而疏于管理生人社会。法家用法律管理生人社会，墨家更多是从理念角度来思考生人社会该如何相处。兼爱的意义，就在于更高远地看到了一个完美的社会关系应当如何建构，那就是彼此之间不分亲疏，相互关爱。

二是非攻。非攻是以义的标准来衡量社会冲突，义就是责任和义务，用现在的话来说，就是每个人基本的生存权和发展权，对两者的维持就是义。何为攻？通过杀人、占有他人财产使自己发展起来。非攻就是反对社会上的一切侵夺与占有。墨子认为，一个人把另一个人杀了，是不对的。但一支军队、一个诸侯国对另一方进行侵略、占有，大家却赞美这样的行为。小而言之，我们容易分出对错；大而言之，则容易迷失在狂热之中。在农业社会中，每个人、每个家庭、每个群体都被放置在国家机制中，每个人都是无助的，需要抱团取暖。在抱团取暖的过程中，大家会形成一种盲从，缺乏独立思考和独立判断："今至不为不义攻国，则弗知非，从而誉之，谓之义。情不知其不义也。"①墨子认为要建立一个理想的社会，就是人与人之间不能相互侵夺、占有，而应该尊重彼此的权利。

三是天志。天志是墨子的宗教思想，即认为天是有意志的存在。我们现在很容易评价这是他思想的落后之处。但作为学术研究或者理性思考，我们一般不做简单的价值判断，而是要将这些思想放在历史语境中观察，分析其形成的动因。

在墨子看来，天志是决定人间运行的神秘力量，这种神秘力量也叫天意。天是作为异己的力量而存在的，决定着世间万物的运行。道家用"道"这个哲学概念来概括天地运行的规律，而墨家则用天意来概括："天意不可不慎"②，天意决定了社会能否实现"刑政治，万民和，国家富，财用足，百姓皆得暖衣饱食"③。如果顺应天意，天下就能够和睦，国家就能够富足，百姓就可丰衣足食。墨子假托天意，对帝王、诸侯的行为进行约束，试图从天的意志中找到行政秩序、社会秩序、民间秩序的来源。儒家将这个来源归结为天德，道家归结为天道。儒家学说探讨伦理关系，认为上天在运行的过程中，会发现有德之人，将天的眷顾给予有德之人，即"皇天无亲，惟德是辅"。天德给予人天命，天命决定人的兴衰、成败和祸福。孔子言"五十而知天命"。道家讲天道，天道决定人道，主张人类按照自然的法则运行，天道的有余与不足决定了社会的运行，因而反对人与人之间有太聪明与太愚笨之分，后来产生了均平的思想。墨家的天志带有更多的主观性，上天把任何事情都安排好了，我们只要执行就行了。儒家探讨伦理秩序，道家探讨自然秩序，墨家关注社会秩序。它们的立足点不同，着眼点不同，得到的结果也不一样。

在兼爱、非攻和天志的视角下，墨家形成了义政说。《尚书·仲虺之诰》讲"以义制事，以礼制心"。人的心靠礼来约束，礼就是规矩，内心存有规矩，就会表现出与之相适应的行为。当人管不住内心的时候，就按规矩来，"以礼制心"。"以义制事"中的义，孔颖达解释为"宜"。其实，"义"是基于社会共识而形成的价值认同，是社

---

① 墨子·非攻上：129.

② 墨子·天志中：201.

③ 同②200.

会成员之间彼此的义务约定，也是相互责任。按照这个原则建立起来的行政秩序，便是义政。

义政就是基于责任担当、道义承担而推行的行政措施。在儒、道、墨三家共同的认知中，首先，天代表的是秩序的合理、完满，客观就是如此。其次，天又代表公平无私，古代的人、现代的人、未来的人，都改变不了外部环境，改变不了自然秩序和宇宙秩序。最后，人类应该用合乎这种公平无私的秩序安排去形成一种运行的法则，才可以在天地秩序、自然模式中生存。当儒、道、墨三家都将天作为一切秩序来源的时候，就形成了它们的共识：要顺应公平无私的要求，顺应群体的共识，顺应先天形成的秩序。这样人类才能形成一个群体，相对于已经灭亡的其他物种，人类才能永恒存在下去。许多群体的消亡，在墨子看来就是由不顺应天意，自相残杀造成的；在儒家看来是因为没有道德自觉，没有形成伦理社会；在道家看来，是因为没有按照天道去运行。

墨子把义政作为一个天意来提倡，为他的学说找到了客观的依据。儒家建构学说时，放弃了客观依据，不说明为什么这样做，只告诉你往哪里去。孔子“不语怪力乱神”“罕言利与命”，原因在于这些都是改变不了的前提条件，就不要再谈。墨子讨论社会关系时，关注于相互责任：“处大国不攻小国，处大家不篡小家，强者不劫弱，贵者不傲贱，多诈者不欺愚。”[①] 其不涉及伦理关系，只有社会关系，只从权利义务着眼。儒家是选择性地忽视社会关系，聚焦于伦理关系；墨家则是有意识地忽视伦理关系，直接思考社会关系。贵族家庭注重伦理关系，因为它是掌握了权力的大家族；普通人注重社会关系，因为家里什么都没有，只能走出去面对陌生的社会，与不相识的人打交道。回到家中是熟人社会，儒家的伦理秩序很好用。走向社会是生人社会，就需要社会法则来应对。这也是战国时期天下的学者不归儒则归墨的原因。

由天志学说而形成的义政，认为“上利于天，中利于鬼，下利于人。三利无所不利，故举天下美名加之，谓之圣王”[②]。圣王是能行义政之王，能够维持天、鬼、人之间的平衡。“天下有义则治，无义则乱，是以知义之为善政也。”[③] 有义，天下就会安定；无义，天下就会动荡。大家都知道社会的底线是什么，这就是义。如果一个人没有底线，就会退到性恶这一面；如果一个人的底线在不断提高，那么他的精神境界就会越来越高，由仁义而成兼爱。从这个意义上说，义是社会共识。在和平的年代，大家容易达成共识；在动荡的年代，则不易达成。有时大家达成了共识，但当涉及自身利益时，这个共识就不存在了。有底线的共识才是真正的共识，没有底线的共识只是一个口号。

---

①② 墨子·天志上：196.

③ 墨子·天志中：197.

义所体现的共识与要求，就是大家对一件事要有共同的看法，这种共同看法是基于社会底线建构起来的。墨子强调的义就来自天运行的规律，来自上天的安排。上天是对未知的客观因素的理解、对未知要素的表述，可以理解为蒙昧，但也是理性的蒙昧，是无法超越历史阶段的理性思考。

三、墨子的社会思想

理解中国古代的宗教形态，有两个基本词语最能概括。一是绝地天通，它概括了中国社会走向人文理性的原因。早期的巫术是人人可以与上天沟通，如果每个人把自己与上天的沟通作为理据，当时的部落首领就没有力量来影响大家。在这种情况下，颛顼就实行了绝地天通的策略，也就是一般百姓不能与上天沟通，只有部落首领可以与上天对话。绝地天通之后，宗教权从此属于君王，神化了君王，后世所谓的真命天子就由此而来。这就使得中国人在传说时期就开始进入理性时代，当人不能与上天沟通时，就只能踏实地面对现实世界。统治者获得了与上天沟通的权力，他的目的是让百姓服从他的领导。绝地天通的副产品，是君子、士大夫可以通过理性思考来建立起一个价值体系，约束心性，培养道德人格。二是神道设教，就是要建立一个多神并敬的世界，用以约束不读书、不识字的老百姓，让他们意识到身边有很多神灵，如土地神、山神、河神、灶神等时刻在周围监督他们的言行。但这种多神崇拜，由于缺少一个无所不能的至上神，使得中国传统的宗教信仰只是风俗意义的祈福避邪，并没有形成严格意义上的宗教形态。

墨子主张明鬼，明鬼就是神道设教，绝地天通隔绝了老百姓与至上神之间的联系。那么老百姓精神生活的问题如何解决呢？一是人文学科，就是充实人的精神，让我们的内心生活更加完满，它解决的是心灵的问题；二是自然学科，解决的是人与物质的关系问题；三是社会学科，解决的是人与人之间的关系问题。儒家关注的是高度理性自觉的士大夫阶层，他们丰衣足食，可以通过修身养性养成道德人格。草根阶层的精神生活问题则由墨家学说来关注，贩夫走卒阶层读书不多，也不会有太大的事业，只需平稳度过一生即可，他们不能通过读书识字来解决精神困惑。面对苦难和无助，他们应该找谁来解决呢？他们只能依赖于宗教，依赖于神灵。受过理性知识训练的人，信仰就是自己理性的坚持；没有受到过较好教育的人，他们习惯性地信仰外部的异己力量，这就是神道设教形成的文化背景。

儒家认为，君子与小人的区别，在于君子理性自觉，会对自己的行为负责；但小人对自己的行为是无法负责的，他无法控制自己。如果小人作奸犯科该怎么办呢？不管是君子还是小人，都有法律在等着他。但在法之上，在社会的道德期许和人伦底线之间还有一个模糊的地带，君子用礼来约束，用德来自省。传统社会认为礼不下庶人，庶人的行为用法来管。他们的精神世界呢？古代中国的学者认为要用鬼神来管，即告诉他们外部有一种神秘的力量在监督着。从人文理性角度来讲，鬼神观念既是一种社会舆论，也是人解决自己心灵困顿的一种方法。人类的观念，从总体来讲是在不断演化的，但这种演化不是齐头并进的，只是在主流上、在大范围中进行的，并不否认某些局部的停滞不前。现在，大多数人已经不相信鬼神，但并不代表民间没有鬼神崇拜的残留，那也是人理解自然秩序的一种想象。

墨子来自"清庙之守"，负责祭祀，建造宗庙，墨家学派中的有些人担任祝官，也就是奉祀官。中国古代的帝王陵，需要有人按时祭祀、守陵。《墨子·明鬼下》说："今天下之王公大人士君子，实将欲求兴天下之利，除天下之害，故当鬼神之有与无之别，以为将不可以不明察此者也。"墨子讲得很清楚，他并不是真的相信鬼神，他所提倡的明鬼，是借助一种神秘的力量来对人的行为进行监督，就是神道设教的做法。对于君子来讲，最重要的是"慎独"，他的内心随时有高明的我来约束卑劣的我。但是对普通百姓来讲，他没有善恶是非的理性自觉，只能用鬼神来监督。墨家学说认为鬼神无处不在，就是用鬼神来监督人类。

四、墨子的管理思想

相对于儒家的坐而论道，墨家最大的特点是知行合一，更强调动手去做。墨家作为一个有着严密组织的团体，是如何形成组织体系的呢？

一是尚贤。尚贤是先秦所有学派普遍崇尚的学说，原因是著书的人都自认为是贤人，他们主张尚贤，也是主张给自己一个机会。由此观察，不能尚贤，恰恰是周朝封建制度最终解体的根本原因。周制的最大特点就是维护家族利益，周王室认为"非我族类，其心必异"①。周的宗法制维系的是一个伦理关系、亲亲关系，即便是天子诸侯之间的尊尊关系，也是由亲亲关系演化出来的。后来，为什么会礼崩乐坏？就在于礼乐维

① 左传·成公四年：717.

持的是基于亲亲关系的尊尊秩序，维持不了平民秩序。现在也是如此，陌生人之间的关系靠法、靠契约来维持，熟人之间则靠礼来维系，法维持的是没有亲亲关系的社会秩序。我们在思考儒家、墨家学说时，要把伦理关系和社会关系分开。法家的缺点在于割裂了亲情，商鞅要求结婚后必须分家，解散家庭关系，让每个家庭只对国家负责。儒家反对国家意志强加于家庭伦理，它维持的是家庭秩序。墨家不考虑国家，也不考虑家族，只基于个人来思考。

贤，是中国古代士大夫最崇尚的一个观念。圣人与贤人的区别在于，圣人能够提出理想并坚持理想，贤人是能够按照圣人的话去做。在《尚贤上》中，墨子提出："以德就列，以官服事，以劳殿赏，量功而分禄。故官无常贵，而民无终贱，有能则举之，无能则下之，举公义，辟私怨"。这是中国最早的民主思想。不管你的出身是什么，只要你的能力、德行达到了，大家都会支持你、拥护你。墨家在尚贤方面已经走到了所有学派的前列，他主张："古者圣王之为政，列德而尚贤，虽在农与工肆之人，有能则举之，高予之爵，重予之禄，任之以事，断予之令。"① 即便是农民和工匠，只要有才华、有能力，都可以被任用。

墨家说的贤人，不是指体制内的贤人，也不是指温良恭俭让的贤人，而是基于天下责任的贤人。儒家的贤人类似于现在的好学生。孔子弟子中最贤良的是颜回，颜回能够听他的话，把他的学说举一反三，知错马上就改。儒家眼中的贤人，在家里是好孩子，到社会上做个忠臣。墨家推崇的贤人是什么呢？要有天下责任，"有力者疾以助人，有财者勉以分人，有道者劝以教人"②。这些人时时刻刻想着帮助别人，根本不是在考虑自己，也不是在考虑自己这个群体，他是考虑天下人如何过得更好。

二是尚同。儒家的梦想是小康。墨子要求的是大同，建立一个天下人共同建设、共同拥有、共同负责、共同担当的理想社会。这种思想在《礼记·礼运》中被总结为"天下为公"的大同，这个"同"就来自墨子的尚同。墨子讲："一人则一义，二人则二义，十人则十义。"③ 每个人都负起自己的责任，两个人负起两个人的责任，十个人负起十个人的责任。当天下人都负起责任的时候，社会上那些做错的事、不对的看法、不合大家共识的行为就会被排斥，社会因此也就变成了人人向善的社会。墨子提出的尚同，是基于正义而达成的，正义就是"不义不富，不义不贵，不义不亲，不义不近"④。如果

---

① 墨子·尚贤上：46.
② 墨子·尚贤下：70.
③ 墨子·尚同上：74.
④ 同①44.

不担负责任，不符合社会共识，不合乎大家公认的行为法则，是不能富贵、不能受重用的。

尚贤思想如何与尚同相融合呢？墨子主张："选天下之贤可者，立以为天子。天子立，以其力为未足，又选择天下之贤可者，置立之以为三公。天子三公既以立，以天下为博大，远国异土之民、是非利害之辩，不可一二而明知，故画分万国，立诸侯国君。诸侯国君既已立，以其力为未足，又选择其国之贤可者，置立之以为正长。"① 天下是尚贤基于共同认知而形成的，天子能够立三公，三公能够立诸侯，诸侯能够立下面的正长，就是县令、县长等基层官员，都是基于贤而达成的大同。大同基于尚贤而形成，财以分人合乎天道，教人以善合乎天德，以义约束合乎社会法则。

三是非命。墨子主张的非命，在中国思想史上的地位可以与孔子所讲的道德相提并论。之前的思想史遮蔽了墨子学说的思想价值。孔子之所以被称为圣人，是因为孔子第一次在中国的历史上以道德评价人，而不是以人的地位评价人，这打破了君子与小人有地位之分的认知。与孔子以德观人相媲美的，是墨子的非命论。非命论主张人可以通过自身的力量来改变原先设定的发展轨迹。它对中国文化的影响，在于更多地强调人的主观能动性，强调人的自主性。

墨子在春秋时期提出非命论，则是惊天动地的突破："古者桀之所乱，汤受而治之；纣之所乱，武王受而治之。"② 世上的治与乱并不取决于客观环境，而是取决于帝王的治理方法。墨子提出非命论，认为人的主观能动性可以战胜先天的制约。可以看出，墨家认为天志和明鬼并不能决定一切，每个人可以通过后天的努力获得平等的机会。每个人都去追求与生俱来的平等的机会，这就使得墨家没有成为宗教，而成为诸子学说中有价值的学说。儒家学说维持的是等级社会，君君、臣臣、父父、子子，墨家学说则要打破这种等级，改变人有差等、认知有差等、关系有差等的现状，建立一个完全平等的社会。

非命，从学理上说合乎法家的平等思想，但墨家最终没有流向法家，是由于兼爱的制约。法家要求天下守法，国君一人独尊，一个人决定天下人，这是法家所维持的，甚至不思考国君的合法性从哪儿来。墨家思考了国君从哪里来，来自尚贤、来自尚同，这是符合现代社会认知的一个理念。贵族相信天命，下层百姓最嫉恨天命，因此非命论在兵卒、工匠中非常流行，"王侯将相，宁有种乎"便是在非命思想下提出的口号。

总的来说，兼爱，是要建立一个温和的、人人相互为利的理想社会形态，维持的是

---

① 墨子·尚同上：75.

② 墨子·非命上：266.

人与人之间相互为用的社会形态。这种社会形态要依靠天志作为一个基本规律或外在条件来维系，依靠明鬼来监督，依靠非命来达成。

五、墨子的经济思想

墨家学派主张节葬，主要是反对厚葬。厚葬有两个原因，一是源于礼制的要求，荀子说礼以制分，东西不够才要分，这样就会把有限的资源用到少数人身上。礼制有两个作用，一个是隆。就像平时不化妆，结婚那天就要化妆，穿上最好的衣服，以此体现庄重；另一个是杀，就是降低。在葬礼上不能穿红色的衣服，不能戴首饰，要免冠徒跣，穿得比平常差，以此体现悲伤。贵族生前要享尽荣华富贵，死后同样要厚葬，以显示他的尊贵。

二是源于中国古代对生死的认知。古人主张事死如事生，想把这个世界里拥有的带到另外一个世界里，认为人生前与死后是一样的。厚葬最典型的是殉葬制度、陪葬制度。殉葬是将死者生前喜欢的人或者在乎的人杀死，与其一起到另一个世界继续相伴。陪葬就是把死者生前的东西埋葬进去。从人的感情来讲，这是无可厚非的，但是把大量活人该用的财富用在死人身上，这是墨子所反对的。墨子提倡节葬，这样就能把那些陪葬的东西省下来留给活人用，用以缓解大多数人生产生活资料的不足。

墨家还主张节用，墨子站在生产者的立场上来思考问题。从生产者来讲，他希望不要去耗民财富。在道家的学说里，人不要大量取用自然界的东西，人与自然界要和谐相处。墨子主张的节用，更多的是站在生产者的角度来讲的。对国家来讲，消费富国，消费就是投资购买，大家都花钱，国家才能有税收，才能富足。从生产者来讲，不这么耗费，不那么奢靡，就会节约下很多的财富，节用则是富民。

与节葬、节用相呼应的，墨家更主张非乐，就是反对奢靡享乐。墨子讲："民有三患，饥者不得食，寒者不得衣，劳者不得息。"① 这三个是老百姓最大的祸患，但是现在"为之撞巨钟、击鸣鼓、弹琴瑟、吹竽笙而扬干戚，民衣食之财将安可得乎？"② 在墨子看来，这些娱乐就是浪费时间，更是在耗费资源。墨家认为人到这个世界上，要创造而不要享受，创造除了能够满足自身的生活之外，更多的是给社会带来有利的产品。非乐就是人不要去贪图享受，而要担负起社会责任。墨子讲人要非命，怎样才能够做到

① 墨子·非乐上：251.
② 同①251-252.

非命呢？那就必须付出比别人多，享受比别人少。这样来理解，非乐应当就是不要纵乐享受，“身知其安也，口知其甘也，目知其美也，耳知其乐也”①，懂得适可而止。

墨子的哲学思想是兼爱、非攻、天志，社会思想是明鬼，管理思想是尚贤、尚同、非命，经济思想就是节葬、节用和非乐。我们将这些思想放到中国哲学的学说分野维度给大家做阐述，目的就是让大家更好地了解先秦诸子学说之间的差别。

① 墨子·非乐上：250.

第十四章 《孙子》与兵家权谋

《孙子兵法》是中国兵学最为经典的著作。明代兵学家茅元仪曾说："前孙子者，孙子不遗。后孙子者，不能遗孙子。"说的正是《孙子兵法》在古代兵学中的基础性地位。军事组织是人类历史上效率最高的组织体系，研究兵法所提出的谋略之道、行动之法、攻守之宜、选将之理，不仅有助于政府的管理、企业的组织和商业的竞争，还有助于提高个人洞晓世事的能力。阅读《孙子兵法》，体悟管理之道，可以为自己开启一扇崭新的事业之门。

一、孙子其人其事

孙武是齐国人，他的祖先叫妫满，曾经被封为陈国的国君。后来陈国发生内乱，公子妫完就逃亡到了齐国，投奔了齐桓公。齐桓公知道妫完年轻有为，就让他负责管理百工。他定居齐国以后，就改姓为田，历史上多称他为田完。100 多年以后，他的家族越来越大，地位越来越显赫。后来有一个叫田书的人做了齐国的大夫，领兵伐莒取得大胜，齐景公封给他一块地，赐姓叫孙氏。孙书的儿子孙凭做了齐国的卿，孙凭就是孙武的父亲。受家族的影响，孙武从小就熟读兵书，为他后来的兵学实践和兵学理论的建树做了极好的铺垫。齐景公时，齐国内乱，孙武认为自己的理想不可能在这里实现，在他

18 岁那年，他离开了齐国，长途跋涉到了吴国。后来孙武就一直在吴国，死后也葬在吴国，《史记》中称其为“吴孙子”。他去世 100 多年后的孙膑，则称为“齐孙子”。

孙武来到吴国以后，结识了从楚国来的伍子胥。伍子胥是楚国的名臣，他的父亲和兄长都被楚王杀害了，为了给父兄报仇，伍子胥就跑到了楚国的敌对国家吴国。两人都是少年才子，又都胸怀大志，文韬武略，志向、情趣相投，就结为好友。这时吴国也处在动荡不安之中，孙武见天下大乱，就隐居在深山里，待机而发。阖闾继位以后，很有志向，礼贤下士，体恤民情，训练军队，注意发展生产、储备粮食，让吴国强大起来。

在这段时间里，隐居的孙武写了一本书，讲如何克敌制胜的战略战术，构成了一个严密的体系。此后，吴国准备征伐楚国，进军必须攻入楚国内部，长途作战，极需要一个深通韬略的军事家筹划指挥。这时，伍子胥就向阖闾推荐了孙武，介绍了孙武的家世和他的才干，并称孙武是能够定国安邦的盖世奇才。吴王连孙武的名字都未曾听说过，感觉有点仓促，便要先见一见。孙武把自己的兵书给了吴王，吴王一篇一篇地看，看了以后连声称好地说，兵法讲得头头是道，是否真的适用于战争啊？能写兵法，但怎能证明他就是可以实际指挥兵马的人呢？吴王就把 180 位宫女交给孙武演练。

这些宫女平时都是歌舞升平，哪受过这种军事训练呢？孙武把这 180 人分成两队，让吴王最宠爱的两个爱妾做左右队长，带着操练。孙武就站在指挥台上发布命令说，你们都知道自己的前心、后背、左右手，向前，就是目视前方；向左，就是视左手；向右，就是视右手；向后，就是视后背，一切行动都以鼓声为准。安排好以后，就击鼓发令，让宫女们前进后退。宫女们心中好奇，觉得挺好玩，一听见擂鼓让她们前进或后退的时候，她们就笑，队形大乱。孙武把军法官招过来，按照军法从事，要把两个队长斩首示众。

吴王一看要杀自己的两个爱妾，舍不得，就马上传令说，我已经知道你会用兵了，你把她们放了吧，如果我没有这两个美人伺候，以后吃饭都没有味道，将军还是赦免她们吧。孙武毫不留情地说，我既然已被授命为将，将在军中，君令有所不受。执意杀掉了两个队长，然后又让两个排头兵当队长。这一杀之后，孙武再一次击鼓发令的时候，无论是说向左还是向右，前进还是后退，宫女们全都合乎规矩，队形十分整齐，人人十分严肃。

孙武请吴王来检阅，吴王失去了两个爱妾，不愿意去检阅。孙武便亲见阖闾说，令行禁止，赏罚分明，这是第一个原则，否则的话就没法管，几十个人在一起，没有赏、没有罚是不行的。对士卒一定要有威严，他们才会听从号令，打仗才能克敌制胜。阖闾听了以后气就消了，后来拜孙武为将军。

阖闾、伍子胥和孙武先是指挥军队攻克了楚国的属国钟吾国和舒国。这时的阖闾就头脑发热，想长驱直入攻入楚国的国都。孙武认为不妥，指出楚军很强大，并不只有舒国和钟吾国这两个属国，部队已经灭了两个国家，人疲马乏，军资、粮草耗费了很多，不如暂时收兵，养精蓄锐，再寻良机。伍子胥也很赞成孙武的主张，说人马疲劳，不易远征，但要想办法也让楚国兵马疲劳。于是伍子胥和孙武一块制定了一套扰楚、疲楚的策略，敌住我扰，敌疲我打，敌进我退。他们组成了三支小分队，当第一个小分队进入楚国境内时，楚国一看来势不小，马上就全力派兵出击。当楚军出动的时候吴军就撤了，而当楚军回到驻地后，吴国的第二支部队又进入了，轮番袭击，弄得楚国连年应付吴军。这样一来，楚国国力变得十分空虚，吴国又得了很多东西，完全占据了上风。

后来楚国开始攻打吴国的附属国蔡国，这就给吴国伐楚制造了借口。孙武指挥精兵溯江而上，进攻楚国。楚军见吴军来势汹汹，就开始收缩部队，调集主力，阻挡吴军的进攻。这时孙武下令军队丢船，沿岸前行，当时伍子胥就问，我们吴军最善于水战，为什么要从陆路进发呢？孙武说，用兵作战，最贵神速，应当走别人料想不到的路，打敌人个措手不及。逆水行舟速度迟缓，楚军肯定是加强防备，在淮河两岸布兵防阵，我们很难突破，孙武从 3 万精兵中选了 3 500 人，身穿坚甲，手执利器，沿着陆路进攻。果然，楚军没有来得及防备，大败于吴军。最终，他们进攻到了楚国的国都郢，楚昭王仓皇出逃。孙武以 3 万人打败了楚国的 20 万大军，创造了以少胜多的战例。

这时，越国趁吴国进攻楚国，从背后偷袭吴国，甚至帮助楚国对付吴军，阖闾不得不返回吴国。越国新继位的是勾践，勾践很年轻，国家还很不稳定。孙武说，虽然吴国和越国是敌对的，越国国力比较空虚，但吴国一定要小心，不能轻易地进攻。阖闾却不听孙武的劝告，执意要进攻。不料勾践竟然主动出战，派了一批死刑犯上阵，都把剑放在脖子上，一个一个开始自杀。吴国士兵正纳闷，越军就趁机发起了进攻，吴军仓皇败退，阖闾也受伤阵亡了。

阖闾去世以后，夫差继位。孙武和伍子胥整顿军备，想帮助夫差报仇。勾践调集水陆大军向吴国进发，夫差率精兵在太湖边迎战。吴国在岸边布了很多诈兵，然后在两翼高举火把连成一串，向越军移动。越军惊慌万分，军心动摇，吴军发起了总攻，最后勾践退到山上被团团包围。这时勾践就要求讲和，而孙武和伍子胥就建议不要和勾践讲和，但夫差不听。吴国接着又开始向北方进军，而后又联合鲁国把齐国给打败了。夫差率着数万精兵到了黄池，就是河南的封丘县，与鲁国和晋国会盟，在这次会盟中夫差称霸。

孙武没有参加这两次战役，原因是孙武后来与吴王的战略不一样了。但孙武的谋略还是给夫差立业奠定了基础，也为吴国的强大做出了极大的贡献。伍子胥最后被夫差给杀掉了，而孙武也销声匿迹了。从其他的资料上看，孙武悄然隐退后，根据原先训练、指挥军队的经验，又把自己的兵书进行了修改，形成了《孙子兵法》十三篇。

二、战略制胜

我们读古代的书，一定要领会其精神实质，这样对于我们才有帮助，如果我们过分拘泥于字句不仅很累，还非常容易感到疑惑。我们要从整体把握《孙子兵法》十三篇构成的学理体系。

《计篇》讲权谋之道。有的人认为第一篇应该补一个“始”字，即《始计篇》。就是说做管理也好，备战也好，都首先要思考清楚。在《计篇》中，孙武论述了开战之前和行战的过程中谋划的策略，如开战之前，双方必须根据敌我双方的基本条件做周密的计划和比较，认真进行谋划，制定正确的作战计划。我们做任何事之前都要思考，不能说今天晚上头脑一热明天就干。作战更是如此，要注重作战计划的制定，出现这种情况时我们怎么办，出现那种情况时我们怎么办。作战，首先不是想我们怎么胜，而是想我们怎么不败。因为作战时，博弈双方不是拿自己的优点打对方的优点，而是拿自己的优点打对方的缺点。博弈是什么？博弈就是旗鼓相当的时候，一定要拿自己最强的一项打对方最弱的一项，或者是打对方较弱的一项。历史上大胜的战役，都是拿自己的强项去打对方的弱项，打对方容易麻痹的、容易忽视的环节。在这里面，孙武提出了决定战争胜负的五个条件：

第一是“道”。“道”是指道义，就是自己做的任何事情要符合道义。得道多助，失道寡助，先符合民心，然后符合社会普遍的价值共识。第二是“天”，也就是天时，即外部大的客观条件，这与孟子所说的“天时不如地利，地利不如人和”中的“地利”是一样的。第三是“地”，就是地利，即具体的条件。第四是人和，就是人的任用，即将领、将帅的选拔与任用。只有将帅一心，才能御敌而胜之。第五是明法。法即法制、法令，就是懂得管理军队、管理士兵。

孙武还提出了一个慎战的思想。发动战争一定要很谨慎，这是存亡之道，胜利了就是霸王，失败了不要说当阶下囚了，有时连身家性命都丢掉。不到关键时，不要想着与对方拼个你死我活。

《作战篇》主要讲作战的方法。我们既然是先谋划，谋划后就不能乱战。如果要作战怎么备战？首先要进行军事动员。出兵打仗，用大量的人力、物力和财力，拖久了不仅使军队疲惫，锐气挫伤，财货枯竭，而且还可能有别的国家乘虚而入。不战则罢，如果要作战，就一定要想办法速战速决。从速胜的角度出发，孙武提出要军事动员，就是作战时一定要做好全面的战争准备，他反对用简陋的作战武器去攻克敌人的城池，反对国内反复征集兵源和军事物资。向老百姓征集财物和兵源时就一次征足，然后赶紧去打仗，打仗胜利以后就可以了，不能一征再征。

《谋攻篇》提出了全胜的思想，就是我们要怎么进攻，怎么用计谋去征服敌人。孙武认为，上策是伐谋，谋略上要超过他；其次是伐交；最后是伐兵。什么是伐谋、伐交和伐兵呢？就是充分利用政治优势、外交手段和武装力量去征服敌人。

如果在斗争中敌强我弱怎么办？孙武提出，要集中优势兵力歼灭敌人。我们可能在整体上是弱的，但是在局部上可能很强，那就要采用"十则围之，五则攻之，倍则分之，敌则能战之"的战术。力量超过对方十倍的时候就围起来打；如果是五倍时，就进攻；如果只是对方的两倍，就要分而治之，各个击破。一定要想办法超越敌人，如果和敌人兵力相等时，就想办法战胜对方；如果战斗力不如敌人，就要善于退却，想方设法地避免与对方正面作战，不能硬拼硬打。在日常生活中也是如此，当自己的力量很小时，就不要和别人拼，先要保全自己，寻机而战，战而胜之。

《军形篇》讲的是先胜意识。与敌人打仗时，如何在战场上确立动态的优势？孙武认为，用兵作战先要为自己创造不被敌人战胜的条件，然后等待敌人可以被我战胜的时机，使自己立于不败之地。战争的胜负决定于敌我双方的力量大小，要想战胜敌人，必须在力量的对比上使自己处于绝对优势，使自己有势不可当的形势。作战时要取胜，必须要正确对待攻与守的问题，当兵力不足时就防守，兵力有余时就进攻，防守时要善于隐蔽自己，进攻时要使敌人措手不及，达到自保而全胜的目的。

在自我保全的基础上然后全胜，这里面有一个动态优势。在讲谋略时，通常要注意保持动态优势，也就是一对一比较时，可能不如对方，但在其他方面可能就比他强，寻找到自己不可替代的优势所在。这种优势不是一成不变的，要在运动过程之中，把自己的优势蓄积成一个比较大的能量，然后再进行比较。

《兵势篇》与《军形篇》是相呼应的，说用兵作战要有一种压倒敌人的迅猛之势。"势"就像飘起石头的激流，像一触即发的弓弩，像圆石从千丈的高山上滚下。运动员不断调整体能、心态，让自己在比赛那一刻达到最好的状态，这就是"蓄势"。用兵也是如此，要蓄积能量，一战而胜。

"形"和"势"是中国古代兵法最重要的学理认知。要利用战场上的地形、利用自己的力量，形成有利于自己的态势。用这种不可阻挡的力量打击敌人，就可以“以一当十，所向无敌”。怎么制造这种形势呢？第一，给自己创造条件，使自己具有战胜敌人的强大力量。第二，“择人而任势”，并善于用假象迷惑敌人。

《虚实篇》主要讲军事欺骗。“因胜”就是根据战场特定的条件，凭借天时地利，顺应外在的变化来用兵。简单来说，就是“避实就虚”，避开敌人最强盛的地方，击打比较虚弱的地方。第一，要使我方处于主动地位，使对方处于被动地位，把战争的主动权抓在自己的手里。“避实就虚”，主动权在手，想进就进，想打就打。第二，要“出其不意，攻其不备”，打敌人最空虚的地方。孙武当时就用了这个办法打败了楚国，本来吴国最善于水战，但他放弃了自己最擅长的水战，从陆路进攻，这就达到了“出其不意，攻其不备”的效果。第三，集中自己的兵力，分散敌人的兵力，造成我众敌寡之势。作战用兵要讲究用分兵之法。我们要想办法让敌人兵力分散，这样就可以直接歼灭他的有生力量。

《虚实篇》言：“兵无常势，水无常形，能因敌变化而取胜者，谓之神。”“兵无常势”，也就是说军队在作战时，不可能永远保持着优势，永远保持武器的精良，永远保持对天时地利的占用。用兵也随时处在一个多维变化的世界中。怎么才能取胜呢？就是因敌变化而取胜。谋略和行动策略都要随着敌人的变化而变化，随着竞争对手的变化而变化，这样的话，才能用兵如神。

三、战术制胜

《军争篇》讲智胜意识，就是靠反应迅速去取胜，其中也讲了军事机动的基本问题，以及如何使自己掌握战争主动权的问题。首先，作战之前必须熟悉地形，善于利用向导。古代不像现在有卫星侦查，以前都要有向导。其次，必须行动一致，步调一致。取胜的前提，是要能得心应手地指挥部队，指到哪儿就能打到哪儿。《军争篇》中说部队要“其疾如风，其徐如林，侵掠如火，不动如山，难知如阴，动如雷震”，只有这样，才能在战争中处于有利地位。

《九变篇》讲应变意识，就是如何利用各种具体情况灵活机动地处理问题，迅速判断出什么是有利的，什么是不利的，不要因为墨守成规而失败。这主要是对将帅提出的要求，告诉他们在做战略决策时应该怎么思考问题。

第一，进行利弊分析，做到趋利避害。在思考任何一个问题时，既要想到有利的方面，也要想到不利的方面。做决策时要想到优点是什么，缺点是什么；得在什么地方，失在什么地方。在有利时要想到不利的情况，在不利时要想到有利的情况。要想到这个决策导致的最坏结果是什么，然后再想到好处，在倒霉时一定要想到希望，在最坏时一定要想到有利的方面。

第二，根据不同的目标选择不同的手段，目标和对象不同，使用的手段也不一样。

第三，要把自己的谋略和决策建立在充分准备的基础上。做任何抉择，决策依据必须建立在最扎实的基础上。这个依据不是盲目设定的，而是经过反复思考、深思熟虑的，像写论文一样，论据一定要可靠。

第四，要克服偏激的心理，全面、慎重、冷静地去考虑问题。在日常决策和作战指挥时，尤其值得注意。部队搭配班子时很周密，决策层性格都是不一样的，这样，在进行作战决策时，就能避免一个人考虑问题的不全面。总的来说，每一个人都要了解自己的缺点在什么地方，仔细思考，周密部署，才能成功。

《行军篇》讲的是特殊作战，即在特定的条件下怎么作战。其中还提出了另外一个问题，就是善虑意识，即行军作战中怎么安置军队，怎么判断敌情。孙武论述了军队在山地、江河、盐碱地、平原等地的作战方法，还提出了多种观察、判断敌情的方法。除此之外，孙武创造性地提出了“令之以文，齐之以武”，即治理部队时要文治武治并用。所谓“武治”，就是提倡尚武精神；所谓“文治”，就是用道德教育士兵。

《地形篇》讲的是因形措兵。孙武分析了六种特殊地形条件下士兵的心理。这一篇表面上是讲地形，实际上是讲“知兵之道”。要了解士兵的心理，并且要善于利用士兵的心理。其中提到“置之死地而后生”，就是善于利用士兵的心理，让士兵拼死作战，发挥更大的战斗力。

《九地篇》探讨的是远征作战的问题。孙武的强项就是带领兵马远途奔袭作战。《孙子兵法》和黄老兵学不一样，黄老兵学讲后发制人，讲怎么守御，而孙武强调的是怎么进攻。“九地”就是九种不同的地域。该篇讲的是进入陌生区域之后怎么用兵，远征作战怎么用兵，首尾怎么呼应、怎么协同。其中讲了一个“隔离作战”，远征作战时，远离后方，应该怎么打才能取胜。此外，还强调了“齐一意识”，想要取胜必须同心协力。

《火攻篇》讨论了如何火攻，他认为可以用火人、火机烧毁敌人的辎重、府库、运输设施。诸葛亮用火人烧藤甲兵，烧司马懿的粮草和辎重，官渡之战中曹操烧毁袁绍的仓库，都用的是火攻战术。那么，火攻怎么打才最得力呢？要按照利动原则，就是对自己怎么有利就怎么打。用火时要选择天时，要不然诸葛亮会在赤壁之战中借东风吗？东风就是天时。

《用间篇》讲情报作战，即谍报战。实际上间谍有两个含义：一个是间，就是离间；另一个是谍，就是得到敌方的内部消息。间谍战分为很多类，有“因间”，利用普通的老百姓来获取信息；有“内间”，利用敌方的官吏；有“反间”，利用敌方的间谍为己方服务，故意给这些间谍提供一些假情报，达到打击敌人的目的，这就是通常所说的反间计。

中国的许多学术体系是在汉代、唐宋时期才形成的。经学是在汉代形成的，禅宗是在唐代形成的，而兵学是在先秦时期形成并已经成熟了的。《孙子兵法》是中国兵学的开山之作，后来的兵学著作无论是在思想体系、文化内涵，还是在应变之道上都难以超过《孙子兵法》。实际上，《孙子兵法》只是中国浩如烟海的兵学典籍中的一部书，因为它比较完善，而且提出的论点和论据非常精辟，后人就把《孙子兵法》当作中国兵学集大成的著作。

第十五章 《荀子》与学术兼容

荀子在中国历史上的地位，冯友兰在《中国哲学史》中曾经评述道："荀子在中国历史中之地位如亚里士多德之在西洋历史，其气象之笃实沈博亦似之。"我们知道，亚里士多德对此前的许多学说进行了总结，同时开创了物理学、逻辑学、诗学等诸多学术思想。尽管亚里士多德的论述并非完全正确，但他却提出了诸多命题，成为后世学术研究的领域。冯友兰把荀子比喻成亚里士多德，正是肯定他在先秦学术史上集大成者的地位。

清代汪中说："荀卿之学，出于孔氏，而尤有功于诸经。"① 是说荀子在对儒家经典的传承上，起到了承前启后的作用，经过他的传授，儒家经典得到了进一步的解释。一是《诗经》，经过荀子而传到了浮丘伯，再传到申培，申培与汉代的《诗经》中最重要的鲁诗关系密切。还有一种说法认为荀子直接把《诗经》传给了大毛公，也就形成了后来的毛诗，我们现在见到的《诗经》大部分是属于毛诗系统的。《韩诗外传》也有大量引用荀子说诗的论述。二是《春秋穀梁传》，荀子传给浮丘伯，再传给申公，后传给江公。三是《春秋左氏传》，也是荀子传给了张苍，张苍传贾谊。四是《礼记》，荀子的《礼论》与《礼记》的一些篇章的思想非常相似甚至相同。由此可以看出荀子对于礼的继承。五是《乐》，《礼记》里有《乐记》，荀子有《乐论》，两者有异曲同工之处。六是《周易》，《清儒学案》中又说"荀卿善为《易》，其义亦见《非相》《大略》二篇"。《非

---

① 汪中．荀卿子通论//徐世昌．清儒学案·容甫学案．北京：中华书局，2008：4111.

相》《大略》是《荀子》的两篇内容，体现了荀子的易学思想。

《史记・孟子荀卿列传》上有关于荀子的记载。在司马迁看来，孟子和荀卿都是当时有传承关系或者有承继关系的人，但《孟子荀卿列传》里写的不仅仅是孟子和荀子，而是把当时的很多学说和思想列入其中，说明荀子生活的年代是一个思想争鸣、学派林立的时代。荀子是赵国人，50 岁到齐国游学。战国时期大致形成了三个学术中心：一是“西河学派”，核心人物便是子夏；二是“稷下学派”，齐国稷下网罗了很多名家、阴阳家、五行家；三是楚国的兰台。荀子到稷下时，很多学者已去世，人才很是缺乏，于是荀子“最为老师”，做了祭酒一职，也就是学术的负责人。后来，荀卿又到了楚国，在春申君的帮助下做了兰陵令，但在春申君死后，荀卿便辞官了。

关于荀子的生平，有很多学者做过考证，如梁启超、钱穆、梁启雄等人，但关于他的生年和卒年依旧莫衷一是。如今我们了解荀子的思想，主要通过他的著作《荀子》三十二篇。这些作品，大多数是荀子所作，但是也有几篇可能是荀子的门人所写，或者是当时人的记录。例如，最后六篇（《大略》《宥坐》《子道》《法行》《哀公》《尧问》）是用对话形式来记录荀子的事迹，很大可能为其门人所作；而《儒效》是荀子与秦昭王一起讨论时的笔录，《议兵》是荀子与临武君讨论的记录，《强国》是答问的记录。这些都不一定是荀子本人所写，但也能体现荀子的思想。

一、荀子与儒家的走向

孔子之后的儒家分为八个支流，主要构成三派。

一是思孟学派，即子思和孟子开启的一派。这派注重讨论心性修为。他们首先探讨人性，其次讲性情，再次谈心，最后讲思诚。他们强调人要有诚意和诚心，最后通过思诚达到修己的境界。实际上继承了孔子的内圣之道。

二是《易传》系统。有人说《易传》是孔子所作，体现了孔子的天命思想。《易传》和《孟子》的思想有些不同，《孟子》讲修己、讲自我的修炼；《易传》虽然也认同性善，但是它认为天、地、人是合一的，把阴阳的观念引了进来。因此，这一派逻辑的起点和研究的终点，就是穷理，要把天地万物运行的道理给讲清楚。这一点开启了后来儒家易学的系统。

三是礼法系统。注重讲礼、讲法。这一派虽然也讲自身的修炼，但是更强调人的本性为恶，把人放在社会中去考察，且在孔子所提倡的“礼”之上又加上“法”。其与思孟学派不同，思孟学派“法先王”，认为远古时期的帝王和政治见解很完美，是因为后来的帝王没有很好地学习，以至于一代不如一代。礼法一派虽也尊重先王，但他们认为，时代是变化的、环境是变化的、社会是变化的，与其“法先王”不如“法后王”，重在探索治道。

后来的儒家学派实际上就沿着这三条路走：思孟学派讲自我的修炼，也就是“内圣”。《论语》《孟子》强调德行的提升，《中庸》《大学》强调修己的追求，都是主张通过修炼自己来修身、齐家、治国、平天下，通过格物致知来达到内圣的境界。《易传》系统的目的在于穷理，通晓天、地、人之间的运行关系。礼法一系主要看人与人、人与社会、个体与群体之间的关系，追求治道的目标。荀子也讲心性修炼，但他更强调人如何能在复杂的社会中，建立起礼法制度来修身、齐家、治国、平天下。

我们之所以用“兼容百家”的说法来评价荀子，就在于荀子生活在一个百家争鸣、学术趋同的时代。一般谈论先秦诸子的时候，大家都讲百家争鸣，但争论本身也是追求学术趋同的，要争鸣，就要有共同的话题。先秦诸子经常会对一些相同的命题展开讨论，比如说天地人的关系、尊先法后、名实关系、尚贤等，正是因为诸子对当时很多普遍性的命题见解不同，才各自建立学说来相互讨论，也就产生了争鸣。这种争鸣最初是尖锐对立的，但是学问和思想往往就是在争鸣中产生的，越争鸣越容易辨别真伪。对于“天”“命”“鬼神”这样的命题，孔子尊天、信命、远鬼神，墨子则尊天、非命、信鬼神，荀子非天、非命、非鬼神。大家的见解不同，就产生了百家争鸣，理越辨越清，学说也取长补短，观念相互吸收，学术也自然融会贯通。荀子生在战国晚期，去世后不久，秦国就统一了天下。虽然荀子和吕不韦大致生活在同一时期，《吕氏春秋》也对先秦诸子学说进行了总结，但是《吕氏春秋》没有一套一以贯之的思想，而是把很多思想杂糅起来。《荀子》则不同，它以儒家思想为主导，对之前诸子思想进行了系统的总结和评价。

荀子在《非十二子》里面评价了先秦诸子的学说主张。第一类人是它嚣和魏牟。他认为，人是有七情六欲的，这类人由着自己的性子去做自己想做的事，是“无爱无礼”。无爱是不强调人与人之间是有爱的，既没有博爱之爱，也没有亲情之爱和爱情之爱；无礼则不讲究规范、伦理，只由着自己的性子和心情来。第二类人是陈仲、史鰌。他们都是史学家，荀子认为这部分人讲“忍情性，綦溪利跂，苟以分异人为高，不足以合大众，明大分”①。其典型的特征是“清高盗名”，其所作所为是向别人标榜“我是一个多清高的

① 荀子·非十二子：91-92.

人”“我是多耿直的一个人”，但并不能在实际上解决社会问题。第三类人是墨子等人，即尹宋学派。这类人是“有爱无礼”。墨子讲“兼爱”，天下万物、天下万人都是兄弟姐妹，大家相互关心、相互帮助，但不重君臣秩序。第四类人是慎到、田骈，主张好法无礼，重视法制，但不讲究德治。法律本身就是一把双刃剑，关键是看谁来用，如果拿这把剑的人出于公心，那么社会就运行不悖；如果出于私心，那这把剑不仅惹祸上身而且殃及社会。第五类人是惠施和邓析，即名家学派。他们讨论的问题，在认识论和逻辑学上非常有价值，但是，荀子从社会发展的角度来看，这些人的论辩解决不了实际问题，是好辨而无用。第六类人是子思和孟子，荀子说子思和孟子是“略法先王而不知其统，犹然而材剧志大，闻见杂博。案往旧造说，谓之五行，甚僻违而无类，幽隐而无说，闭约而无解”[①]。他们只谈论先王的故事，却不知天下大势，总谈论王道，却不能与时俱进，一味恪守一成不变的教条，最终流于夸夸其谈。

荀子除了讨论这六个学派，还批评了其他学说的一些人：宋钘过分关注人的欲望；申不害过分地强调权势；庄子过分关注天，注重人性应该向天性发展，却不知道人与社会，有一种超脱凡尘的色彩；老子过分强调保守、守拙，但是看不通达。

二、制天命而用之

上古之时，人对天地时刻保持着敬畏之心，当时的老百姓遇到困难，都要祭祀，祈求上天。最初，祈求这一活动是通过巫师来完成的，到了颛顼时，发现众多的巫师通过祈祷上天来宣布上天授予的旨意，最终干扰社会秩序，祭祀就转而由国君来完成，国君就成了巫师的领袖以垄断祭天的权力。商朝时，国君为了神化自己的祭天之权，开始隆礼，老百姓自然承受不起几百头牛或者铸造高大华美的青铜器的花费，这样，祭天就成了国君的专利。到周朝时，分封诸侯时也分祭器，因为祭器是祭天的凭证，有了祭器，就代表有祭祀先祖的权力。

祭天是由祭礼发展而成的一个庞大的祭祀系统。其中很重要的一点，就是认为天是支配人间的。在《诗经》里面有很多描写上天命令君王如何理政的篇章，在周朝文化的系统里，又加入了另外一个概念，就是天德，上天虽然授命，但也要靠我们的德行。“皇天授命，惟德是依”，必须有德行上天才保佑，没有德行，上天是不会保佑我们的。

---

① 荀子·非十二子：94.

天德说是基于天命说，又加以道德观念而形成的，这种说法后来就成了儒家思想的理论基础。

荀子的天道思想主要体现在《天论》中，他认为：

第一，天是独立运行的。“天行有常，不为尧存，不为桀亡。应之以治则吉，应之以乱则凶。”尧这样的贤王统治的时候是自然之天，桀这样的暴君统治的时候也是自然之天，天是客观存在的，它和人没有必然的联系。

第二，治乱本在人道。治和乱体现在治国之道上，并不由上天来左右。春天百花盛开，秋天硕果累累，天下万物如此运行，不管是禹统治的时候，还是桀统治的时候都是这样，它和治乱没有什么关系。

第三，天人是分列的。天上的星星、日月、四时、阴阳都按照规律来运行，人在其间，天不会因为地上的人事变化而发生变化，也不会因为人间的兴亡而发生改变。

第四，天人相参相用。天在运行的时候，人要懂得天的规律。荀子说：“财非其类，以养其类，夫是之谓天养。”天养，就是世界上的万物都是上天来滋养的，我们要善于利用自然条件来实现财富的增值和天下的太平。“天有其时，地有其财，人有其治，夫是之谓能参。”天地都各自按照它的规律来运行，人在其间，也应该遵守这种规律，相参相用。

第五，制天命而用之。“制”可以理解为控制。人是不能控制天地运行的，应该顺应天地运行。荀子在《天论》中的这番话非常值得思考：“大天而思之，孰与物畜而制之?”我们总把天凌驾于人类之上并对之进行仰慕，这怎么比得上我们按照天地运行的规律来进行生产呢？我们把天看得高高在上去顶礼膜拜它，怎么能比得上顺应天命来利用它呢？我们整天在天底下等着阴阳四时，祈求阴晴雨雪，怎么能比得上按照天地运行的规律来生产、生活呢？我们完全靠外物的生产增加财富，何不利用我们人类的才能来滋养它呢？荀子这番话非常有道理，确实纠正了社会中的一些迷信思想。

需要补充的是，我们有时候过分强调人的主观能动性，认为在与自然的交往中，人是作为主宰的，并且把荀子“制天命而用之”的观点误解为人对自然万物起决定作用。实际上，荀子认为“明于天人之分”，即天与人各有分工，天的职能是按照它的规律来运行，而人的职责就是顺应这些规律，只有这样，人和自然才能够和谐共存。

三、本性之恶

为了说明荀子的性恶论，有必要先把孟子性善论的来源阐明一下：孟子是相信天命的。他虽然没有直接提到天命，但从《孟子》来看，他认为有一个超越于人类的天地存在，人间的天命来自天。郭店楚简《性自命出》认为：人的性是从命里出来的，而命是从哪里来的？是从天降下来的。按照这种逻辑，人的命是天给的，人性是命里来的，人性肯定与命和天是一体同构的。而天又是公平向善的，那么，人性也是善的。皇天只会把命授予那些性善的人，这就是性善论的逻辑起源。

但是，孟子说的"性"是人性。"人之初，性本善"，人的先天道德是善的，人有四端、四心，正是这四心产生了善性。从这个角度看，孟子强调的性是先天道德性，带有理想色彩。

然而，荀子的性恶，是指人的自然属性为恶。《荀子·正名》说："性者，天之就也；情者，性之质也；欲者，情之应也。"性是天造就的，情是性的本质，饥而欲饱，寒而欲暖，劳而欲休，人的欲望是没有止境的。荀子看到的人是现实的人，他观察人的自然属性而提出性恶说。在他看来，恶是自然本性，人生来就有欲望。"目好色，耳好声，口好味，心好利"①，眼睛喜欢看好看的东西，耳朵喜欢听好听的音乐，饿了就要吃饭，而且生而好利。人只要有欲望，就有恶的一面，善是人为修饰的结果，靠的是后天的教育培养，如礼的引导、乐的合同、法的制约。

要想人心向善，就要靠教育去培养。《荀子》开篇为《劝学》，认为人应注重不断地学习修身，以求进取，趋善以教，导之以礼。但是，荀子的性恶论并不认为人性自始至终是恶的，恶只是他性命论的前提。荀子虽然说人是恶的，但是他否认的是人性为恶。从这个角度来说，荀子谈论的是后天的，孟子谈论的是先天的，两者并不矛盾。荀子讲人是有恶的方面，但是经过教化，就会向善，也就是他所讲的"非终"，况且全社会的人也"非全非同"，并不是所有的人都是性恶的，人和人是有差别的，这就是荀子的性恶论。

荀子性恶论产生的原因有如下几个方面：

一是时代动因。战国晚期社会大动荡，人丑陋的一面全都暴露出来了，在战争中人们会去抢夺、会去牟利。我们知道，很多宗教是建立在本性恶的基础上的，正是人在社会中出现了很多问题，才需要用宗教来解决。在大灾难时期，人类很容易产生一种黑暗的感觉，觉得社会倒退了，人性也逐渐沦丧。荀子就处在这样的时期，他不可避免地要对现实的人性进行一番思考，而且企图寻找解决之道，性恶论是符合当时社会现实而形成的观念认识，是对性善论的学理补充。

---

① 荀子·性恶：438.

二是社会动因。荀子致力于建立一个上下有序、君臣协同的社会，必须关注等级与秩序，而在强调等级与秩序的过程中必须假定人是恶的。制定法律，就要假定社会成员都有可能犯罪，如果犯了罪就要进行惩罚。从法律预防的角度来看，也必须把人推置到恶的地步，才能防患于未然。

三是思想动因。荀子不相信天有意志，先天道德对荀子来说是不存在的，所以荀子更注重对社会秩序的紊乱进行学理建构，提出因应之道，解决现实问题。

四、正名以求实

先秦诸子对名实关系产生了诸多的争论，主要有两个原因：一个是物质形态上的差异，另一个是认知层面上的差异。前者指的是在状物上的差别，比如说，对于同一种植物，有人用花命名，有人用叶子命名；后者指的是认识上的差别，比如说，对于同一种花，有的说是红花，有的说是紫花。对其进行形容限定时，会由于视角的不同而出现差异。正是因为事物的形状不同，所以需要大量的名字来称呼它，而对同样的东西，也会有不同的见解，这样在认识上又会产生一些差异，名与实的论争也就随之产生。

荀子的正名论可以看作是对诸子思想的学理总结，既是荀子学说的重要组成部分，也是荀子建立其哲学政治思想的一个基础。荀子对名实关系的讨论，意在解惑、解蔽、正名、明礼法。

一是以辨同异为目的。荀子认为，将相同的事物赋予相同的名字，而不同的事物则通过不同的名字来体现差异，目的就是把天地万物区分出相同点与不同点。

二是以心征知为途径。心就是五官，“征知”是指通过思考来获得知识，不要被万物的表象所迷惑。

三是以定名实为作用。荀子认为，定名既有认识作用，又有交流作用，应根据事物的形状对其进行总结和定名。只有这样，大家才能在达成共识的基础上进行交流。

四是以辨三惑为立意。荀子认为，关于名实的讨论表现为三惑：第一惑，以名乱名。窃书不算偷，有意识的“窃”和“偷”实际是一回事，但通过两个名字来说明本质的不同，这便是以名乱名。第二惑，以实乱名。我们之所以把山叫作山，就是因为它高高耸起，山本身就包含了高的意思；我们之所以把渊叫作渊，就是因为它深陷于下，渊本身就包含了深的意思。所以，在讨论山跟渊的时候，大家都应该认识到它们高和深的特点。但是，有一些学者会把山高和渊深的属性去掉，仅拿名字去讨论，这就是以实乱名。第三惑，以名乱实。典型例子是“白马非马”论，白马不是马。实际上，马是一个统属的概念，白马是个体的概念，白马不等于马，但白马本身也是属于马这一群体的。

五是以核名实为原则。“单足以喻则单，单不足以喻则兼”①。荀子认为，在核名实时，相同事物就赋予相同的名字，不同的事物就赋予不同的名字。比如说，能够把“马”这类动物概括了，我们就叫作马，如果概括不了，我们就叫作白马，这就是共名、别名同存。命名的时候要约定俗成，要稽实定数，名字太多了就容易混淆。

荀子的认识论可以概括为言形神而知内外，由意物而入征知，倡虚壹而归静笃。首先，形和神要区分开，形是外在的，神是内在的。其次，意物就是感性认识，征知是理性认识。人之所以能够认识外界事物，就是感性与理性相结合。最后，虚壹而静，讲求人要虚心、专心、静心。要想认识事物，先要虚心；壹是专心，静是静心。人类的知识没有止境，做任何事情都要专心、静心。

五、礼法合治

荀子的治国理念，可以概括为三句话：明分使群以礼，合同上下以乐，约以刑罚为法。第一，明分使群以礼。人之所以与天地万物不同，与其他的自然生物不同，就在于人是生活在群体中，通过群体协作来实现合作。这个群体靠礼来组织，用礼来确定彼此的秩序。第二，合同上下以乐。乐可以使听众有相同的感受，达成情感共鸣。第三，约以刑罚为法。荀子发展了外王之道，《性恶》篇中说：“圣人化性而起伪，伪起而生礼义，礼义生而制法度。”《成相》篇也说：“治之经，礼与刑，君子以修百姓宁。明德慎罚，国家既治四海平。”治理国家的根本在礼与刑，一方面要隆礼，通过教育来感化熏陶，另一方面也要靠刑约束，以确保社会秩序的稳定。

归纳起来，荀子的政治思想就是：礼法结合，礼为主导，隆礼重法，德主刑辅。礼和法是结合的，礼是主要的，刑是辅助的，礼是要隆起来的，法是要重视的，先隆礼来保证社会的价值认同，再用刑法来保证社会秩序稳定。

由此可以看出，荀子的思想非常切合当时的社会实际，即使是在当代社会，也仍具有学理意义：

一是节制意识。内节于人，外节于物。内节于人指的是要对个人心性行为进行约

---

① 荀子·正名：418.

束，不该说的话不说，不该做的事不做，不至于过分强调个性使内心没有约束。外节于物则是注重于外在物质的节约，处理好人与物的关系。

二是均富概念。国富养民，开源裕民。荀子不主张均贫，认为世间不应该一样贫穷，但是可以共同富裕。国家稳定的时候要休养生息、要养民，让老百姓富裕起来。中国历史上的诸多变法大都是在加强中央的税收，而最后却让老百姓变成了赤贫。藏富于国远远不如藏富于民，老百姓富裕了国家自然富裕；老百姓很穷，国家即使富足，发展也没有更深的驱动力。

三是分工合作。明分贵贱，礼异乐同。荀子认为，人类是一个大群体，在这个群体中我们应该有明确的分工。社会是需要分工的，有分工就需要合作。

四是贵尊贤老，义礼节序。儒家的理想是要建立一个老有所养、少有所依、尊老爱幼的社会。义就是现在所说的责任感，男女之间、同事之间要尽礼、尊重、爱护、帮助；礼就是彼此之间的礼节之道；节是度，做事要有分寸，过犹不及；序就是秩序，长幼、尊卑、夫妻、君臣、同事之间都能按规矩做事，社会秩序就会合理运行。

第十六章 《管子》与经营之道

《管子》托名为管仲，其实代表的是稷下学派的观点。管仲的治国理念、治国学说，经过齐国学者的代代相传，最终形成了累积性的《管子》。《管子》是中国思想史、政治史、学术史发展中非常重要的一条线索。读《管子》这本书会看到诸多被遮蔽的历史进程，发现与儒家学说相伴而行的一个思想脉络。

一、管仲其人

管仲约生活在公元前 723 年到公元前 645 年。老子晚于管仲，约生活在公元前 571 年到公元前 471 年。孔子约生活在公元前 551 年到公元前 479 年，与管仲相差一百多年。管子是辅佐齐桓公称霸的传奇人物。

有个成语叫“管鲍之交”，讲的是管仲和鲍叔牙的故事。二人曾经一起经商，管仲给自己分得多，鲍叔牙却不认为管仲是贪婪之人，因为他认为管仲家境贫困；管仲给鲍叔牙出主意，结果鲍叔牙更加落魄，鲍叔牙不觉得是管仲的主意差，而认为自己的失意在于天时；管仲为官三进三贬，鲍叔牙归因于时机，并不觉得管仲愚笨；管仲三战三败，鲍叔牙不以其逃跑为耻，理解管仲家中有父母要赡养；管仲辅佐公子纠失败，鲍叔牙并不落井下石，而将他推荐给齐桓公，帮助齐桓公成就了大业。

最初，鲍叔牙辅佐齐公子小白，管仲辅佐齐公子纠。齐襄公及其侄子公孙无知死后，齐襄公的两位儿子迅速赶往齐国继位。双方人马碰巧在路上相遇了。管仲为了除掉竞争对手，射了公子小白一箭。可是箭只射中了衣袖，公子小白假装受伤倒下。公子纠以为公子小白死了，就慢悠悠往回赶，而公子小白快马加鞭赶往齐国，抢先继承了王位，他就是齐桓公。公子纠失败后，齐桓公将管仲关了起来，要将他处死。鲍叔牙劝谏说："国君您如果杀了他，将失去一个很好的谋士。"得益于鲍叔牙的推荐，管仲成了齐国之相，帮助齐桓公成就了霸业。

齐桓公称霸，九合诸侯，一匡天下，重新尊周王，这也正是孔子推崇管仲的原因。《论语·宪问》载孔子对管仲的赞美："管仲相桓公，霸诸侯，一匡天下，民到于今受其赐。微管仲，吾其被发左衽矣。岂若匹夫匹妇之为谅也，自经于沟渎而莫之知也?"他认为如果没有管仲，华夏都会被夷狄同化。《论语·宪问》中孔子又说："桓公九合诸侯，不以兵车，管仲之力也。如其仁，如其仁。"子路认为管仲跟随公子纠，公子纠死后，他却没有死，是不仁之人。但是孔子则认为管仲虽然在小事上不妥，但对于天下来说，贡献则是巨大的。

管仲治理齐国，取得了很大的成就。他有一套很务实的经济管理学说，他的学说在老子、孔子那里没有体现出来。一般所讲的诸子百家，常从老子讲起，实际上将管仲及其后学忽视了。司马迁说《牧民》是管子治国的基本理念："仓廪实则知礼节，衣食足则知荣辱。""国有四维，一维绝则倾，二维绝则危，三维绝则覆，四维绝则灭。倾可正也，危可安也，覆可起也，灭不可复错也。何谓四维?一曰礼，二曰义，三曰廉，四曰耻。"礼义，在后来孔子学说中有讨论。"礼"就是规矩，"义"就是社会责任，"廉耻"即社会公共舆论。管子认为百姓吃饱穿暖才有精力注重礼仪，就是解决了温饱问题、富强问题才有余力关注文明、文化问题。这是很务实的思路，但在儒家看来，没有吃饱饭穿暖衣之前就要关注道和礼义问题。《论语·卫灵公》载："君子谋道不谋食。耕也，馁在其中矣。学也，禄在其中矣。君子忧道不忧贫。"主张安贫守道，宁肯饿死也要坚守于道。两者站在不同的维度观察社会关系，儒家强调理想精神，管仲学派则注重务实。

《管子·权修》认为："天下者，国之本也。国者，乡之本也。乡者，家之本也。家者，人之本也。人者，身之本也。身者，治之本也。"《老子》第五十四章写道："以身观身，以家观家，以乡观乡，以国观国，以天下观天下。"老子作为一个史官，从"以身观身，以家观家"的视角观察一个人的格局。《孟子·离娄上》也说："天下之本在国，国之本在家，家之本在身。"越说越简练。《管子·牧民》是管子学说的体现，出现最早；《老子》的观点可能来自《管子》；孔子、孟子的观点有可能来自老子，也可能来自齐鲁之地流传的管子学说。《韩非子·难三》说“管子曰：‘言于室满于室，言于堂满于堂，是谓天下王’”，便是直接引用《管子》的话。从这个角度说，管子及其后学思想启发了后来儒、道、法的学说。

二、管仲如何治理齐国

管子在齐国变法，实际上改变了中国的历史进程，法家的很多变法，在思路上借鉴了管子的做法。那么，管子是如何治理齐国的呢？

第一，统一区划，调整机构。统一区划使得原先周朝所形成的松散的基层管理，转化为有序的基层组织。周王把天下的土地分赐给诸侯，由诸侯去管理自己土地上的人民。诸侯再将所辖的土地和人民分给自己的子弟，任命一些大夫来管理。诸侯有时并不清楚自己究竟有多少土地和人民。周天子也不知道自己有多少人民和土地。那时的土地并不进行划分和管理，而是基于一个城邑形成对周边区域的控制，诸侯国控制的边境最初是不相交的，只是有一个大致的分界。西周与东周前期是城邦制，各国的交界之处是一个松散的无主区域，中间有大量的空地没有开垦。这种松散的管理，对周王朝来说是一件好事。周王室控制的都是战略要地，以此来控制整个区域，实现对各诸侯国的管辖。当时常常是攻城略地，即占领一个战略要地，就控制一片区域。

鲁国以周礼治天下，是移风易俗，完全改变百姓的生活方式，重新建构一套完整的体系。姜太公治理齐国时，则因俗为制，不改变老百姓的生活方式，按照传统习俗来建立制度。《史记》讲姜太公治理天下，齐国与鲁国治理方式不同，就汇报给周公。周公就预测到鲁国的方式严谨，但是会先亡；齐国最初可能比较乱，但慢慢就会强大起来。这个预测是准确的，结果反映出两个国家治理方式的不同所带来的历史影响。齐国因俗为制而迅速发展。到了齐桓公时，齐国已经成为天下几个强大的邦国之一。当时齐国的都城临淄有 20 万人。齐国为什么能够“九合诸侯，一匡天下”呢？就在于长久积聚的国力和管仲的变法图强。

管仲对全国统一进行规划，根据生产现状进行分类管理，用行政的方式确认分工，实现最早的分工管理。他将天下的人分为士、民、工、商，改变了周朝的自上而下的社会管理模式。《周礼》中的天官、地官、春官、夏官、秋官、冬官，便是如此，由官员分类管理百姓，百姓分类属于官员。后来《冬官》丢失后，以《考工记》来补充，而《考工记》恰恰就是齐国人的著作，其对工匠进行了分类管理，使得西周时期以诸侯、士大夫、庶人为分类的社会，转化为士民工商四民社会。实际上如果没有《考工记》，我们理解的周朝就是一个士民社会；但有了《考工记》，我们知道至少在春秋时期，中国已经按照生产技术来分类关系，产生了基于商业分工而形成的社会关系和管理机制。

周朝是以农业立国的小农经济，特征就是单一生产方式，社会分工水平低下，家家户户种地养殖。儒家主张建立士民社会，讨论的就是读书人和老百姓的事，关注的是劳心者与劳力者。儒家反对商业。管子重视商业，他在全国分出六个工商乡，工商乡就是做工和经商的人居住的区域，士乡更多一些，就是读书人、士大夫居住之所。这种划分方法，使社会分工不仅成为可能，而且打破了二维的官民社会，使得中国社会更适合生产。管仲的分工管理就是工人住在一起，商人住在一起，彼此交流经验，就会形成必要的竞争，也有助于提高劳动生产率和劳动技能，齐国的工业、商业在此基础上迅速发展，超越了周边国家。

第二，改革税收，鼓励经商。齐桓公因为无法提高财政收入而发愁，管仲就提出了一个新的解决办法。盐是百姓的生活必需品，管仲把无主盐碱地收归国有，由官方投资来煮盐，成盐以后，一斤盐加上间接税，从全国百姓那里收到的钱变多了，税收自然也就多了。对百姓来说，盐贵一点不会有多大的影响，因为盐这种东西吃得并不多。对于国家来说，则从盐的专卖中赚取了很多收入。这部分收入不是从老百姓口袋里拿出来放到国库，百姓并没有增加特别大的负担，百姓消费的时候国家就把钱挣了，这种间接税的特征是民不加赋而天下饶益。此外，他还将矿山收归国有，由国家主导，鼓励百姓开矿。谁要开矿，就把开采权给谁，但要给国家缴税。这样，财政又增加了一笔稳定的收入。

管仲还鼓励齐国人经商。他在全国范围内设置管理市场的职务，设立负责接待商人的官员，进行类似于现在的招商引资工作。别国的商人只要到齐国来经商，就派人迎接；需要住所时，免费提供馆舍；运输物资的时候，会提供运输工具。这样，周边国家的老百姓都愿意到齐国来做生意，齐国不仅提供政策保障，还有很多基于分工而形成的好商品，最重要的是为经商提供了好的社会环境。这样一来，齐国变成了最大的贸易之都，邻国老百姓都来到齐国购物消费，齐国呈现出了商贸繁荣的景象。

第三，设立官仓，富于准平。准是天下的储备，平就是平抑物价。农产品的价格规律是，丰收了，粮食就很便宜；天下有灾害了，粮食就很贵，经济秩序一下子就乱了。

很多朝代的灭亡恰恰是平准出了问题，粮食储备不足，就会出现财政问题；物价飞涨，就会出现社会问题。百姓丰年多收了三五斗，卖不到钱；歉年大饥，老百姓没有生活保障，只能铤而走险。

管仲是最早意识到这个问题并开始着手解决这个问题的人。他怎么解决呢？以前的国君在丰年的时候是三十税一，歉年的时候是十税一。管仲建立了一个制度："民有余则轻之，故人君敛之以轻。民不足则重之，故人君散之以重。敛积之以轻，散行之以重，故君必有什倍之利，而财之横可得而平也。"① 在丰年，政府大量收进粮食。粮食便宜，收进来后就建立官仓，作为储备，保证了粮价不下跌，老百姓的收入有了保证。在歉年，政府就把粮食卖出去，平抑物价，用来补贴歉年的不足，形成粮食储备制度。管仲还建立了一个体制叫"相地衰征"，就是观察预测土地生产，每年提早进行准备，预备灾害。看看今年是丰产还是歉产，提前准备资金，做好预案。

第四，耕战合一，尊王攘夷。我们一般认为农战合一是从商鞅开始的，其实商鞅要比管仲晚很多。管仲建立农战合一机制，以每五家为一轨，十轨为一里，去设连设乡。平时大家各司其职，种地的种地，经商的经商，到战时组成军队，军队再往上是三个元帅所统领，齐桓公、国子、高子三人作为元帅，这样就建立起了齐国的军事制度。

管仲所处的时代，周天子不能平抑诸侯，诸侯都不听他的话。齐桓公邀诸侯和周太子郑在首止会盟，谋划如何安定周王室。周惠王去世后，齐国就开始辅佐周王室，让太子继位，就是周襄王。周襄王其实是齐桓公辅佐起来的，也可以说是齐桓公扶植的。当年郑国立周平王、周桓王时，常欺负周王室，其他诸侯虽然看不惯，但却无可奈何。齐桓公则敬重周王室，他成为一个天下共主，并不以共主自居，而以周天子为尊崇，齐国因此赢得了诸侯国的尊重，成就了霸业。齐桓公主持的葵丘之会，是奠定春秋后期国家格局的一个大会，在会上约定："凡我同盟之人，既盟之后，言归于好。"② 不管原先有多少争执与争斗，看在同是周王室之亲的份上，一笔勾销。从而使诸侯达成了短暂的共识，这个共识使周王室得以延续，也一度维持了春秋时期的政治秩序。

山戎伐燕国，齐军去救；狄人攻邢，齐桓公命人去救；狄人攻卫，导致卫懿公被杀，齐桓公率诸侯在楚丘为之另建新都。然后联军伐楚，迫使楚国同意进贡周王室，后来楚国也加入了齐桓公为首的联盟，听从齐国指挥。这样，齐国就将北狄和南蛮平定了，这与管仲的功劳是分不开的。

---

① 管子·国蓄：1269. 本书《管子》引文来自：黎翔凤. 管子校注. 北京：中华书局，2004.

② 左传·僖公九年：358.

三、管仲的治国学说

从管仲的治国学说中，我们可以看到他与诸子学说之间的密切关系。

第一，强国之法，在于富民。《管子·霸言》：“夫霸王之所始也，以人为本。本理则国固，本乱则国危。”他在诸子中最早提出了“以人为本”的概念，主张百姓是国家之本。管仲建立的霸业，要以百姓的利益为开端。《管子·国蓄》强调了霸业的基础：“民予则喜，夺则怒，民情皆然。先王知其然，故见予之形，不见夺之理。故民爱可洽于上也。”对百姓而言，给他们东西就开心，抢他们的东西就生气。要先让百姓过上好日子，然后才能谈得上治理。王霸之君不会让百姓感受到压力，而是去除他们的顾虑。《管子·牧民》说，“政之所兴，在顺民心；政之所废，在逆民心。民恶忧劳，我佚乐之；民恶贫贱，我富贵之；民恶危坠，我存安之；民恶灭绝，我生育之。能佚乐之则民为之忧劳，能富贵之则民为之贫贱，能存安之则民为之危坠，能生育之则民为之灭绝……故从其四欲，则远者自亲；行其四恶，则近者叛之”。如果百姓不愿意过多劳作，国家就让他们休息；百姓不愿意贫穷，国家就让他们富裕；百姓不愿身处危亡之中，国家就让他们安定；百姓不愿意灭绝，国家就鼓励生育。管仲学派强调国家的政策制度，要以百姓的喜恶为依据。

第二，调控之本，在于轻重。宏观调控是中国治世的一个特征，一个国家实施宏观调控的效果如何，说明国家的行政措施是否恰当。宏观调控涉及生产与消费、投入与产出、物价、财政等多方面。宏观调控的针对性越强，对国家的管控就越有利。管仲实行的宏观调控，最重要的是平抑物价。“凡将为国，不通于轻重，不可为笼以守民。不能调通民利，不可以语制为大治。”① 《管子·国蓄》明确说：“夫民有余则轻之，故人君敛之以轻。民不足则重之，故人君散之以重。”如果国家不能平抑物价，不知孰轻孰重，不能让老百姓去做他们应该做的事情，就很难治理好国家。百姓有盈余的时候，物价就低，国君需要将其收购；百姓粮食不足时，物价就高，国君要将积蓄之物散发出去。平抑物价以后，老百姓就有了安全感。

比较《商君书·说民》中“贫者益之以刑则富，富者损之以赏则贫”的做法，就能看出管仲与商鞅的学说差异。商鞅主张，天下东西便宜的时候，商人、富人就低价

---

① 管子·国蓄：1264.

将其收购；当天下急需这个东西时，再以很高的价格卖出去。管子的做法是为了保证百姓的利益，以人为本；而商鞅的做法则是以国为本，他将治国变成了一桩桩买卖，这也是后来秦国统一六国后难以长治久安的原因。

第三，鼓励消费，让利于民。管仲将煮盐、修河归国有。同时修了河，使齐国的盐向南可以到达梁、赵，齐国获得了大量贸易收入。《管子·乘马》言："俭则伤事，侈则伤货。"如果百姓都非常简朴，大家都不消费，那么商业就发展不起来了。管仲还主张在发展之中减缓贫富差距。贫富差距问题是中国社会几千年来没有解决的问题。老子就讲，人之道是"损不足以奉有余"①，常常是富者更富，穷者更穷。管仲认为："夫民富则不可以禄使也，贫则不可以罚威也。"② 管仲治理齐国时，最重要的一点是让商人利用国家资源进行生产经营，使国家有更多的收入来救助齐国的穷人。矿产等资源归国家控制，国家将权力下放给商人，让他们去开发。商人如果想开发，需要给国家交一大笔收益。国家用这些收益来进行基础设施建设，服务民生，调节贫富差距。

四、管仲的管理之道

管仲认为国家治理，必须让百姓安心。官员要善于倾听不同意见，能够尊重百姓的所思所想，从而形成一个有秩序的社会。

一是安心。《管子·内业》言："道满天下，普在民所，民不能知也。一言之解，上察于天，下极于地，蟠满九州。何谓解之？在于心安。我心治，官乃治。我心安，官乃安。治之者心也，安之者心也。"治理天下在于心治，心治官乃治，心安官乃安，要让老百姓安心、放心，对国家有信心。《管子·心术下》："心安，是国安也。心治，是国治也。治也者，心也。安也者，心也。"心安，就是百姓对国家的信心和认同。要让老百姓对国家有信心，就需要得民心，能够治心。

二是兼听。官员善于听取多方面的意见，就是兼听。《管子·小称》："是以我有过为，而民毋过命。民之观也察矣，不可遁逃，以为不善。故我有善则立誉我，我有过则立毁我。当民之毁誉也，则莫归问于家矣。"百姓的眼睛是亮的，官员要充分倾听百姓的不同意见，改良行政，改革体制，使得上下同心。这成为齐国治理国家的一个传统，此后的邹忌，便提出要让齐威王倾听多方意见。

---

① 老子·第七十七章：186.
② 管子·国蓄：1264.

三是从众。从众就是要求所做出的决定和政令，应该符合老百姓的利益。对国君来说，老百姓喜欢的，就去做；老百姓不喜欢的，就不要去做。《管子·君臣上》言："明君顺人心，安情性，而发于众心之所聚。"管理国家最重要的就是顺民心，之所以失天下，就是失去了民心。从这一角度出发，管仲提出了很多观点，如《管子·牧民》："不为不可成，不求不可得，不处不可久，不行不可复。"不能成、不能得、不能长久、不能实行的事，不要去做。治理天下不是一时一事的变革，而是要寻求持之以恒的规律，才能实现长治久安。

四是有众。齐国所处的时代，虽然百姓、土地都归齐国，但是财货并不属于国家，而是与全国人共用。有众，就是要最大程度获取天下的支持，最大程度凝聚天下的共识。《管子·七法》中说："不为爱人枉其法，故曰法爱于人。不为重禄爵分其威，故曰威重于爵禄。"立法的目的是保护人民，从而形成一个有序、有爱的社会。这一点又不同于法家。法家的"法"是尊君的，在于保护君主的威势，管仲的"法"是保护百姓的，这是两者的差异。

五是重礼。礼是基于道德认知而自觉形成的行为。管仲既有礼的思想，也有法的思想。礼的思想为儒家所继承，《管子·形势》："君不君则臣不臣，父不父则子不子。上失其位则下逾其节，上下不和，令乃不行。衣冠不正则宾者不肃。进退无仪则政令不行。"儒家所说的君君、臣臣、父父、子子，强调每一个人按照自己的身份、职位从事相应的工作，不愈矩、不越位。

六是明法。《管子·任法》言："所谓仁义礼乐者，皆出于法，此先圣之所以一民者也。"管仲主张仁义礼乐都要出于制度。管仲学说中的"法"，主要是指制度。《管子·牧民》："刑罚繁而意不恐，则令不行矣。"管仲提倡的法，是维护社会底线的基本要求，目的是形成一个有序的制度。他明确反对苛政罔民，苛政并不是指非常严苛的政治，而是指编织法网，把人管得死死的，翻来覆去地折腾百姓，什么事都要管，让百姓动辄得咎。

总之，管仲学说与诸子学说有很多的呼应，不少命题在诸子学说变化中有所取舍。例如，关于法的理解，与法家是不同的；仁义的思想，则与儒家是相同的；富民的思想，接近于儒家；富国的思想，又接近于法家。因此，我们有必要关注《管子》对中国的思想史、学术史、经济史、行政史的学理性建构。

第十七章 《韩非子》与法治之道

先秦时期，以法家思想为主导来治国的典型，就是秦国。自商鞅变法后，秦国迅速强大，不断蚕食其他国家的领土，在几十年内就统一六国，建立了中国历史上第一个统一的中央集权制国家。但是，其统一六国后仅 14 年，便迅速灭亡，这不能不引起我们的思考。原因到底何在呢？从表面上看，秦国的统治者不用仁义之政，不施仁义之师，信仰强权，好战而又重严刑酷法，渐渐失去了民心，终于触发了大规模的农民起义。秦以法家思想立国，我们要了解秦国的兴亡，就要了解法家学说的学理。

一、治道的选择

我们先看《史记·商君列传》中记载的一个故事。当年商鞅求见秦孝公，是通过秦孝公所信任的一个叫景监的大臣的引荐。在商鞅见到秦孝公之后，他就开始和秦孝公谈自己的治国理想。可商鞅滔滔不绝地讲时，秦孝公却不停地打盹，丝毫提不起兴趣。

商鞅离开后，秦孝公埋怨景监道："你给我推荐的是一个什么样的人啊？说的这些东西，一点意思都没有。"景监马上就去问商鞅："你和孝公说了些什么啊？"商鞅回答道："我和他谈的是帝道，也就是帝王之道。"景监说："孝公一点兴趣都没有。"商鞅又说："这样，你和孝公再说一次，我再去见他。"

于是，商鞅第二次觐见秦孝公，继续和秦孝公谈，可是谈了不一会儿，就被秦孝公打断：“行了，今天就谈到这吧。”之后，秦孝公开始责骂景监，景监只好又去找商鞅问个究竟。商鞅说：“我这回与孝公谈的是王道。”景监对商鞅说：“这样根本不行，你还是走吧。”商鞅说：“再让我和他谈一次。”

商鞅第三次去和秦孝公讨论时，秦孝公的兴趣就来了。他听得十分认真，不知不觉就往商鞅身边靠，都坐到了席子边上也浑然不觉。在商鞅说完了之后，秦孝公还觉得意犹未尽。于是就挽留商鞅，连着谈了几天几夜。景监觉得非常不解，商鞅向他解释：“我和秦孝公第一次谈的是帝道，他不喜欢；第二次和他谈王道，他也不明白；第三次我谈的是霸道，他十分高兴。因为帝道和王道都要积累数十年甚至上百年才能形成，唯有霸道用数年的时间就可以了。”

这个故事，说明了当时秦国有三条路可走，分别是帝道、王道、霸道。秦国最终选择了霸道。

王道思想是儒家所提出的，是孔子讲的“仁”和“礼”、孟子讲的“仁政”、墨子讲的“义政”。“仁”讲的是人与人之间的关系，“义”讲的是国家责任，根本目的是培养君子，通过教人向善，通过文化熏陶和精神建设去治理国家，需要几百年的积累沉淀才能形成。帝道思想则因循旧制顺应自然来治国，强调刑德并用、礼法并用，把仁政和刑政结合起来治理国家，通常需要几十年的时间才能实现国富民强。霸道思想则直接实现“刑政”和“兵政”的合一。刑政就是用刑法来治理国家，依赖法律的力量；兵政就是依靠战争来争夺领土、掠夺财富，用以维持国家的运转。

秦孝公只对商鞅所讲的霸道思想感兴趣，是因为秦孝公希望秦国能迅速强大起来，而不想经过几代人的努力之后再达到。讨论到这个地方的时候，有必要来观察先秦诸子在国家治理思想方面的差异。

在孔子的学说体系中，讲得最多的是“仁”与“礼”。“仁”就是仁义，“礼”就是礼仪。在孔子看来，“仁”是人具有的最基本的道德本质，人之所以是人，与动物的区别就在于人有爱心、有伦理观念。同时，孔子也认识到，周朝国家治理依靠着亲亲尊尊的家族关系。在家族内部没办法实行法治，只有用礼乐教化，让长幼有序、尊卑有别，才能约束大家的行为。因此，治理国家也离不开“礼”。

孔子所推崇的“仁”与“礼”的思想，在战国朝两个方向发展。一派以孟子为代表，将孔子“仁”的思想发展为“仁政”，讲的是国君应把自己内心全部的善性展现出来，延展到国家治理、社会管理的各个层面上。另一派以荀子为代表，他的思想建立在“礼”的基础上。他认为礼只能在贵族之间、在家族之间互相约束，在社会治理层面上，人和人彼此都不相识，只能依靠法对人的行为进行约束。孟子一派重“内圣”，强调通过人性的完善来治理国家，靠的是培养人；荀子一派讲的是外王，即通过教育人、约束人、规范人，使之养成君子人格，实现社会井然有序。他培养出的两个学生，韩非和李斯，则是强调外在约束重于内在修养的法家代表。

孔子的弟子子夏，来到了魏国西河收徒讲学。在他培养的弟子中，吴起是兵家的代表，他在各个国家不停地推动变法，目的就是用法治来强国。李悝则是法家的鼻祖，强调用法来治国。从子夏和荀子来看，儒家向法家的发展是一个必然的历史趋势，儒家学说在适应历史进程、关注社会发展中就不知不觉走向了法家。在这一过程中，儒家主张的礼与法家主张的法，也逐渐合二为一，形成了礼法合治的思路。礼，最大的特征是别贵贱，简单说来，就是尊贵的人、卑贱的人，住的地方、用的器物的大小是不同的，以此维护严格的尊卑秩序。周建立后，提出的口号是德政，要“明德慎罚”①，培养人的德行，注重人的教化，推崇的是“议事以制，不为刑辟”②，遇上一个事情大家一起商量，然后再判案，而不是先定制度，就事论事。它的好处是能兼顾人情，缺点则在人治。一件事情，今天我们这样想，明天会那样想，就会形成标准不统一的人治。

法家主张的法，正好与礼相反，讲“等贵贱”，不论贵和贱在制度面前一律平等。换句话说，就是先定法律以法治国，以制度治国，在法律面前人人平等。《礼记·曲礼上》里说“礼不下庶人，刑不上大夫”，法家则认为刑无等级，在“法”的面前，无论是大夫还是庶人，一律公平处理。法律制定出来以后，就是国君也不能轻易地改变，这是“制不从君”。治理国家不是国君说了算，国君也得遵循法律，自己定的法，自己首先得遵守。在法律面前，“民不从官”，不是官吏说什么老百姓就去做，老百姓和官员都得按照法律规定来。这种思想，在春秋时期成为治国的一条途径，也成为战国时期国家变法的基本走向。但战国时期，东方六国都曾变法，却只有秦国成功了。从历史的角度看，秦的成功还有三个原因：

第一，贵族世家的力量逐步衰弱，秦国的领土逐渐扩张。西周时期，贵族基本上在关中聚居，后来，西北地区的犬戎入侵，占领了大片土地，周平王被迫东迁到洛阳。秦襄公送周平王到函谷关，周平王见关中的土地周朝收回也无望，不如做个人情，就对秦襄公说：“我把关中已经被侵占的这些土地全部赏赐给你。”秦国君臣随后就开始准备战争，几十年间慢慢地把犬戎逼出了关中地区，秦国的版图不断得到扩大，但却并没有形成如东方六国那样多的世袭贵族，变法的阻力要小得多。

---

① 尚书·康诰：359.

② 左传·昭公六年：1225.

第二，分封制度的变化。平王东迁，西北地区的土地基本上是无主的。秦襄王在分封和治理的过程中并没有遇到太多的阻力。虽然在战争过程中，秦襄公也赏赐土地给有战功的人，但是他们只拥有土地的使用权，这些土地的所有权全归国君所有。后世秦王设置二级的郡县来治理，与西周的分封制度不太一样。在这个基础上，也就逐渐形成了统一的封建专制。

第三，秦国在发展的过程中，汉族渐渐和西北的民族相混杂、交流，传统礼仪及其治国方略不能很好地推行。到秦穆公治理国家时，便是“法”和“恩”并用。所谓“恩”，就是与他们讲义气，讲互利互惠；“法”就是制度，规定这个事情可以做，那个事情不可以做，供大家共同遵守。秦国在立国、兴国过程中，法律制度、分封制度和社会管理制度与东方六国逐渐有了区别。

二、法家的由来

周朝立国之初，法已经作为一种治国的手段。《尚书·吕刑》明确记载“惟作五虐之刑曰法”，就是说有五种刑法，只要有人违背了，就处理他们。《周易·系辞上》也说：“制而用之谓之法。”大家按照制定的这个法规一起行事，就是法。《墨子》也说要想治理好一个国家不能没有法规，没有仪式。《大戴礼记·礼察》讨论了“法”和“礼”的区别：“礼者禁于将然之前，而法者禁于已然之后。”礼是告诉我们怎么做，法关注的是这样做的后果。只有“礼”，人容易不听从规定，只有“法”，则容易导致不教而诛，这都是不行的。可以说，法作为治理国家的手段之一，是客观存在的。法家的代表人物韩非子对“法”有一个明确的定义。他说，法就是编在书中，然后放在官府，公布给老百姓的，让大家知道做事情的后果。

中国第一部真正意义上的法律，来自于法家鼻祖李悝。李悝是魏文侯的相，他曾主持魏国的变法。李悝在魏国变法期间，颁布了一些法律条文，叫作《法经》。这是中国历史上第一部成文法，也就是把这个法律写成条文公布出去，使人们有法可依。李悝的《法经》有六个方面的内容：一是《盗法》。二是《贼法》。要想把一个国家治理好，先要防止和消除盗和贼，老百姓才能安居乐业。三是《囚法》，讲如何处理罪犯。四是《捕法》，讲如何抓捕罪犯。五是《杂律》，讲如何管理社会治安，够不上犯罪的，但违背了社会伦理、违反了社会秩序的那些人怎么处理，类似于现在的治安条例。六是《具律》，讲哪些法则可以改，哪些法则可以调整。从中我们可以看出，这些法律条文已经构成了一个相对完整的法律框架。

当时李悝还有一些著作，但是却都散失了。我们现在看到的李悝的言论大多来自西汉刘向撰的《说苑》，其中记载了李悝变法的一些内容。

第一，夺淫民之禄，来四方之士。在春秋时期，国家实际上由贵族统治，每一寸土地都赏赐给了贵族，这些贵族代代相传。第一代立有军功，第二代稍有军功，等到第三代的时候，完全靠祖宗的名声来混饭吃。夺淫民之禄，就是让那些骄奢淫逸的贵族，失去了特权，让每个人只能依靠自己的实力来生存和发展。在这个基础上，国家的实力就会迅速地增长，老百姓都会归顺。

第二，尽地力之教，富国强君。地力之教是教百姓学会种地。在古代，单纯地拥有土地并不是富足的标志，把土地种好的国家才能真正地富裕。要根据土地的质量来耕种，比如说，北方荒凉的地方种什么，南方的土地适合种什么，在房前屋后要种什么，都有明确的说法。充分利用土地之后，粮食开始增产，增产以后国家才能富足。

第三，禁奸邪淫逸之行，整齐风俗。奸是作奸犯科；邪是做那些稀奇古怪、哗众取宠的事情；淫逸是不事生产，爱好享乐。把这些行为禁止以后，老百姓的生活非常简朴，把全部的精力都用在农业生产上，这样魏国就会更强大。

经过了李悝的变法，魏国在战国初年，东面打败了齐国，西面夺了秦国河西之地，然后又战胜了楚国，一度成为战国七雄中较强大的一支力量。商鞅在秦国的变法，相对于李悝来说走得更远，但实质上与李悝是一脉相承的。商鞅流传下来的著作叫《商君书》，也叫《商子》。

商鞅认为，“上世亲亲而爱私，中世上贤而说仁，下世贵贵而尊官”①。远古时期，人和人的关系十分简单，人人都会爱自己的孩子，爱自己的亲朋好友。到了中世的时候，人际关系开始变得复杂，要想把一个国家治理好，要想让一个部族富足起来，要通过用贤，开始讲“仁”。而现在是什么样子呢？“贵贵而尊官”。在商鞅的看法里，当今的人都尊重权贵，尊重官员，都是好利的。在这点上，与荀子的观点是一致的。人性是什么？商鞅说：“民之于利也若水于下也，四旁无择也。”② 人是没有常性的，人性就像水一样，老百姓对于利就像水往低处流一样。那么，在这个好利的时代，管理应该怎么做呢？就要“正名、制分、定一”。正名，是什么样的身份就做什么样的事，不要做不合自己身份的事。他举例说，就如山上的野兔在跑，大家都去追，但在城市市场里的野兔盗贼都不去拿，为什么？因为这个兔是有主人的，山中的野兔没有主人，谁

① 商君书·开塞：52. 本书《商君书》引文来自：蒋鸿礼. 商君书锥指. 北京：中华书局，1986.

② 商君书·君臣：131.

抓住就是谁的。要让老百姓能够安居乐业，首先要让老百姓知道哪些东西是可以得到的，哪些东西是不可以得到的。官员也是如此，用官要正名，各司其职，各负其责。制分，即有分别，等级分明。定一，天下大事都取决于国君，国君掌握最高决策权。这一点跟孟子正好相反，孟子说“民为贵，社稷次之，君为轻”①。商鞅则认为国君必须专制，变法才能推行。商鞅的理念包含如下几点：

第一，以耕战强国为原则。战国时期，要想让一个国家强大，首先必须要让国力强盛，国力强盛以后，才能与东方六国一决高下。国力怎么强盛呢？依靠的是“耕”和“战”，耕就是种地，具体措施是“开阡陌”，将土地公有制完全变成私有制，土地都归大家所有，大家来耕种。把地都分掉以后，老百姓向国君缴税，每个老百姓在税制固定的情况下，种的地越多，粮食产量越高，收入就越多。这样就解放了大量的生产力，老百姓的积极性也会被调动起来。

商鞅还要求“重农轻商”。国家发展取决于人民，人民太穷，国家就没法发展。商鞅认为，商人太多是导致国家贫穷的原因。在他看来，商人有一个共同的特点，即进货的时候千方百计地压低价格，卖货的时候千方百计提高价格，而卖东西的人和买东西的人都是普通老百姓，最后的结果是商人有钱了，老百姓没钱了。只有禁绝经商，才能让所有的人都去好好耕种。

第二，以信赏必罚为手段。法家靠的是制度治国，最重要的就是让老百姓相信制度，相信官府。在这个国家里，好好种地，得的粮食多，民众才富足，粮食多到一定的程度，再把粮食卖给国家或捐给国家，国家就赐予爵位；好好当兵，打仗的时候英勇杀敌，立军功，国家就赏赐土地。换句话说，老百姓的荣辱富贵，全部取决于对国家的态度和贡献。

商鞅又说：“善因天下之货，以赏天下之人。”② 国家拥有的财富就是赏给大家的，只要按照国家的规定努力去做，就能够得到赏赐，得到富足。商鞅很好地把握了人的好恶，他认为应该跟老百姓讲，好好做事就赏，不好好做事或者作奸犯科就罚。商鞅甚至还要赏告奸的人，就是告密的人。为什么呢？凡是作奸犯科的事情都是危害国家、无益于国家治理的。从这里也可看出，法家思想对社会道德伦理的负面影响，就是利用人的狭隘和自利来治理老百姓。

第三，以一决于法为目标，也就是说，天下的事情完全靠法治理。他在一决于法上提了三个原则：其一，明法于国。先制定法，制定以后公布给全国老百姓，让大家知道

① 孟子·尽心下：387.

② 商君书·赏刑：100.

按这个法做有什么好处，不按照这个做会有什么惩罚。其二，司法于官。所有的官员必须非常熟悉法律，当老百姓告状的时候，必须知道哪些是对的，哪些是错的。全国的老百姓也要跟着官员学，是为“以吏为师”。其三，任法于贤。什么样的人能当官员呢？那就是贤明的人，这些人懂法、爱民、希望强国。只有这样，才能建立一个天下事务都通过法律来治理的国家。

第四，以严刑峻法为特征。既然用法律来治国，就要严格执行，所以，商鞅提了两个原则：一是“刑用于将过”①。使用刑法的目的就是用于惩治过失，预防过失。用现在的话来说，就是惩治罪犯、预防犯罪。二是“刑人无国位，戮人无官任”②。受过刑罚处分的人不能做官，凡是被刑罚过的人不能再担任官方职务。商鞅提出这样的口号，目的就是让民众知道犯罪之后会有严重的后果，一旦有一件事情做错了，一生就完了，这也是严刑峻法的一个特点。

第五，以弃古法新为追求。商鞅的目的就是建立一个新的国度，他在建立法规的时候，都是以“弃古法新”为目的的。他曾提出，“因事而制礼，礼法以时而定”③。治理国家要“因事而制”，制定法律的时候要就事论事，顺应时代的发展。每个时代的法律应该是不同的，不应该用过去的方法来治理现代的国家，也不能用现代的方法治理未来的国家，一定要与时俱进。

在这些理论认识中，商鞅采取了很多实际的措施来实施变法。其一，颁布法律，制定连坐法。一人犯罪祸及三邻，自己犯罪，自己的父辈，父族、妻族皆受株连，这就让民众知道犯法的后果非常严重。其二，奖励军功，制定二十等爵。在古代，爵位类似荣誉称号，有的爵还带着俸禄和土地以及土地上的人民。这就鼓励民众，只要好好干，前途就会无限美好。其三，重农抑商，鼓励开荒。这条政策的实际效果是十分明显的，十几年里，秦国土地耕种面积迅速增加，其四，改法为律，范归于一。这就是说，大家不要制定那么多的礼仪制度了，都统一按法律规则来行事。

此外，商鞅还主张废除世卿世禄制度，即前辈留下来的土地和资产只有三代可用，三代以后如果不立功，就会被收回。秦国本来就没有什么大贵族，采用这样的一个制度以后，天下的土地人民都归于国君，国君直接派人来管理，郡有郡守，县有县令，县和郡收上来的赋税也归国君所有，由国君统一支配，这就逐渐形成了郡县制。

---

① 商君书·开塞：57.
② 商君书·算地：50.
③ 商君书·更法：4.

三、慎到与申不害

商鞅变法的同时，也有两个法家的人物在诸侯国实行变法，一个是慎到，另一个是申不害。

慎到的主张，一是重“权”，即尚权势。他打比方说，这就像蚯蚓和龙似的，蚯蚓没有云托着，只好在地上吞食腐叶，如果有云气托着的话，就可以像龙一样到天上。像尧这样的人，当他是普通老百姓的时候，没人听他的话。舜也是如此，他是普通人的时候，他的父母和兄弟都不听他的话，但是当他是一国之主的时候，天下的老百姓都顺从他，就在于他有权势。这点对专制制度的影响非常大。

二是用贤人。儒家所说的“贤”、墨家所说的“贤”与法家所说的“贤”是不一样的。儒家的“贤”是善良，墨家的“贤”是实干。那么法家的“贤”是什么？忠君明法。忠君就是忠于国君，明法就是要明习法令。用人要不拘一格，什么样的人都可以用，不完全拘泥于德行这个层面。

三是法治。这一点和商鞅、韩非子、李斯是一脉相承的。慎到认为“法”就是公布给大家共同遵守的规则，“法制礼籍，所以立公义也”①。法和礼是一样的，目的都是维护一个国家的长治久安。制定法律的时候，要让智慧的人不能轻易超越法律，要让善于言词的人不能轻易改变法律，要让知识分子不能背叛法律，要让臣下的人不能违背法律。这个法律一定要公允，不能够随意地去制定，一定要经过时间的考验，得到大家的公认。一个国家没有法律就会乱，但是只有法律，不知道与时俱进修改法律、调整和完善法律，这个国家也一定会衰落。在这一点上，慎到已经把立法的思想发展到与时俱进的地步。

四是尊君威。在当时的社会中，按照天下万物的规律制定法律是君主的职权，这就理所当然地把最大的权力给了君主。法家重视维护国君的权势，“臣事事而君无事，君逸乐而臣任劳”②。国君什么事都不做，官吏不停地做，国君非常轻松，官吏非常勤劳。这表面上看有点像老子的无为而治，实际上，国君操持的是什么？是一个国家的最高权力。

申不害也是法家一个代表人物。他在韩昭侯的相位上一直做了十多年，内修国政，

---

① 慎子·威德：18. 本书《慎子》引文来自：许富宏. 慎子集校集注. 北京：中华书局，2013.

② 慎子·民杂：32.

外应诸侯，使当时力量最弱的韩国一度达到了最好的局面。申不害主张“尊势重法”，他说国君之所以能够被大家尊重，靠的是什么？是命令。如果国君不能发布命令，大家也都不听他的命令，这样的无尊之国，国君还算什么啊？所以，国君首先要知道自己的权势，权势是什么？是明法正义。法律制定以后，就要全力以赴维护这个法律，让老百姓、让官员按照制定的法律来做事。

申不害非常重“术”，主张用权术来驾驭手下。什么是术呢？韩非子有解释，“术”就是按照他的能力给他一个官做，按照官员的要求标准来看他的品行，对得和失进行考察，做得好就奖，做得不好就罚，严重的时候可以生死论处。“术”主要包括三个方面。一是静因之术。静因是国君保持沉默，静静地去观察手下的人，不要轻易发言。要因物、因人、因利。因物，就是要明赏罚，既然天下之物归天下人所有，那么国君要用赏罚来让臣下努力工作；因人，就是要利用人，利用手下人的人际关系去驾驭他们；因利，就是利用利害关系来限制人。二是正名之术。法家主张循名责实，怎么说的就怎么做，官员职责是什么，事务做了没有，这才是最重要的。三是定名分。国君只需要“操契以责其名”[①]，拿着自己定的法令来衡量官员的所作所为，根据结果进行赏罚。

四、韩非子的思想

韩非子是法家思想的集大成者。在韩非子的时代，“法”和“术”已经结合起来，建立一个大一统国家已经成为战国七雄共同的梦想。这样的国家只能有一个国君，其他的贵族要无条件地尊重国君，国君必须把权力握在自己的手里，而不能像西周那样用分封的制度来管理国家。韩非子思想总的特征就是“事在四方，要在中央。圣人执要，四方来效”[②]，就是要把国力集中起来。韩非子继承了商鞅君权一统的思想，其学说要点如下：

第一，弃性善而论性恶。究其根源，韩非子的学说是从荀子发展而来。他认为人生而好利，父母养孩子的目的是想让孩子赡养自己，“父母之于子也，产男则相贺，产女则杀之”[③]。父母对自己的孩子尚且有如此功利之心，更何况对别人呢？在韩非子看来，在好利的时代，能否生存靠的是打架，靠的是争夺，靠的是尔虞我诈。在这种情况下，

---

① 严可均．全上古三代秦汉三国六朝文·全上古三代文．北京：中华书局，1958：32.

② 韩非子·扬权：44．本书《韩非子》引文来自：王先慎．韩非子集解．北京：中华书局，1998.

③ 韩非子·六反：417.

国君治理国家该怎么办？就不能只谈道德、只谈仁义、只谈善良，应该循天顺人，按照天的意志，按照时代的发展。既然人都是追于利益，争于权谋，那么国君治理国家就要循着好利之心来治理，“循名实而定是非，因参验而审言辞”①。参验，就是反复对照，看看他说的话、做的事情，要听其言、观其行，不要只相信人能说什么，关键还要看人能做什么。

在韩非子看来，有些职业是对社会有很大危害的，应该予以禁绝。如贵生之士，整天在讲养生，害怕死亡，逃避危难，国家有难不愿意救，自己活着就好；文学之士，整天宣扬道德，宣扬礼教，动不动就说古代的事情，高谈阔论，却没有实际行动；有能之士，游手好闲，沽名钓誉，本是社会的寄生虫；辩智之士，滔滔不绝地耍嘴皮子，这个不好，那个不好，对国家定的法律妄加议论；磏勇之士，不按照法律来做事，说的是行侠仗义，却是想在法律之外另建一套体系运行；任誉之士，包庇大盗，隐藏坏人，看起来是在仗义舍身，却本是该判死刑的人。这些人都是社会的蛀虫。哪些人是对社会有益的呢？失计之民是奔赴国难、献身君主的人；朴陋之民是服从法规、保全法律的人；寡能之民是自食其力、创造财富的人；愚戆之民是本性善良、单纯朴实的人；怯慑之民是听从命令、尊卑守制的人；谄谗之民是揭露丑恶、遏制奸邪的人。韩非子强调国家的制度就应该是为了保护这些人②。

第二，重变革而反法古。他描绘了一幅治理国家的历史图景，就是要“治国也，正明法，陈严刑”③。首先要颁布法律，陈列严刑，通过普法让大家都知道，只有遵守法律才可以在祸乱之中保全，让天下的祸患能弃去，让强势的人不去凌弱，让老人有地方住，让年轻的人安心成长。边境安宁，君臣相亲，父子相保，没有死亡的威胁。韩非子给天下开的药方已经不再像商鞅那样严酷，他谈君臣相亲，认为君臣不仅仅是利用和被利用的关系，而要相敬相爱。这说明韩非子已经开始有意识地去纠正原来法家刻薄寡恩的缺点。

第三，舍道德而论刑赏。一是立法。把法律都写到图籍上，形成文本，让老百姓都能够看到。二是普法。把法律告诉天下人，让天下人知道法律是怎么规定的。三是尊法。法律不会因为权贵而去重视，不会因为权贵而去庇护。四是执法。赏罚必信，制定了法律，就应该按照法律执行，否则这个法律制度就没意义了。他强调：“刑过不避大臣，赏善不遗匹夫。”④ 有过失了，就是大臣也要处罚，而赏的时候要不遗匹夫，人人

---

① 韩非子·奸劫弑臣：100.

② 韩非子·六反：415-416.

③ 同①102.

④ 韩非子·有度：38.

平等。

第四，非仁义而论术势。韩非子认为不要谈仁义，而要论术势。他认为申不害之所以辅佐韩昭侯19年，却没有让韩国强大起来，就在于过分地用术，过分地用阴谋，大家都互相提防着，不能同心协力；商鞅治理秦国，秦国强大起来，优点是他用了法，用了法之后大家都遵守，缺点是商鞅不会用术，最后自己被车裂了。因此韩非子说，单纯凭“法”、凭“术”都不能够成功，国君要把“术”“势”“法”三者相互结合，“万乘之主、千乘之君所以制天下而征诸侯者，以其威势也”①。

在此基础上，韩非子又思考了用人之道。为了保证君权、君威，要选用这样的人才：一是顺上。臣下一定要遵从国君的意志。二是实能。要有实际的能力，执行力非常强，不是仅凭嘴来说，是要真正地能干。三是专任。专门的人才在做事的时候全力以赴，有独到的见解，能独当一面。四是历练。要经过不断地磨炼，只有这样，才能选出世事洞晓、人情练达的人才。五是易制。用的人国君一定要能够制约得了。

那么，又怎么保持国君的权威和尊严呢？韩非子提出了四点：一是固权。不要轻易地放权。二是专断。可以听取多方意见，但最后的决定权在自己。正方、反方都可以听，听完以后自己判断，不能完全听信于一方，也不能永久地依赖于某一个人。三是掌法。只有国君才可制定法律，也就是说，立法权一定要在国君的手里。四是独尊。天无二日，国无二主，天下只有一个决策者，不能有第二个。

第五，以实用为治术。法家在完成思想建构与学术建构的过程中，处处把实用主义作为一个治国之道的根本和立足点。法律条文、思想意识是否实用，能不能切入现实之中，是其考虑的基点。韩非子在《五蠹》中讲，国家里有五种蛀虫。尤其是儒家，在天下大乱的时候，应该讲种地、杀敌，儒家没事的时候却讲慈惠之行、怜爱之说这些没用的东西。游侠也是无益于治乱的，天下都要信法，一个地方出现问题后，应由官吏去治理，侠客却按照道义替官吏来行事。这些都可以看出，韩非子是很看重眼前利益的。

第六，以法治替德治。儒家重视德治，关注的是治人者。《大学》里边讲，一个人要格物、致知、正心、诚意，然后修身、齐家、治国、平天下。儒家学说注重通过培养一个好的接班人、统治者来治理国家。法家重视法治，关注的是被治者，强调要对下层人民的行为做出规定，着眼点正好和儒家相反。

第七，势位重于贤治。儒家以任贤、治贤为治世之本。道家的返璞归真是复古，认为治人就是天下的人都要合于天道、性法自然，这样的话，就好治理了。法家则认为，

---

① 韩非子·人主：470.

国君不宜弃权柄而任臣下，应当隆君权而重威势。国君要想治理大臣的时候，先强化自己生杀予夺的大权，再让大臣去治理属下和境内的百姓，同时还要用赏罚必信的手段，国家要由一个强大的行政机器来维持。

第八，权术隐于治道。韩非子认为，人性都是恶的，只靠道是不行的，必须用法术，采用各种手段去控制，这样才能防止臣下和百姓营私舞弊。治国应该以法律为规矩，以势为基础，以术为手段。国君不必躬亲，也不必成为一个完人，把法律定出来，然后用法律来治理臣下。韩非子认为国君不要多说话，不要多表态，臣下不知道国君在想什么，这才是高明之道。

虽然法家的思想能切合现实并在利用人性之恶上获得成功，但是法家又是非常失败的，原因是它放大了人心中的弊端，放大了人心中的劣根性。法家所建立的国家充满了尔虞我诈，充满了利用，丝毫没有什么恩情和道义可言。这样的国家，最后必然被自己所设下的陷阱、埋下的祸患所颠覆。信奉法家的那些人也是如此，如商鞅被车裂了，韩非子被毒杀了，毒杀了韩非子的李斯最后也没有保全自己，被腰斩了。

秦国灭亡之后，汉朝的统治者迅速反思原因，认为秦国始终用法家的思想治国，而不用仁义之道，是偏颇的。因此，汉朝的统治者要“霸王道杂之”，将霸道和王道相结合，对外讲仁义礼智信，对内讲严刑峻法，国君到下面视察是恩泽四方，对臣下玩的是权术，也就是所谓的帝王之道。

历史是有趣的，当秦孝公否认帝道的时候，他没有想到其后的历史会回到帝王之道上；当他采用霸道治理秦国的时候，他也没有想到霸道让秦国迅速强大起来，却也葬送了秦国。由此看来，商鞅是聪明的，他最初见秦孝公，想劝其用帝道治理国家，看到的正是中国历史发展的大趋势。也就是说，单纯依靠法制，或单纯依靠道德，是不能治理好国家的，应该王道、帝道和霸道相互补充，才能实现内外兼善、礼法合治。

第十八章 屈原辞赋与士人传统

历史的发展就像一条河流，河流的上端是我们的传统，河流的下端是我们的未来。每一个人都自觉或不自觉地生活在文化传统之中，虽然很多东西我们感觉不到，但实际上，它已经融入了我们的精神，这就是文化的基因。屈原在中国文化史、中国文学史和中华文明史上有着至高无上的地位，不论历史如何嬗变，不论时代如何变迁，他的诗歌伴随着他的精神，穿越着时空，年年相继，代代相传。在中国人心目中，屈原已不是生活在两千多年前的那位三闾大夫，而是士大夫精神的代表，是理想人格的化身。

一、屈原其人

屈原，名平，字灵均，是楚国贵族后裔，约于公元前340年出生。这个时期，曾是春秋五霸之一的楚国已经开始走下坡路，国力逐渐衰弱，再没有问鼎中原、饮马黄河的气魄。屈原出生之时，乃是楚威王在位；当其步入仕途，是楚怀王在位，他的悲剧也恰恰由此开始。

屈原“博闻强志，明于治乱”①，对治国之道有清晰的理解；又“娴于辞令”，熟悉外交往来和待人接物。他入朝可以与楚怀王一起商量国家的发展大计，制定政令；在外为官可以接待各国使节，应对宾客，处理外交事务。

---

① 史记·屈原贾生列传：3009.

屈原有着这样过人的才能，一开始，楚怀王非常信任他，让他担任左徒一职，相当于现在管理民政的官员。屈原在职时，曾进行过一些改革，主张彰明法度，举贤任能。但在当时的楚国，只要是改革，就不免触动一些王室贵族的既得利益，这也是之前楚国经历了几次变法都没有成功的根本原因。因此，当屈原想进一步治理国家、调整法度时，很多王室贵族和其他官员就开始不断地对他进行诋毁。有一次，楚怀王命令屈原制定新的国家法令，屈原刚写完草稿，还没最后修订完成，上官大夫就与楚怀王说："大王，屈原特别的骄傲，您让屈原制定法令，他虽然按照您的旨意写东西，但是每颁布一条法令，屈原就出去说这是他制定的，都是他的功劳。"楚怀王听了非常生气，就对屈原疏远了，不再让他担任左徒，让其去做三闾大夫，掌管王族昭、屈、景三姓事务，负责宗庙祭祀和贵族子弟的教育。屈原对楚怀王妄信谗佞小人而不能分辨是非，眼光被谄媚之徒蒙蔽而不能辨明真伪，感到万分痛心。其实，屈原的悲剧才刚刚开始，随后在楚国、秦国、齐国三个国家的连横合纵中，屈原更是跌入了深深的政治旋涡。

战国七雄，从实力上来讲，并不均衡。秦国经过变法，国力增强，称霸西北；齐国则占有现在的山东以及江苏北部的区域；魏国经过魏文王的治理，牢牢占据了山西、河南一带；楚国在江淮地区无人能敌。这四个国家客观上都具有一统天下的实力。但是，在与齐国多次交锋之后，魏国逐渐走向衰弱，天下开始由秦、齐、楚三家分立角逐。秦、楚更是互不相让，秦国横必成王，楚国纵必称霸。秦国使用的是连横策略，远交近攻，与远方的国家结盟，联合一个国家打击另一个夹在中间的国家，也就是拉着楚国打齐国，拉着魏国打楚国。这样的话，就能把东方六国的力量慢慢削弱，最后统一全国。而相反的合纵策略，则是东方六国联合起来抗秦，由于东面的六个国家各自心怀鬼胎，很快就被秦国的连横之策瓦解了。

屈原被贬退之后，秦国想发兵攻楚，可是齐国与楚国有合纵的盟约，秦惠王对此很是担忧，于是派张仪去楚国游说。张仪重金收买了楚国的重臣：大夫靳尚，以及楚怀王的儿子子兰和楚怀王的爱妃郑袖，靠着他们的引荐，张仪带着丰厚的礼品见到了楚怀王。他说："秦国非常痛恨齐国，但齐国和楚国有合纵的盟约。若是楚国能和齐国断交，秦国愿意奉献六百里土地作为回报。"楚怀王贪图土地而轻信了张仪，与齐国断绝了关系，并派他的使臣跟着张仪到秦国接收土地。

张仪一回到秦国，便称病不出，楚国使臣一直等了三个月，都见不到张仪。直到楚怀王把齐国的使者赶出楚国，齐楚两国关系完全破裂，张仪才出面会客。当楚国的使者向张仪索要土地的时候，张仪却对使者狡辩道："我和楚王约定的是六里，没听说过有什么六百里。你可能记错了。"楚国使者非常生气，回到楚国把这事告诉了楚怀王。楚怀王勃然大怒，率兵攻打秦国。秦国早有准备，派兵迎击，在丹水、淅水一带大破楚军，不仅杀了楚军八万人，俘虏了楚国大将屈匄，还占领了楚国汉中一带的地域。

楚怀王听说战况以后，非常震惊，下令举全国之兵攻打秦国蓝田。楚国出兵作战，国内防御薄弱，魏国借此机会袭击楚国，占领了邓地，楚兵不得不从秦国撤军回国。楚国两面受敌，只好向齐国求救，齐王痛恨楚怀王背弃盟约，不肯派兵救助楚国，楚国的处境一时间变得非常艰难。

在这个过程中，屈原本主张楚国和齐国联盟，不应该与秦国和好。在他看来，秦国是蛮荒之地，缺少礼数，很野蛮，未开化，贪婪得很，永远都不知足。楚怀王听过屈原的劝谏，颇有悔悟，便重新起用了屈原。

屈原作为使者出使齐国，以修复两国的关系。秦国一看，楚国要与齐国修好关系，这还了得！于是便提出割让汉中一带的土地与楚国讲和，楚怀王对来访的使者说："我被张仪骗了，我要先把张仪抓住以后杀了，地我可以不要。"张仪听了以后，便对秦王说："楚王想要我而不要汉中的地方，我一个人能换汉中的地方，那我就去吧。"张仪再度到了楚国，先给楚国掌权的大臣靳尚送上厚礼，并用花言巧语欺骗楚怀王的宠姬郑袖："楚怀王这次肯定要把我抓住并杀了我，但是，楚怀王杀了我以后不正是报了早期的仇，那秦国与楚国是不是就会和好了？"郑袖说："是这样的。"张仪又说："楚国和秦国和好以后，不要秦国的地，秦王肯定要感谢他，你再仔细想想，楚怀王本是好色之人，而秦国多产美女，如果秦王为了感激把秦国的美女都送给楚怀王，您岂不是要失宠了。"郑袖一听就害怕了，说："那你说我该怎么办？"张仪就给郑袖出计策："你让楚怀王把我放回去，这样秦国和楚国不能和好，美女无法过来，那您就能得到楚怀王的独宠了。"郑袖旋即去劝楚怀王，楚怀王这个人耳根子特别软，竟然听信了郑袖的话，马上把张仪给放掉了。

屈原从齐国回来以后，发现张仪被放掉了，非常震惊，劝谏楚怀王说："您怎能把张仪放掉，您忘记了当年张仪对楚国的欺骗了吗？"楚怀王听后感到很后悔，派人赶紧去追张仪，但已经来不及，张仪早就跑回到秦国去了。

经过屈原疏通关系，楚国与齐国的关系有了很大改善，秦楚也相安无事。四五年之后，秦昭王即位，他的母亲本是楚国人，有了这个契机，秦楚两国就和解了。秦国和楚国在黄棘这个地方结盟，再一次形成了联盟。在这个时候，屈原主张不要与秦国和好，一定要与齐国联合起来。这一主张与楚怀王意见再次相左，楚怀王为了表明与秦国和好的态度，便把屈原流放到了汉北。

直至楚怀王二十六年（公元前303年），齐、韩、魏三国联合进攻楚国，楚怀王没有办法，只好派自己的太子到秦国当人质，恳请秦国出兵帮助自己。三个国家一看秦国要出兵救楚国，就陆续撤退了。后来，作为人质的楚国太子却因为私事杀掉了秦国大夫，自己跑回了楚国。这件事惹得秦国大怒，就与齐国、韩国、魏国联合起来攻打楚国。楚国大败，楚怀王为了缓和局势，只好再度起用屈原，护送自己的另一个孩子到齐国去做人质，以换得齐国的支持。

待到齐国与楚国的关系刚刚修复，秦国又开始使用计策，打算毁掉齐楚联盟。秦王派使者和楚怀王说："以前的误会现在不提了，咱们订个婚约，我的儿子娶你的女儿，你的儿子娶我的女儿，我们做个亲家吧。"秦王提出要和楚怀王见面。楚怀王自己很想去，屈原劝谏说："秦国是虎狼一般贪暴的国家，是不能信任的，我们上秦国的当还少吗？还是不去为好。"可是，楚怀王的儿子子兰极力劝楚怀王前去，他说："为什么要拒绝秦王的好意呢？我们不要让秦国不高兴，还是去吧。"楚怀王最终还是去了。

楚怀王一进武关，秦国的伏兵就斩断了他的归路，强行把他扣留，并威逼其割让60个城池。楚怀王大怒，不肯应允，秦国就把他扣押不放。其间，楚怀王也曾逃到赵国，但赵国拒绝接纳。楚怀王只好又回到秦国，被一直扣押到死，再没有能回到楚国。

楚怀王被扣留以后，楚国国内无君，贵族拥立从齐国回来的太子即位，是为顷襄王。顷襄王封子兰为相，掌管国家大事。秦国非常恼怒，本来扣押楚怀王是胁迫楚国割让土地，结果顷襄王新立，楚怀王就完全失去了利用价值。秦国出武关进攻楚国，又夺走了15个城池，顷襄王为求暂时苟安，竟然与秦结下婚约。屈原对子兰的所作所为非常痛恨，他指斥子兰要对怀王的屈辱而死负责任，却招来了子兰的怨恨。子兰指使上官大夫在顷襄王面前造谣诋毁屈原，顷襄王一生气，直接把屈原放逐到了最为偏远的江南。

在屈原多年流亡的同时，楚国的形势愈加危急。顷襄王二十一年（公元前278年），秦国攻破了楚国的都城郢，楚国岌岌可危。次年，秦军又进一步深入。屈原虽然身遭放逐，却依然眷恋楚国，时刻惦记着能重返朝廷，总是希望顷襄王能突然觉悟，重新把楚国振兴起来。但屈原却只能眼睁睁地看着楚国的北部地区全被秦国占领，家不是家，国不是国，楚国的兴旺已经化为泡影。自己一生坚持的"美政"理想没有实现，于悲愤交加之中，自沉于汨罗江，以此明志。

二、屈原的作品

一个民族在发展的过程中总会产生许多灿若星辰的人，中华五千年文明史上留名的仁人志士，不仅仅是因为他们能著书立说或者有伟大的业绩，更重要的是他们骨子里对理想的追求和对人格的坚守。屈原坚持人格操守，忧心国事民生，甚至不惜以死明志，时至今日，依旧是中华民族的宝贵精神财富。他的心路历程，在他的作品中得到了充分的体现，是中华民族宝贵的精神财富。

据汉代刘向、刘歆父子和王逸的前后校订，屈原的作品共有 25 篇。《离骚》1 篇，《天问》1 篇，《九歌》11 篇，《九章》9 篇，《远游》《卜居》《渔父》各 1 篇。另外，据司马迁《史记·屈原贾生列传》中的记载，还有《招魂》1 篇。

屈原的作品，因为写作时间的前后差异，内容和情感都略有不同。现在一般认定《离骚》是屈原较早创作的作品，大致写于被楚怀王放逐前后。《离骚》全文长达两千余字，从体裁上讲，是一首政治抒情诗。屈原从自陈身世起笔，反复叙述自己如何积极自修、培养才能、锻炼品德。但在楚国复杂的政治斗争中，自己的政治理想一次又一次地遭到挫折，无法实现。他内心也有过矛盾、彷徨，但并不退缩、气馁和绝望，而是坚持理想，不忘初心，“路漫漫其修远兮，吾将上下而求索”，一直坚守着自己的信念。在孤独无助时，他得到了神仙巫女的劝告，也请灵氛占卜、巫咸降神，询问新的出路，但最终因眷恋故土，不忍离国远去。屈原借助自己的心路历程，指斥楚王的昏庸愚昧和楚国的政治黑暗，抒发了自己被小人佞臣谗言陷害后的悲愤与苦闷，表现了自己修身高洁的思想情操和至死不渝的爱国精神。

想象和情感是诗歌创作的翅膀。在《离骚》中，屈原的情感借助他的想象，表露在我们面前。诗中引用了大量的历史传说和神话故事，通过极其丰富的联想和想象，使每一件事物仿佛都有了新的生命。他借物喻志，日月星辰、风雨雷电、仙人鬼神、善鸟香草、恶禽臭物、灵修美人、宓妃佚女，都成为展示作者内心世界的载体。天上和地下、人间和仙境、历史和现实的相互交织，更使全诗展现出瑰丽奇伟的浪漫主义色彩。

《天问》是屈原的另一篇奇文，其篇幅仅次于《离骚》，共 376 句，170 多问。在文中，屈原对天地、日月、山川、灵异及鲧禹治水、启益斗争、简狄生契、成汤伐桀、武王伐纣、周幽失国、齐桓霸业、伯夷叔齐、吴王阖闾等不甚可解的历史传说，皆提出了疑问，希望能寻找到“天地万象之理，存亡兴废之端，贤凶善恶之报，神奇鬼怪之说”

的答案。这些问题在先秦诸子百家中也曾被多次探讨，在诸子的著作中，多采用的是哲学思辨。屈原却独辟蹊径，以惝恍迷离的文学语词、严谨有致的四言句式，穷究其理，不倦问询，使《天问》成为上古绝无仅有的一篇奇作，体现了屈原的怀疑精神、历史见解，显示出他比同时代人更进步的宇宙观、认识论。

《九歌》原为楚国江南地区的民歌，屈原在流放途中，将其听到的民歌谣辞进行整理，修订为《东皇太一》《云中君》《湘君》《湘夫人》《大司命》《少司命》《东君》《河伯》《山鬼》《国殇》《礼魂》11 篇，合为《九歌》。这些诗作多是祭祀神灵的祭歌，大多描写神灵之间的眷恋之感、相悦之意、思念之情和求神不至的思慕、待神不来的猜疑、所求不得的哀伤，明显具有楚国民间神曲巫歌的特色，情致深沉、曲调优美，具有一种庄重典雅、深邃浓郁的艺术魅力。

《九章》为屈原流放前后所作，自西汉刘向定名后，王逸的《楚辞章句》方将其辑在一起，共有《惜诵》《涉江》《哀郢》《抽思》《怀沙》《思美人》《惜往日》《橘颂》《悲回风》9 篇。这些诗作非作于一时一地，各篇思想内容皆有不少的差异。《惜诵》所作时间较早，屈原以低沉的笔调叙述了楚国的政治现实和自己的不平遭遇，内容与《离骚》颇为相似。《涉江》中，屈原慨叹小人在位，流露出自己将抽身而退，希冀远去的念头。《哀郢》作于楚国国都郢被攻破之后，屈原浓烈的家国之思，随着优美的语调、精致的语词，跃然纸上。《抽思》《思美人》《惜往日》《悲回风》作于流放江北之时，屈原对国家念念不忘，更多的是一份沉痛和茫然。《橘颂》是屈原唯一一首四言作品，以橘树托物言志，表达个人的胸臆。在屈原看来，自己与橘树相类似，个性坚贞，志向不移。《怀沙》是屈原的绝笔诗，全文没有大段的景物描写和心理描写，大多是作者自己的心路历程，很能引人共鸣。汉代贾谊在路过汨罗江的时候写过《吊屈原赋》，感同身受。司马迁也说，在读《离骚》的时候，脑子里呈现出“同死生，轻去就”①。屈原可以把自己的生死和国家联系起来，决不会因为自己的性命而放弃自己的理想，当知道死亡已经不可以避免，那么也就不会苟且求生。

屈原的忧国情怀，《渔夫》中也有记载。屈原到达江滨，在江边吟诗，形容枯槁，非常落魄。有个渔夫见到他，问道：“你不是三闾大夫吗？为什么到这么偏远的地方来呢？”屈原说：“举世皆浊而我独清，众人皆醉而我独醒，是以见放。”世道浑浊了，大家都不明白秦国的计谋，还是被秦国玩来玩去，可我的进谏之言毫无用处。渔夫告诉他：“圣人不凝滞于物，而能与世推移。”认为真正聪明的人绝对不会固执己见，识时务

① 史记·屈原贾生列传：3034.

者为俊杰，举世都浑浊，你为什么不跟着他们一块浑浊呢？众人都醉，你为什么不喝酒呢？何必认为自己与众不同，比人高明，而把自己流放到这样一个地方？屈原说："我想刚洗完澡的人一定把头发梳理好，一定要换上干净的衣服，我是一个追求精神独立、品行高洁的人，我怎么能与别人同流合污呢！我宁愿跳到江里赴死，也不愿让自己的清白受到污染。"由此看来，屈原思想是有一个转变的，从之前的忧愤不平，如火山爆发，到最后的平和放下，去留无意。屈原的一生虽是悲剧，但是一个国家，不能没有这样的人。我们何其幸运，有了屈原，中华民族的精神中便多了几分耿直，激励着历代的士大夫忧国忧民，坚持真理，保持操守。

三、屈原的精神

在历史长河中，屈原不过是沧海一粟，他的死并不能改变什么，佞臣依旧大行其道，楚国依旧要灭亡，天下终究要走向一统。然而，屈原的忌辰却变成了一个民族的纪念日，就在于大家仰慕他高尚的人格。屈原尽管只是忠于楚国，但他的精神却得到了中华民族的认同，才会有后世以端午节来纪念他。

第一，独立思考的精神。对普通人来说，讲话时鹦鹉学舌，遇事时人云亦云，没有自己的见解，也缺少独立的思考，这是因为没有意识到独立思考、坚持人格独立的重要性。《橘颂》是屈原少年之作，其中最能体现屈原的志向，"受命不迁，生南国兮。深固难徙，更壹志兮"。屈原歌颂天地孕育了美好的橘树，它适应、熟习于一方水土，培育了贞洁的品质，有着专一的志行，扎根于生养自己的这片土壤，毕生都依恋在江南。"独立不迁，岂不可喜兮！深固难徙，廓其无求兮。"坚守独立的志趣不因时改变，注重独立思考而不动摇，不求私欲，修养品行的美好。他希望自己能"苏世独立，横而不流兮"，有自己独到的看法和独立的见解，不会为外在诱惑而改变，不会为他人的言论而轻易地随波逐流。这是一种坚持人格独立的精神，只有不投机、不取巧，才能成就一番事业。在这样开阔而坚韧的心境中，"闭心自慎，终不失过兮"，学会反思、学会慎独，让自己更完美。

第二，完美人格的追求。人格的提升是一个不断修养的过程，天性固然重要，但更重要的是后天的修炼。屈原在《离骚》的开篇就讲到"纷吾既有此内美兮，又重之以修能"，认为人虽然有这么多天生的美好品德，但更重要的是修身养性。"朝饮木兰之坠露兮，夕餐秋菊之落英。"早上喝木兰上的露水，晚上吃秋菊五彩缤纷盛开的花瓣。用这样的比喻来象征不断提高自己的修养。

在《论语》里，孔子用君子和小人来区分世人，君子是什么样的人？就是有大我的人；小人是什么样的人？就是有小我的人。有大我的人，以天下为己任；有小我的人，以自己为己任。屈原真不愧是有大我之人，他在《橘颂》中说："秉德无私，参天地兮。"① 人可以完全放下自我，把自己的喜怒哀乐与老百姓的生活、国家的发展、民族的振兴结合起来。"苟余心其端直兮，虽僻远之何伤。"② 保持正直的内心，即使是被发配到再远的地方，也不会害怕，因为自己本就是要为国家奉献一切。只要心中保持着高洁的个性，虚怀若谷、容纳万物，就能参透天地，也就能够无私无欲地为国家奉献心智。

第三，积极进取的态度。在生活中，有太多的诱惑可能会改变我们的志向，有太多的坎坷可能阻挡我们前行的路，然而，人最为可贵的就是执着地积极进取。屈原却一直在苦苦地追寻，即使道路遥远又漫长，甚至看不到终点，他也要上天入地、四方求索，坚持自己的信仰。

屈原有的时候也会疑惑："汩余若将不及兮，恐年岁之不吾与。"③ 主观上十分努力，却担心自己的年岁太短。"惟草木之零落兮，恐美人之迟暮。"屈原的焦虑，在于时不我待，既担心自己的一生一事无成，又担心错过了历史机遇楚国再无振兴的可能。他在作品中表现出来的时间匆匆而去的感觉，恰恰表明了他对楚国国事的担忧，屈原的进取精神正是体现在这种不放弃的坚持和不抛弃的坚守之中。

第四，坚定不移的理想。在现实中，我们的事业在不断向前发展的时候，会发现自己在职业上选择的可能性越来越小，越来越觉得自己的路已经被定好了，渐渐地开始屈服于现实而随波逐流。屈原毕其一生，都保持了人格的独立："鸷鸟之不群兮，自前世而固然。"鸷鸟虽然孤独，但它为了坚持自己的理想依然前行，而不愿意屈从。"何灵魂之信直兮，人之心不与吾心同！""吾不能变心而从俗兮，故将愁苦而终穷。"他认为自己太诚实、太正直，即便与别人不一样，也不愿意改变自己内心的想法。屈原说："亦余心之所善兮，虽九死其犹未悔。"④ 只要认为自己的理想是对的，即便付出生命的代价，也要坚持自己的理想。屈原有着这样的精神，才使他在混乱的时代宁愿与命运拼死抗争，也要坚持自己的理想，不为流俗改变，不为压力屈服，不为强暴扭曲。

---

① 楚辞·九章：155. 本书《楚辞》引文来自：洪兴祖. 楚辞补注. 北京：中华书局，1983.
② 同①130.
③ 楚辞·离骚：6.
④ 同③14.

第十九章 《心经》与养心之道

佛教的根本智慧在于佛学，佛学是一个丰富的思想体系。《心经》是了解佛学的一扇大门，以《心经》入门，产生了对佛学的初步印象后，可以更深刻地体会如《金刚经》《坛经》等经典的内涵。对《心经》的解读，重点在于它蕴含着的对人与外部世界关系的概括性总结。

一、《心经》解题

《心经》的全名依据翻译的不同，也有微小的差异。如鸠摩罗什将其翻译为《摩诃般若波罗蜜大明咒经》，唐玄奘则翻译成《般若波罗蜜多心经》。现在一般通用玄奘的翻译。我们先来解释一下书名中的重要概念，以便于更好地理解文意。

“摩诃”，本义有三个。第一指的是“大”，第二指的是“多”，第三指的是“书圣”。什么是“书圣”呢？“书”是本意，“圣”是超越，合起来便是指“与众不同”的书。

“般若”，本义是智慧。“智”是急中生智，在别人不知道的情况下知道了，通俗一点讲，就是聪明；“慧”比“智”的层面还要高，“智”集聚到一定程度才能生“慧”，以绝对的明净进入到禅定的状态，在一瞬间大彻大悟。

“般若”又分为“实相般若”“观照般若”“文字般若”三个层面。“实相般若”，就是一个人能看透尘俗中的许多杂事。生活在社会中，总不免忙忙碌碌，为了某些目的，去拼命地追求一些东西，自己却想不明白为什么要这样做。只有清醒地知道自己到底要什么，并且怎样一步步去做，才进入到了“实相般若”的状态。所谓“观照般若”，在于能否看明白，看清楚，比“实相般若”要深刻，要求人能看透人生的迷局，进入空寂的境界。什么是“文字般若”呢？就是文字慧，能透过简单的文辞，如佛经、禅语，领悟到精深的大智慧。

通过实相、观照和文字三个层面，进而达到“金刚般若”的境界。第一，金刚般若非常坚硬，不轻易动摇。当一个人得到智慧，要能把持得住，具体表现在哪里？一个问题想得清楚透彻，不能他人一问就糊涂了。如果别人简简单单一说，你就动摇了，这只能算是小聪明，绝不是真正的智慧。第二，金刚般若能行世间方便。一个人头脑中的智慧，要能对世人讲清楚，通过洞彻万物的力量打开尘俗之门。第三，金刚般若是一个不断完善的过程。在不同的情、景、地，能随时随地、合乎情理地展现出般若智慧，还能通过不断加深的理解，去完善它、提高它、补充它。

“波罗蜜多”，是一个梵文音译词，意思是渡到彼岸。佛学认为每一个人在这个世界上，都是在无法超脱的此岸，只有通过自身不断的修行，在去世后才能到达理想的彼岸。怎样才能到达彼岸？要通过“六度”修为才能实现。

一是布施。在物质上，乐善好施，予人钱财，替人消灾；在精神上，给他人勇气，鼓励别人；在智慧上，教给他人方法，将真理告知大众。总之，布施是以利他之心做事。

二是持戒。能够坚守行为的底线，不做坏事，防治一切恶行，这是第一种戒，也是最基本的要求；多做好事，积修一切善行，这是第二种戒；一生只做好事，不做坏事，满怀悲悯之心，大慈大悲，则是最高的持戒。

三是忍辱。忍辱比起持戒来说更难。在尘俗之中，很多事是极难容忍的。要能忍受饥寒困苦、毁骂打击，所谓“难行能行，难忍能忍”，始终不放弃救助众生的志愿。从做事业的角度来说，则需要恒久的毅力、坚定的决心。对自己忍辱，知晓自己应该去做什么，在坚韧不拔中不断去磨炼自己。对他人忍辱，锻炼博大的胸怀，不为俗世的是非、口舌所困惑，不断提升自身境界。不管有多难，持之以恒地向着目标走去，不忘初心，方得终始。

四是精进。通过自己的修为，努力向上，既要在行为上精益求精，也要在心境上明以复明，这是一个漫长而且要持续一生的过程。

五是禅定。禅定是佛教修行最为推崇的一种修养方式，简单地来讲，就是一个人能静静地坐在那，什么都不想，也不睡着。什么也不想，就是能守住本心的空明寂静；不睡着，则是能够以空明寂静之心观照万物，集中意念于空静之中。禅定是意念守一而不胡思乱想，能够让自己进入到空灵无碍的境界。

六是智慧。静能生慧，精神愉悦，心境空明，无忧无虑，才能洞察宇宙之哲思，才能理解人生的本末，最终想明白万事万物的真相，不固执、不刻意、不苟且地获得对人生万物的真正理解。

那么，《心经》讲的“心”，到底是什么意思呢？心，在佛学里面的含义有两个：一是中心、核心，二是本心、真心。一切众生皆有如来智慧相，每个人心里都有善念，每个人心中也有慧根。善念让人行善，慧根让人洞彻，因此人人都可以成佛。佛不是一个简单的形象、法力，而是一种生命的境界、生活的态度和认知的方式。很多人没有成佛的原因，就是没有看管住自己的心，过于妄想，过于执着。佛学里强调的“是心作佛，是心是佛”，便是讲通过心灵修为，让自己开朗明亮，无欲无求，从而达到超凡脱俗的境地。

二、五蕴皆空，心要自在

《心经》的第一句便是“观自在菩萨”。菩萨是佛教中经常提及的一个词，我们眼前会浮现出诸多形象庄严的菩萨像。其实，“观自在菩萨”是一个词，从梵文翻译过来是“观世音”，唐玄奘翻译成“观自在菩萨”，因为避李世民的讳，“观世音”才被称为“观音”。

在我们的印象中，观音是女性，其实这也是一种汉化。观音，在印度佛教系统中本是男性，最初传入中国时，佛教造像也是男儿身，敦煌莫高窟里菩萨塑像留着男性的胡须。在佛教中国化的过程中，观音逐渐变为女儿身，成为现在汉传佛教中大家熟悉的样子。

从佛学的角度讲，观世音并不单纯指一个人，而是一种精神生活的境界。《楞严经》上说，观自在菩萨是“所入既寂，动静二相，了然不生”。“所入既寂”是静观世界，以体察其最本质不变的特征。世间本有很多事情，是我们从表面感觉不到的。比如两人之间的心有灵犀，也许只是一个眼神，一个动作，或是相视一笑便能理解对方的意思，但别人很难觉察出来，只有这两个人才可以知晓。佛家讲的“拈花一笑”，就是这种妙合境界。在佛家看来，世界无非是动、静两种，但动、静不是客观的存在，而是因为人心。心一动，万物皆动；心不动，万物皆静。到了菩萨层面，他的心既是动的，也是静的，动中有静，静中有动，无动无静，实际上是又动又静，实现了圆融观照。

《南无中阿含经·林品达梵行经》讲人世间的烦恼是无处不在的，只有观自在菩萨没有这些烦恼，就在于其彻底放下了尘俗之念。也就是说，当我们不以某事为念时，某事就不能再烦我们；若我们不再以尘俗之事为念，尘俗之事也就不能来烦扰我们。菩萨因此能空而且明：空，不以俗世为念能够度别人；明，就是能洞察事物的终始，为走投无路的人指明一条道路，为烦恼缠身的人赶走焦虑。

菩萨所做的一切，都起源于“观”。观，不是“观之于目”，而是“观之于心”。人生活在世上，要想解脱，不是必然去改变客观环境，而是要修为、调整自己的心。如能心如止水、不贪不妄、大彻大悟、看透尘俗，算是达到了极乐。菩萨是观透了这一切，抛弃外在束缚后，达到了内心最高境地，所以才能够自在。

佛家讲的“观心”，是“一心三观”，又称“圆融三观”。宇宙万物不过是“假”“空”“中”三种状态。假，是说我们眼之所见，其实都是假的，都是一瞬间的幻象，只能一时拥有，而不可能永恒存在。空，是世界的本相，是说世间任何事物都是此时此刻、此情此景下的存在，放在更长的时间段中，则不一定是真正的存在。佛家认为，每一个尘俗中的人都是微不足道的，不能把自己太当回事。只有想明白这一点，人才会很轻松地破除心中的执着。中，是说我们既要看到事物的本相，也要看到事物的假象，要同时能看到“假”和“空”。只看到“假”或者只看到“空”，都是偏执的，只有同时看到假和空，才是全维的观照。既看到事物的殊相，也明白事物的根性，真正地用心来洞悉所有，这样才是高明的人，这便是观世音。

既然菩萨是一种修炼的境界，那么怎么修炼才能达到菩萨境界呢？

首先，要有智慧。要清楚地意识到很多问题的多层面存在。前面讲到的“假”“空”“中”，只有意识到，才能要求自己看清楚，想明白。现在的人太容易受到外界迷惑，很难安定下来。心若不定，是绝不能拿得起放得下的。或者是很难用自己的心去感触，不能用真心去体察、去了解尘俗中的很多事情，既难自在，更难圆满。

其次，要有毅力。要想看得透彻，想得明白，就要做到，一点一滴地修行自己。只有能管住自己的心，管住自己的行为，才能慢慢过渡到菩萨境界，开始点化别人。菩萨最大的特征就是自由自在，不受尘俗的拖累，什么事情都能够想明白，既能够自利，还能够利他。俗话说，帮助别人，也就是帮助自己。人在这个世界上，帮助别人越多，朋友就越多，别人帮自己也更多，这是一个最简单的相互帮助的道理。从更高的层面来讲，帮助别人，实际上是扩大自己的心量。一个人的格局，取决于他的心量；一个人的境界，取决于他的朋友；一个人的水平，取决于他的对手。心量宽广了，很多问题就能够看得更清楚，在别人看来要斤斤计较的事，在更高的境界看来，不过是过眼云烟。这样一来，不仅能减少很多不必要的麻烦，还能把尘俗中很多事情都想明白。

在佛家看来，比菩萨更高一层的是佛。佛之所以比常人的境界要高得多，不在于其地位，而在于其境界。佛看透人性的缺憾，看到每一个人的缺点、阴暗面、狭隘处，但绝不会去计较，也不会直接犀利地指出，而只是微笑着看着芸芸众生，等待人自己领悟。佛不是任何事的局中人，却是很多事的观察者。在机缘已到、事因已成的时候，抱着救苦的大慈大悲之心，去帮助，去度化。

《心经》第二句说的是“行深般若波罗蜜多时”。什么叫“行”呢？行是“修行”。在佛家看来，达到菩萨境界的人，无时无刻不处在大智慧之中。

在佛学体系中，任何一刻的时间，都是由三个维度组成：过去、现在、未来。也就是说，此时此刻的一秒，我们看到的只是秒针走这两格之间的空隙，但佛家认为过去、现在、未来都在这一刹那间。从这个角度讲，我们拥有的那一瞬间，是前面诸多因缘形成的结果，是前因的结束，但也是后果的开始。过去的东西不能回来，未来的事情不能提前来到，这就是时间的“般若”。失去一种东西、一段情感或者一个人，也没必要去伤感，从因果来看，其实是本来就没有得到过。如果我们都能这样看问题，也就会减少许多无谓的痛苦。事情该来的时候总会来的，时候未到，着急也是无用。如果能时时刻刻处在“般若波罗蜜多时”，那就能看淡、看透、看破很多东西，就能沉浸在此时此刻的幸福、空明、智慧之中，人就自在了。

之所以如此，是因为“五蕴皆空”。五蕴指的是“色、受、想、行、识”，通俗一点说，就是人性中迷恋的美色、名利、梦想、思考等，也就是人的欲望。在佛家看来，外界的事物和内在的想法都是“空”，也都是“色”，人对它们不可能产生什么影响，它们对人的本性也不应该有什么影响。但恰恰是很多人放不下自己的偏见、迷惑，便无法摆脱苦厄，不能用一颗真心对待自己，对自己不够勇敢，不够坚强，甚至用自己的眼睛去欺骗自己的心，既不能承担，也不能放下，自然不能顿悟“五蕴皆空”的道理。

“五蕴”中的第一条便是“色”，也是最重要的一条。广义上讲，我们能看到的花花世界，包括楼房、树木、地位、名誉等，都可以叫作“色”。佛教里讲的“好色”，与儒家讲的这个“好色”完全不一样。儒家讲的“色”，是女色、美色；佛教讲的“色”，是指一切事物和光怪陆离的世界，是形色，一些有形有色有滞碍者，凡是看得见、摸得着的物质和想得到的妄念都是“色”。

什么是“受”呢？就是外面的世界给予我们的感觉。有的时候，在春花秋月中感受鸟语花香，这是一种“乐受”；在凛冽的寒风中走过泥泞的道路，是一种“苦受”。当我们超脱其外，甚至能把暴风雨看作是另一种人生的风景，忘记生活中的苦与乐，从容淡定地去面对任何事物时，就到达了更高层面的“舍受”，即放下了一时一刻的情绪波动。

“想”是什么？佛家讲“想”，是指自身的思考、自己的想象，也就是心对外在事物所进行的取相。人生不免遇到很多问题，有了苦、有了累，就会去想怎样才能摆脱痛苦，怎样在困境中找到快乐；当快乐时，很多人也会去想怎样才能让自己更潇洒。这都是一个人正常的心理状态。但在佛家看来，尘俗中所追求的拥有，不一定是快乐，可能是虚幻一场；佛境中的放弃，也不一定是痛苦，或许是顿悟之后的解脱。

“想”之后，还要做出行动，这就是“行”。当有想法的时候，下一步就会行动。五蕴以“色”为始，因为我们面对的是一个客观物质世界。继之是“识”，最终让世界进入自己的心中观照，所有的喜怒哀乐，不过是“色、受、想、行”在自己脑海和心胸中的印象而已，是主观世界对客观世界的认识。在现实生活中，每一个人的“受、想、行、知”，都会随着年龄和阅历的增加而有所改观，这是因为我们的心境在不断提升。当我们回想幼时做的很多事情时，会觉得很可笑；回想那些年少轻狂的经历，也会觉得很无聊。这是因为随着岁月不断向前，我们对外在事物的认识不断提高，对生命意义的理解不断加深，有了更多、更高的感悟。

三、色即是空，心无挂碍

如何理解“色即是空，空即是色”呢？

在佛家认识中，“色”与“空”在本体上是一致的，也就是非有非无，亦有亦无。佛学讲有“空相”“实相”之分，但最终都会归入“实相”。实，就是事物的本体。所有的颜色迟早会褪去，所有的大楼终究会倒塌，这就是实相。多少年过后，随着时光的流逝，归宿都是走向虚空。对每一个人来说，房子是寄居之所，容貌也是暂时之色。每个人来到这个世界上，走完一生，也如同浮萍一般消失，所有都是过眼云烟。一个人走一走，停一停，几十年就这样过去了。人生不断在循环，出生了，去世了，一代一代人，如此轮回。当我们想明白了人生本空，就会发现我们日常的很多烦恼，本就是鸡毛蒜皮，不值一提，根本没有必要挂在心上。

按照佛家理解，世界都是空的。那么万事万物是怎么来的？佛教讲因缘，万物都是由因缘结合而成。举例子来说，有了一粒种子，一定能够发芽吗？不是的。它必须要有合适的时机，有水、有土壤、有阳光，才能成长。一个男子和一个女子经常在一起，一定能够发生爱情吗？也不是，也需要因缘，需要两颗心的契合。同样，一块木头变成桌椅板凳，许多石头被垒成房屋，也是因缘际会的结果。

佛家所讲的“空”，不是简单意义上的没有，而是一种有和无的结合。非有非无，亦有亦无，才是“空”的根本特征。举一个生活中的例子，萧瑟的冬季，当树木的叶子都落光了的时候，问问自己，树的枝头有东西存在吗？表面上看来是没有，也就是空空如也。其实这不过是一种假象。待到明年春暖花开时，树木上自然会长出新叶来，这时候又变成了有，然后在这一瞬间，又是叶落的开始。佛家就是这么看问题的，冬天的无孕育了春天的有，而在有的一瞬间，会转向无。如此的有无相生，是世界的本来法则，有和无都是空。用这样的认识论去观照世间万物，就会明白：当拥有的时候，是失去的开始；当失去的时候，才有了得到的可能。万事万物本都朝向五蕴皆空，只有在意识到它们的存在，还能够无牵无挂地把它们放弃，居心于可有可无之间，处事以不即不离为法，圆融无碍、色空不二，方是最佳之道。

众生能够彻悟这个道理，其实是很难的。有时候，为了一棵歪脖树，放弃了整片森林；为了一朵玫瑰花，放弃了整个春天。这就是过于执着，没有看破色即是空，空即是色，而因为某一点的殊相，忘记了所有本相，走入了人生的迷局。拥有的时候能够放下，失去的时候能够淡然，自是洒脱的境界。佛家认为，佛也是从普通人修为而成的，众生如果悟到了，众生就是佛；佛如果迷了，佛就是众生。

佛家认为世上所有的事物都是真实空相，所有的事物最后都会归于寂灭，归于空无。从这个角度来讲，所有事物是不生不灭，不垢不净，不增不减。在逻辑上看，这是一个双重肯定又双重否定的命题。佛家思考问题时，常把宏观和微观放在一起，所有的事物都分成两面去看，并不分主次。因为从宏观的角度看微观问题，微观的差异并不重要；从微观的角度去看宏观问题，很多争执也就没必要落在实处。佛学讲“不生不灭”，既是肯定，也是否定。用最通俗的话来解释，事物没有开始，自然也就没有结束，甚至本来就什么也没有。

《心经》说的“不垢不净，不增不减”，把这个问题说得更加具体。“垢”用来形容心灵上的污迹斑斑，是有染于“贪”“嗔”“痴”，而缺少了“戒”“定”“慧”。一个人若是总在贪婪，就要用戒，需控制过多的私欲；一个人若是总在抱怨，就要用定，控制自己的妄想之心；一个人若是总在痴迷，就要用慧，让自己的思维走出羁绊的困境。然后再循序渐进，每天增一分善性，将佛法放于心中，用心把天地万物认识清楚，一切便将融会贯通、左右逢源，这样方能达到圆融境界。

在佛家看来，心中本没有污垢，也就等同于清净；内心不受污染，又何谈去净化心灵；在“贪”“嗔”“痴”没有存在的同时，“戒”“定”“慧”也就没有了存在的必要。六祖慧能的偈语“菩提本无树，明镜亦非台。本来无一物，何处惹尘埃”①，说的就是这个道理。佛家追求心如止水的恒定状态。不生是非心，就谈不上灭是非心；不生贪欲心，就谈不上消除贪欲心；心中没有那么多肮脏的想法，就谈不上净化心灵；心中没有更多的欲望，就谈不上减损这些欲望。《心经》的养心之道就在这里，它教会我们去立足当下，守住本心。

尘俗之人之所以会痛苦，根本原因就在于不能守住空寂，让本性归于寂然。大家总是去追求虚妄之物，增一分嫌多，减一分嫌少，太多的希望造成了太多的失望，最后总会心生怨恨，难以平和。无妄心，自无离苦。天下万物的起点和终点是一样的，与其过于执着，莫不如不要起点。既然不想有失去的痛苦，那就没有必要先去得到；既然不想有太多的失望，那也就不要有过多的希望。这样去想的话，心就能够安定下来。比如说，春天的时候不去播种土地，秋天的时候当然没有收获。花没有开，当然不会有花落；感情没有萌生，自然不会失恋；人没有了胡思乱想，自然不会有离愁悲苦。从现实的角度来看，这是消极的逃避，但也是跳出固定思维模式而获得更高认知的一种方式。如果心胸能无限扩大，用一己之心去爱天下人，用一己之力去做天下事，心在天下，任何人在任何地方都能找到帮助，找到感情。只有心空了，才能装得下整个世界。

佛家经常说“六根清净”，“六根”就是指眼睛、耳朵、鼻子、舌头、身和自己的意念。六根对应着六境，眼睛看到的是色，耳朵听到的是声，鼻子闻到的是香，舌头感觉到的是味，身感觉到的是触，意想的就是法。“无眼耳鼻舌身意”，对应的是“无色声香味触法”；眼识、耳识、鼻识、舌识、身识、意识等同于色、声、香、味、触、法。佛家把六根、六尘、六识合称十八界，眼界、耳界、鼻界、舌界、身界、意界，由它派生出来的是色界、声界、香界、味界、触界、法界。因为有眼界所以有眼识界，有耳界所以有耳识界，有鼻界所以有鼻识界，有舌界所以有舌识界，有身界所以有身识界，有意界所以有意识界。

“无眼界，乃至无意识界”，是在强调人不要受外界环境的影响。心若空寂，就不会有眼、耳、鼻、舌、身、意，也就不会痴迷于外界的花花绿绿，更不会产生虚妄的错

① 普济．五灯会元：卷一．北京：中华书局，1984：52.

觉。这也可以称之为“无无明”。“无明”的意思是失去了灵性之光，对万物的判断陷入了阴暗痴怨之境。只有做到无明无暗，最终才能到达涅槃。

在佛学观念中，“无明”是十二因缘之一，十二因缘既是一个时间的流逝，也是一个空间的建构。从时间角度讲，“无明”仿佛是受精卵一样在母体内，是没有本体意识的；待小孩子生下来才开始有自身的行为，会吃、会哭、会笑，然后慢慢增长见识，有了声、色概念，又有了识别力，开始判断这是什么，那是什么。这样一来，外界很多东西通过“眼、耳、鼻、舌、身、意”，进入自己的内心，随着年龄的增加、进一步的感触，不断接受自然界的风吹雨打，接受社会人情的冷热酸甜，渐渐有了更深刻的爱和更深刻的恨。然而，这一切都不能改变的客观存在，就是每个人的人生过程不绝对一样，但结果是完全一样的，那就是走向死亡，再度进入没有本体意识的“无明”之境。

从空间上来讲，十二因缘是一个人看世间问题的时候能看到的层面。最低的层面就是无明缘行。一个人不懂规则，起惑造业，做出伤天害理的事情，这是无明。再上一层是“识”。人心有了取舍，自己喜欢什么，不喜欢什么；什么事情是好事，应该去做；什么事情是不好的事情，不应该去做。然后有了“识缘”，有了“名色”，导入“眼、耳、鼻、舌、身、意”，产生更理性的认识；进一步生出触觉，有了爱，有了恨，有了占有欲，有了厌恶心。最后的结果和时间上的轮回是一致的，今世走向了死亡，才有了来世的开始。

佛学中的十二因缘，归根结底讲的是人的前世、今生和来世。三世，既是因缘际会之因，也是因缘际会之果。因缘际会既产生了人的生老病死，自然有了苦、集、灭、道。最先是苦，然后是集，人生就是苦的集合；之后是灭、道，按照佛法之道来修为自己，最后走入涅槃的寂灭。

四、无明无碍，究竟涅槃

《心经》讲的“五蕴皆空”“色即是空，空即是色”“受想行知，亦复如是”等，归结起来，不过是“诸法空相”。佛学中的“法”，有两层含义，一是指世界上所有的东西，所有的事情；二是用来讲佛法的法。但佛家又说佛法无法，也就是说世上所有的事物根本无规律、无法，自然也就无从讲起。“诸法空相”中的“诸法”，是前一种含义，指的是天地间的一切事物。

佛家认为，众人应以“无智亦无得，以无所得故”来对待万事万物、对待自己。

得，就是我们常说的得到，《心经》中说："得阿耨多罗三藐三菩提。"翻译成汉语，是"成就无上正等正觉"，修养到了非常高的层次，能够把宇宙、人生、社会理解清楚，达到功德圆满，机缘成熟，真心常驻，解脱无碍，生死惑尽，安乐当前。

"眼、耳、鼻、舌、身、意"，只是对外物的初步认识；到了更高层次，就要进入对自我和本性的思考。也就是说，每一个人都要想清楚，对自己认识多少，对自己的本性了解多少。佛理上说的"大圆镜智"，讲的就是这个道理。什么叫大圆镜？镜子都是一个圆的平面，立体来看就仿佛是个桶一样，人站在里头，它会把你的身前身后，身左身右，照得清清楚楚。一个人能认识到自己的本性，能够真正地了解自我，这才是最睿智的人，也只有这样的人才能成佛。连自己都不了解，自己都认识不清，又怎么去认识别人呢？佛家认为凡夫以不净为净、以苦为乐、以无我为我、以无常为常。人被物欲牵碍，就身不自在；惊恐怖畏，就心不安乐；颠倒不顺，就人不安定；错乱妄想，就性不和顺。所以，在现实生活中遇到一些没有自知之明的人，换个角度来看，会觉得他可笑、可叹、可恼、可悲。

《心经》认为，人要真正的无挂无碍，得失牵挂不必放在心中，人空、法空、空空，三障尽除，才能功德圆满，修炼成佛。在实际生活中，我们也能感觉得到，如果总是在想着什么东西，很容易变得焦虑；有着物欲牵挂，也就变得不自在。人不能活在过去，因为过去不会回来；也不能活在未来，因为未来不会提前来到。人要活在当下，洒脱地活在当下，但行好事，莫问前程。只有一念不生，才能离开恐怖，离开颠倒，离开梦想，而得解脱，而能通达，达到一种心如止水的空明状态。

在佛家看来，佛是修行的最高境界，能意识到一切皆空，最后达到解脱。所谓的解脱，是实现了始觉与本觉的合而为一，能视生死为涅槃，化烦恼为菩提，完全摆脱过去、现在、未来的束缚，洞察一切智、道种智、一切种智，实现肉眼、天眼、慧眼、法眼和佛眼的完全洞明。能够把自己的觉悟、心得传播出去，以慈悲心宣讲佛法，以佛法修持熏染众生，在潜移默化中引导受众超凡入圣。与所有受众一起持诵大神咒、大明咒、无上咒、无等等咒，消除尘俗之苦。这里的四种咒，是形容不同层面的佛经、心法。

佛家认为，人的伟大，在于怀着大慈大悲之心。佛家有人用三苦来概括人生在世。一是行苦。很多行为本是一种苦差事，工作的劳碌，琐事的烦心，工作的压力等。有时候我们要被迫去做一些根本就不想去做的事，徒增烦恼，心神不定，这就是"行苦"。二是幻苦。太多的事情让人想不透，看不明白。昨天刚刚说好的事情，今天就变了。去年两个人还形影不离，今年就天各一方。人生就像一场幻境，虚无缥缈，仿佛什么都抓不着，留不住。三是苦苦。有些事情让人觉得痛苦，我们还不断用痛苦的事情折磨自己，以苦为苦，这是最大的痛苦，这就进入了一个恶性循环，让人很难走出迷局和怪圈。

佛家说的佛能“度一切苦厄”，并不是说佛能帮你实现人生的所有愿望，而是佛学能帮大家修炼心境，让世人通晓五蕴皆空的道理。身体上的苦，形体上的折磨，可以用心来解脱。也就是说，我们能认识到最大的快乐可以是以苦为乐。精神上的快乐，才是真正的快乐；心若自在，一切都能自在。可惜在现实生活中，尘俗之人往往目光短浅，好名、好利、好色。实际上，即使是得到了，心里也未必快乐。之所以如此，就在于相由心生，人是否动了真心，他人是可以感觉得到的。心里灿烂，与人交往，自然面露微笑；心中阴暗，和人交往，即使是勉强微笑，也不过是带了一层面具。禅修是把心境修炼放在第一位，心境洞明通达，人才能得到整个世界，活得潇洒自在。因为世界上的事再难，只要用心去做，都能够克服；世界上最冷漠的关系，只要用心去处，最终都会走近。精诚所至，金石为开。

《心经》的宗旨，是告诉我们心的力量是最强大的。心中有善，能生慈悲；心中有净，能生智慧；心中有定，能生愿力；心中有慧，能生法力。心如明镜台，要依靠自己的修为，让它透亮起来，明其净心，见其善性。做任何事，不要被其他东西所束缚，也不要被事物的表象所迷惑。要问清楚自己的心，慈悲为怀，去体谅他人，去感化他人，把善性张扬出去。在现实生活中，若用真心处世交友，努力让家人快乐，与同事和睦相处、尊重他人、处事和善，久而久之，人的格局、境界会不断扩大，心量自然就跟着扩大了。心有多大，世界便有多大，成就也就有多大。

第二十章 《曾国藩家书》与立业之道

曾国藩被誉为清代的“中兴之臣”，他之所以能在乱世中建立伟大功勋，是因为他能修身、齐家、治国、平天下，能将内圣之道与外王之道结合在一起。从他的家书来分析他在修身、齐家、治国方面的思考，也是在分享他实现知行合一的修养过程。

一、修身之道

曾国藩是科举出身，但科考之路却一直不顺，先后共参加了六次考试，最终中了进士，留为京官。曾国藩在晚年反省自己时说，他一生中曾有六大失误，每一次都差点给他带来灭顶之灾，幸亏依靠从读书中品得、从生活中悟来的人生智慧，才有惊无险地渡过了这些危机。

曾国藩在日记里说，自己经常反思，之所以能从一介书生变成二品大员，是得益于“十个三”。他说自己精通“三经”。“经”是他观人、识人、用人的经验总结，分别为面经、内经、真经。他喜欢读的书是“三史”与“三集”。“三史”指的是《史记》《汉书》《后汉书》，“三集”指的是《昭明文选》《韩昌黎集》《杜工部集》。他钦服的人是“三子”，即孟子、庄子、韩愈。在这三人中，曾国藩更为推崇韩愈，他认为百代之中的“中唐”之所以成为儒家学说重新振兴和发扬光大的时代，最大的功臣便是韩愈。

“三经”“三史”“三集”“三子”是读书思考的过程，可以视为“知”。然后要落实到“行”，即做事的效果。曾国藩认为一个人能否成功，要看“三实”，就是做事是否有实效：一看德行，二看才用，三看劳效。区分人才优劣的标准，就在于做事是否讲求实效。在日常行为的养成上，曾国藩主张“三忌”：天道忌巧、天道忌盈、天道忌贰。天道忌巧，就是要直面人生，不要一味讨巧，自认为隐秘的事情，总会有纸包不住火的时候。天道忌盈是不要做事太过，人无论做什么事，都不能做绝。凡满必亏，凡盈必虚。人要依照天道行动，做事不能做满，话不能说满，凡事要预留三分。天道忌贰是做事要一心一意，“贰”指的是二心，我们既然做就要全力以赴，努力追求最好的结果，不能总是给自己留有退路。现实中很多人做事也努力，却久久不能成功，是因为不专注，往往给自己留一手，作为退出或放弃的借口。

曾国藩用“三薄”来观察心性上的缺失。一是幸灾乐祸，常常把别人的痛苦、无助当成自己的小欢乐。二是不知天高地厚，不管不顾自己的能力大小，看到什么机会都想得到，都要去争抢的人，最后往往一事无成。三是臆断皂白，自以为是，往往没有根据就去猜忌、妄断事情，认为某件事一定如何如何，完全是自己的猜测。“三薄”正是一般人最常犯的毛病，极其容易把人的德行毁掉，我们务必要警戒薄行。

曾国藩还主张人要做到“三知”：知命、知礼、知言。所谓的知命，来自孔子的“五十而知天命”。知命是说人到了一定年龄，要对自己这辈子能成什么样、能干多少事、能发多少财、能过什么样子的生活很清楚。曾国藩的意思是说无论做多大功业，到一定时候都要敢于放弃，急流勇退，这就是知命。我们现在可以理解为每一个人来到这个世界，都有自己的使命：做一个好教师，做一个好员工，做一个好干部，把自己应该做好的职事做好，不要存非分之想，不要存妄念而不知足。所谓的知礼，指的是与人交往时要遵守基本的礼节。比如下级对上级要保持恭敬之心，上级对下级也要保持慈惠之心。人与人之间按礼仪交往，彼此的关系才能长久。我们在与陌生人打交道时，往往知道要有个分寸；而与熟人在一起，却常常会忽略了分寸，很容易造成误解、误事。知礼就是在日常交际中行礼仪、懂礼节，无论何时，待人接物要谨慎而规矩。所谓的知言，就是要知道自己能讲哪些话，不能讲哪些话。不当言而言是失言，当言不言会失人。此外，别人讲的话，不仅要明白是什么意思，还要明白人家说这话的目的。与人交往，既要考虑对方讲了些什么，还要想他们为什么这样讲，才能把握人际交往的微妙处。对大学生而言，知言还体现在读书要求甚解，对古人的微言大义要求个明白、透彻，绝不能迷迷糊糊、囫囵吞枣。

曾国藩也都是用“三知”的标准要求自己，自我约束、慎独省身，很享受修养身心的过程。他说自己在读书、修养、立业的过程中最能体会“三乐”。

第一乐是读书声出金石。对于好读书之人，读书最大的乐趣，就是情绪饱满、声音有力地诵读。古人读书要诵读，诵读可以养气。中医认为吸用的是肾气，呼用的是肺气，在一呼一吸之间，人的上下气血自然贯通。早晨起来时，能大声地读一读书，或者唱一唱歌，人马上就能感觉到，身体内的气血被调动起来，浑身通透，这是养生的好方法。

第二乐是弘奖人才，提携后进。就是发现人才，使用人才，引导、鼓励人才不断进步。在曾国藩看来，可用、可信、可托付的人才是人才。刘备临终时把太子托付给诸葛亮，诸葛亮兢兢业业辅佐刘禅，鞠躬尽瘁，死而后已。诸葛亮又把家国大事托付给姜维，姜维也是肝脑涂地、舍身报效蜀国。诸葛亮和姜维虽然未能振兴蜀国，但却被人赞颂，原因在于他们可用、可信、可托付。曾国藩认为发现人才后，要引导他每天进步，人才不进步或原地踏步就是退步，最后也会变成庸才。曾国藩能以此为乐，体现着他奖掖后进、提携才俊的胸襟。

第三乐是勤劳而后憩息。勤于公事，每日不停劳作，工作完成之后心安理得地休息一会，其中的快乐只有勤奋工作之后才能真正体会到。人之勤不在于哪天起得早，而在于日复一日、年复一年地坚持，清楚地知道要做哪些事，先做哪件事，再做哪件事，徐缓有致，敏而后安。当我们度过了繁忙而充实的一天，带着成就感去休息，看似最平常的生活，却蕴含着真正的快乐。

在养生之道上，曾国藩还提出“三寡”：寡言养气、寡视养神、寡欲养精。寡言养气是说要少说话。气在人的身体里有两种循环，一种是沿着经脉运行的小周天，另一种是沿着十二经络运行的大周天。小周天运行的时候，最关键的一个环节是打通经脉。人的任脉与督脉相合的位置在上齿根和舌尖，舌抵上颚，便可以把任脉、督脉接通。少讲话，或是不说话，就可以让任督二脉气息相通。寡视养神是说要少看耗神的事物。神是内在的神明，人如果被花花世界中形形色色的物欲、色欲惊动心魄，就会毁了内在的神明，这就要少看少思。读会儿书要闭目养神，闭上眼睛去回味书中为什么这么写，深刻的道理是什么，这也是养神之术。寡欲养精是说抑制欲望以养精力。人要做成一件事情，常常要耗费大量的精力。欲望越多，人的精力损耗也就越多。孔子认为，气血未定的年轻人，要节制色欲来保护精气；到了老年，精力不济，也要节制财、权、色的欲望。什么都想要，就会什么都想做，大道多歧亡羊，欲望无穷、精力不济，最终人会一事无成。

曾国藩在总结自己的修身之道时，认为自己正是按照这“十个三”常常检查自身、时时提醒自己，即使一时做不到，也会失之东隅、收之桑榆。

二、立德之则

曾国藩在给自己的儿子曾纪鸿和曾纪泽的信中，多次讲修身有八德，认为自己能成就一番事业，正是依靠勤、俭、刚、明、忠、恕、谦、浑八德。他希望儿子们空闲时，去体会一二，自会有所进步。

一是勤。曾国藩提到“勤之道有五”。第一要身勤。带兵打仗是辛苦事，为将者不上战场，就不可能杀敌决胜。曾国藩说：“险远之路，身往验之；艰苦之境，身亲尝之。”① 想让士兵们服从命令，得跟他们同甘苦、共患难，亲力亲为，亲身实践。第二要眼勤。要亲自察看详细。曾国藩说：“接一文，必反复审阅。”② 接到公文后，一定要认真审读，以免误事。对身边的人，要详细观察，辨识这个人是否可用，将来是会坏事还是会成事。第三要手勤。曾国藩讲：“易忘之事，随笔记载。”③ 有意思的话、有价值的东西，要能随时记下来，认认真真做笔记，用的时候能及时翻阅。日常生活中，先养成勤于收拾、勤于打理的习惯，保持生活环境的整洁干净；再养成勤于动笔的习惯，手头常备纸笔，在看书的时候做读书笔记，在思考的时候记下想法，还有灵感，久而久之记忆力、思考能力都会提高。第四要口勤。对待同僚相互规劝，要能多和他们讲一讲，聊一聊。一方面，可以加强上下级之间、同事之间的沟通；另一方面，这也是一种宽恕之心，更是一种善心。晚年的曾国藩见识不凡而又有功业，他的属下多是资历浅、经验少的年轻人，他能时时去纠正这些人的毛病，也正是他为人的仁厚之处。第五要心勤。俗话说：“精诚所至，金石亦开；苦思所积，鬼神亦通。”做事情能否成功，关键在于内心精诚与否。对一件事情特别在意时，时时刻刻都在琢磨，从没有一分一秒的懈怠，能有这样的一个劲头，坚硬的金石能为之开，玄奥的鬼神也能解通。人如果能时刻保持心灵与感觉的敏锐，对接触到的事物能有相应的反应，看似极小的机会、微妙的变化也能及时把握得住。

二是俭。曾国藩自己生活很俭朴，也特别担心他的孩子成为骄奢的纨绔子弟。他虽是封疆大吏，对孩子要求却很严格。他的孩子要参加科举考试，他就告诫他们，要自己一个人到县府、到省城去应试，不要搞什么特殊的待遇，以免影响他人。考完了也要立

---

①②③ 曾国藩．曾国藩全集·诗文．长沙：岳麓书社，1986：439.

刻回家，不要和地方上的官员们迎来送往。他作为汉人官员，在立下盖世之功后，没有因为功高盖主而被诛杀，全得益于他的低调保身。

三是刚。刚是阳刚、刚正之气，既是宁折不弯的刚强，也是宁为玉碎、不为瓦全的刚硬。人若想成就一番事业，一定要有刚正之气，有责任担当。这也是《孟子·滕文公下》中讲的有浩然正气："居天下之广居，立天下之正位，行天下之大道，得志与民由之，不得志独行其道。富贵不能淫，贫贱不能移，威武不能屈，此之谓大丈夫。"把家国责任担负在肩，就能无所畏惧，勇往直前。

四是明。辨别是非是为明，做事情要能够明辨得失利弊，知道兴衰成败，这样才不会被他人所蒙蔽。明辨之后，还要看一个人有没有担当，敢不敢负责任，然后再看他有没有决断的能力。要做到凡事明白决断，就必须有大格局，有大智慧，有大情怀。

五是忠。要忠于职守，人要有忠于本职工作的责任感。其次，要做事专注，不能这山望着那山高，读书的时候想着有钱，有钱的时候想着有权，有权的时候想着要有名。要忠于自己的选择，无怨无悔，一心一意致力于当下的事情，否则很容易这山望着那山高，跳来跳去就把时间浪费了，最终一事无成。

六是恕。要学会宽恕别人，要懂得谅解，有悲天悯人的情怀。看到别人的缺点，可以好意地指出他的毛病，帮助他改正。如果改变不了，也没有必要去强求，不斤斤计较也叫作恕。曾国藩晚年回忆说，自己一生经历了六次大的羞辱，有些羞辱甚至导致他想去自杀，但都忍下去了，后来也宽恕了那些羞辱他的人，从而赢得了大家的尊重。一个人如果总是去原谅别人，实际上证明了他的宽容和友善，证明了他的心胸开阔；一个人总是被别人原谅，那就证明这个人水平有限，总做错事、不成熟。

七是谦。《周易》中的《谦》卦是六十四卦中唯一的六爻皆吉之卦，在于此卦讲一个人做出了山一样的成就，但仍心甘情愿地把自己的成就深藏地下。君子的修养，在于低调淡定、谦逊和气。曾国藩曾经是很"刺头"的一个年轻人，整天给皇帝提意见、骂朝臣，后来慢慢领悟到了"谦"的大道理，做什么事情都不再表功，杜绝了居功自傲，尊重周围每一个人，包括他的对手们，做到了和光同尘，也赢得了支持与合作。

八是浑。"浑"是浑厚，是修养的最高境界。不与人争巧，不与人争功，不与人争能，能做到厚德载物，像大海一样，像高山一样，像大地一样，有容乃大。与"浑"相反的是浅薄。《西厢记》中有一个词是"银样镴枪头"，比喻一个人只是个花架子，仅会耍耍小聪明。能真正成就大事业的人，都是那些深沉浑厚，敢负责，勇担当，坚韧不拔，能久久为功的人。

曾国藩常拿"八德"的标准来要求自己和家人，做到严于律己，格物致知、诚意正心，通过德行修养，实现了齐家、治国与平天下的统一。

三、治学之术

曾国藩认为："吾人只有进德、修业两事靠得住。进德，则孝悌仁义是也；修业，则诗文作字是也。"① 人在世上，立身的根本在德行修养，事业的根本在诗文作字。这是曾国藩对自己的清醒认识。作为一个读书人，他认为只有"诗文作字"才是自己完全可以做主的。积德收获富贵，孝悌仁义的德行，修一分就增厚一分；读书收获功名，诗文作字的学问，攒一分就收获一分。

曾国藩讲的治学之道，在于他读书的心得体会。身份地位的不断增高，并没有改变他读书不辍的习惯。他认为人要想丰富自己的知识，提高自己的学问，读书是最为根本的途径。世人读书有三点要注意：一要有志，二要有识，三要有恒，三者缺一不可。

有志就是要坚持理想，知道自己想要什么。曾国藩讲："有志，则断不甘为下流。"② 很多人小时候有梦想，随着年龄的增长，渐渐忘掉了自己的志向。我们读书上学的目的，是要改变命运，改变生活的环境。要从一个平庸的人变成一个非凡的人，如果没有笃定的志向，是很难坚持下去的。

有识就是要独立思考。曾国藩又讲："有识，则知学问无尽。"读书为学，是要锤炼人的见识。什么叫见识？就是凡事能看透，能看破，能看穿，能看明白。社会是一本大书，是一门大学问，只有自知的人，才能读懂、读通。他认为："不敢以一得自足，如河伯之观海，如井蛙之窥天，皆无识者也。"③ 人要明白自己的追求，世上的书是读不完的，世上的学问也是学不完的，不能因为一丁点成功，就沾沾自喜、忘乎所以，其实自己比身边的人高明不了多少。只有不停地去追求，人才能知道什么是博大精深，才能知道人生之学问无尽。

有恒就是坚持到底。曾国藩讲："有恒，则断无不成之事。"靡不有初，鲜克有终。凡做事，都会有个开头，但是能坚持下来的非常少。有恒心，就没有做不成的事。曾国藩读书治学，全在坚持。每天都看一些书，思考些问题，一次可能少读点，但要不间歇地读，就像蜜蜂采蜜般，点点积累。

曾国藩还告诫他的子弟们："吾人为学，最要虚心。"他还讲了当时的一种现象：

---

① 曾国藩．曾国藩家书．哈尔滨：北方文艺出版社，2015：69.

②③ 同①37.

“见乡墨骂乡墨不通，见会墨则骂会墨不通。”① 有年轻人参加科考，乡试的时候骂主持乡试的人出题不通，会试的时候骂主持会试的人出题不通。这些人恃才傲物，总是看不起、看不惯别人的所作所为，甚至认为骂书本、骂老师，最能显示自己的才学。平心而论，这样的骂和看不惯，只会让自己多一分傲气，而不会有大的裨益，即使曾有过人的才华，到最后也毁自己。曾国藩告诫自己的子弟们，做人也好，读书为学也好，要虚心，要立得住根本。

这是曾国藩读书治学的心态，这种态度决定了一个人能否成事。此外，在读书治学方面，他还讲了其他一些方法，对我们读书也颇有参考。

一是看生书宜求速。他讲看“生书”，不是读经书。当时经书是人人必读必学的，经书没有读精熟，根本够不上谈学问。他讲的读生书要求速度，是强调博览群书，为学用力要勤。只有先做到了“速”，才能够做到“博”。他说：“不多阅则太陋。”② 只有大量阅读，广泛接触新知识，才能做成大学问，不至于看到新思想、新观点时瞠目结舌，不知所云。

二是温旧书宜求熟。读经典时，要反复阅读，读到精熟方可罢休。其中特别重要、特别有价值的部分，最好能背诵下来，不背诵则易忘。背诵下来可随时反刍，可随时体味，书在脑中，学在心中，便可以左右逢源。

三是习字宜有恒。练习毛笔字要有恒心。曾国藩说：“不善写则如身之无衣，山之无木。”③ 一个人字写不好，就像身上没有穿衣裳，也像光秃秃的山上不长树木一样，是很丑陋、很难看的一件事情。练习书写，需要持之以恒地坚持。

四是作文宜苦思。能读还要能写，要能把自己读书的感悟表达出来。写文章需要认真构思，要多想多练，每天写一点，不必求多，日积月累，便能文思泉涌。

曾国藩认为，读书要能读完读全，要有大局观，才能明白这本书为什么这么写，优缺点在什么地方，才能把握作者的行文思路。在此基础上持之以恒，能读，能思，能明，能作文，把书读深、读活。

四、齐家之法

曾家家风素来严谨。曾国藩的祖父曾冈公定家训，教给全家八个字，后来成为曾家

① 曾国藩．曾国藩家书．哈尔滨：北方文艺出版社，2015：73．
②③ 同①752．

的好传统。曾冈公只是个农民，他说人在家中就是四件事最重要：“读书，扫地，养鱼，养猪。”这是每天都要做的基本工作。曾国藩在家书中强调最多的也是齐家之道，希望家族继承先辈们良好的家风。他提出了“三致祥”，即“孝致祥，勤致祥，恕致祥”，作为齐家之道，勉励子弟们不要忘记父辈们的艰难，记得继续振兴家族。

曾国藩观察历史上大家族的兴衰成败，认为“凡将相无种，圣贤豪杰亦无种”，勉励子弟们若肯立志，都可以成为将相，成为豪杰。其实他的内心是很矛盾的，他曾真心诚意地说，我位极人臣，官已经做得不小了，但是我并不希望子弟把做官当作理想，只希望你们做读书明理的君子，一生平平安安、健健康康度过就好。曾国藩宦海沉浮几十年，知晓仕途的艰辛与凶险，所以他在内心里，只希望他们能做个立德修身的读书人。

曾国藩在写给曾纪泽的信中，提出希望他能做明理君子。他说：“勤俭自持，习劳习苦，可以处乐，可以处约，此君子也。”勤俭持身，并习惯劳苦之事，不仅能过好日子，还能安然过简朴的日子，宠辱不惊，才是真正的君子。他认为君子既可以上居庙堂，也可以远处江湖，不能因为环境改变而去改变心性。曾国藩自己虽然多年为官，却断不敢沾染官宦习气，饮食起居还是遵照当年在家时的俭朴作风，稍微节俭些也能过得去，稍微宽裕些也还是那个样子，从不敢太过奢华。常言说：“由俭入奢易，由奢返俭难。”曾国藩告诉孩子们一定不要贪婪奢华，也一定不要沾染懒惰的习气。不管大家、小家，不管是农或商，只有持家勤俭节约，方能历久不衰。

曾国藩清楚凡家道传久者，不是靠一时的官爵名位，而是依赖门楣家规，这样才能保证家族持久的兴旺发达。换句话说，家族不能只靠一两个人的努力，而是要依靠世代的维持，依靠家族齐心协力，这才是绵延之道。他教育子弟，对待族中的老亲旧眷，无论穷富贵贱，都不要怠慢他们，要恭恭敬敬地去接待。族人亲戚有急事，也一定要去帮助。哪家惹了诉讼官司，有能力的要帮忙排解，绝不能嫌麻烦绕开走；谁家有了喜事一定要去庆贺，丧事一定要去致哀，只有这样，才能做到大家族的和睦团结。

除此之外，曾国藩在小事小节上也很注意。他对族人讲：“莫着华丽衣服。”家里人要穿普通的衣服，和当地的人一样，不要搞特殊化。家里不要呼奴唤婢的，排场太大。能自己动手干的活就尽量自己亲自去干。曾国藩不允许家里人颐指气使，仗势欺人，处处体现着他的谨慎和自律。

他还在家书中，讲了不少生活的要求，有些很具体。第一，勤起早。农耕社会，日出而作，日落而息，早起是勤劳之家最基本的作息要求，也是良好的生活习惯。第二，勤打扫。早起以后，人都要注意仪容，要把家里打扫得干干净净。古人讲：“一屋不扫何以扫天下。”打扫不仅仅是面子上的事情，更重要的是养成勤奋不偷懒的习惯，也让内心里面清净起来。第三，戒奢傲。曾国藩认为世家子弟最容易犯的毛病是奢和傲，即奢侈与骄傲。败家没有一个不是因为骄、奢二字。曾国藩给家里写信时言“至嘱至嘱”，就是再三叮嘱家里人警惕“骄、奢、逸”。他认为若是子弟们都骄傲、奢侈、闲逸，家族的败落是迟早的事。若是世家子弟的衣食住行能与普通人家，甚至与贫寒之家的孩子没什么区别，他们定能成大事，家族也能兴旺发达。第四，重婚姻大事。曾国藩说曾家的“儿女联姻，但求勤俭孝友之家”①。嫁姑娘、娶媳妇都要选那些勤劳俭朴、重亲孝友善的好人家。人太奢侈、太懒惰的，一定不要选。家里的姑娘们出嫁后也要“以耐劳忍气为要”。不要因为曾家是公侯之家，就与公公、婆婆、小姑、小叔们大闹。曾国藩说，自己当官这么多年，一直努力做到不惹事，有时候忍辱负重，甚至是打掉牙和着血咽下去，才保住一生平安。他要求家人同样做到这一点，可见曾家家风之严谨。

---

① 曾国藩. 曾国藩家书. 哈尔滨：北方文艺出版社，2015：63.

参考文献

十三经注疏（标点本）. 北京：北京大学出版社，1999.

朱熹. 诗集传. 北京：中华书局，2011.

王聘珍. 大戴礼记解诂. 北京：中华书局，1983.

朱熹. 四书章句集注. 北京：中华书局，1983.

黄怀信，张懋镕，田旭东. 逸周书汇校集注. 上海：上海古籍出版社，1995.

徐元诰. 国语集解. 北京：中华书局，2002.

刘向. 战国策. 上海：上海古籍出版社，2015.

司马迁. 史记. 北京：中华书局，2014.

班固. 汉书. 北京：中华书局，1962.

房玄龄，等. 晋书. 北京：中华书局，1974.

浦起龙. 史通通释. 上海：上海古籍出版社，1978.

郑樵. 通志. 北京：中华书局，1987.

徐世昌，等. 清儒学案. 北京：中华书局，2008.

睡虎地秦墓竹简. 北京：文物出版社，1990.

李零. 郭店楚简校读记（增订本）. 北京：中国人民大学出版社，2007.

商承祚．战国楚竹简汇编．济南：齐鲁书社，1995．
王弼注，楼宇烈．老子道德经注校释．北京：中华书局，2008．
孙诒让，孙启治．墨子间诂．北京：中华书局，2001．
孙武，曹操，等．十一家注孙子校理．北京：中华书局，1999．
郭庆藩，王孝鱼．庄子集释．北京：中华书局，1961．
王先谦，沈啸寰，王星贤．荀子集解．北京：中华书局，1988．
许维遹，梁运华．吕氏春秋集释．北京：中华书局，2009．
黎翔凤，梁运华．管子校注．北京：中华书局，2004．
蒋鸿礼．商君书锥指．北京：中华书局，1986．
许富宏．慎子集校集注．北京：中华书局，2013．
王先慎，钟哲．韩非子集解．北京：中华书局，1998．
何宁．淮南子集释．北京：中华书局，1998．
王利器．盐铁论校注．北京：中华书局，1992．
刘向，向宗鲁．说苑校证．北京：中华书局，1987．
黄晖．论衡．北京：中华书局，1990．
罗大经．鹤林玉露．北京：中华书局，1983．
赖永海．金刚经·心经．北京：中华书局，2010．
金缨．格言联璧．郑州：中州古籍出版社，2010．
洪兴祖．楚辞补注．北京：中华书局，1983．
郭茂倩．乐府诗集．北京：中华书局，1979．
萧统，李善．文选．上海：上海古籍出版社，1986．
刘勰．文心雕龙注．北京：人民文学出版社，1958．
袁行霈．陶渊明集笺注．北京：中华书局，2011．
彭定求，等．全唐诗（增订本）．北京：中华书局，1999．
蒋清翊．王子安集注．上海：上海古籍出版社，1995．
张锡琛．张载集．北京：中华书局，1978．
胡寅．斐然集．北京：中华书局，1993．
谢榛．四溟诗话．北京：人民文学出版社，1961．
严可均．全上古三代秦汉三国六朝文．北京：中华书局，1965．
许慎．说文解字．北京：中华书局，2013．
曾国藩．曾国藩全集．长沙：岳麓书社，1986．

曾国藩．曾国藩家书．哈尔滨：北方文艺出版社，2015．
鲁迅．鲁迅全集．北京：人民文学出版社，2017．
郭沫若．十批判书．北京：人民出版社，2012．
胡适．中国哲学史大纲．上海：东方出版社，1996．
冯友兰．中国哲学史．北京：北京大学出版社，1996．
普济．五灯会元．北京：中华书局，1984．
任继愈．中国佛教史．北京：中国社会科学出版社，1988．
刘保金．中国佛典通论．石家庄：河北教育出版社，1997．
吕澂．中国佛学源流略讲．北京：中华书局，2006．
叶嘉莹．唐宋词十七讲．北京：北京大学出版社，2007．
李泽厚．中国古代思想史论．北京：生活·读书·新知三联书店，2008．
袁行霈，等．中华文明史．北京：北京大学出版社，2006．

后　　记

2010年超星尔雅通识课自录播“国学智慧”课程之后，已经上线九年了。承蒙诸多大中专院校的厚爱，在全国得到了广泛的使用。我也收到不少同学、老师的意见与建议，希望能够出版教材，便于在学习时使用，也便于在课后复习阅读。承蒙中国人民大学出版社王雪颖编辑的邀约，我利用一年时间对此前的讲稿、录音进行了整理，调整了部分章节，补充了一些新的内容，使之更有深度，更能体现学术界新的研究成果。本书在整理过程中，得到了教育部哲学社会科学研究重大攻关项目“中华优秀传统文化的学理建构、价值认同与教育策略研究”（2017JZD044）的支持，为其阶段性研究成果之一。

在先后编写修订过程中，得到了张甲子、耿战超、周志颖、李申曦、徐美琪等同学的协助，在此一并致谢。

曹胜高

2019年8月

图书在版编目（CIP）数据

国学基础/曹胜高著. —北京：中国人民大学出版社，2020.3
高等学校通识课程系列教材
ISBN 978-7-300-27315-0

Ⅰ.①国… Ⅱ.①曹… Ⅲ.①国学-高等学校-教材 Ⅳ.①Z126

中国版本图书馆 CIP 数据核字（2019）第 180548 号

高等学校通识课程系列教材
国学基础
曹胜高 著
Guoxue Jichu

出版发行	中国人民大学出版社		
社　　址	北京中关村大街 31 号	邮政编码	100080
电　　话	010－62511242（总编室）		010－62511770（质管部）
	010－82501766（邮购部）		010－62514148（门市部）
	010－62515195（发行公司）		010－62515275（盗版举报）
网　　址	http://www.crup.com.cn		
经　　销	新华书店		
印　　刷	北京溢漾印刷有限公司		
开　　本	787 mm×1092 mm　1/16	版　　次	2020 年 3 月第 1 版
印　　张	12 插页 1	印　　次	2023 年 11 月第 3 次印刷
字　　数	223 000	定　　价	42.00 元

版权所有　侵权必究　　印装差错　负责调换